中国传统　经典与解释

CLASSICI ET COMMENTARII

中国传统 经典与解释

入其國，其敎可知也……其
爲人也：溫柔敦厚而不愚，則深
於《詩》者也；疏通知遠而不
誣，則深於《書》者也；廣博易
良而不奢，則深於《樂》者也；
潔靜精微而不賊，則深於《易》
者也；恭儉莊敬而不煩，則深於
《禮》者也；屬辭比事而不亂，
則深於《春秋》者也。

——《禮記·經解》

中国传统 经典与解释

CLASSICI ET COMMENTARII

古学纵横

刘小枫 陈少明●主编

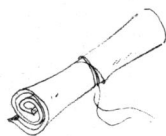

經子叢考(外一種)

羅　焌●著　羅書慎●整理

華東師範大學出版社

上海六点文化传播有限公司　策划

古典教育基金•如星百慧资助项目

缘　起

　　晚清以降,西学入华,华夏道术分崩离析,我国学术和教育经历了史无前例的大变局——晚近十余年"奋不顾身"的现代化使得华夏学术和大学教育显得更为面目不清。整顿大学文科、重新铺展学术的基本格局,已然成为深化改革开放的重大学术课题乃至新时代的艰巨使命——太平之世必有文治。

　　问题是,如何整顿和重新铺展?

　　现代西学入华以来,我们要么不断竞相追逐西方"显学"(种种现代学说),要么与西方"魔怪"搏斗。令人深省的是,即便发扬自家传统的种种当代儒学论说,几乎无不依傍种种西方现代论说——从康德哲学出发又或依照韦伯社会理论重新解释儒家传统,一度被看作最精彩的儒学"新解",与西方学术晚近两百年来用种种现代"学说"瓦解自家古典传统别无二致——如今,这一局面因与西方后现代学术接轨而变得更为触目惊心。

　　与西方学人一样,现代之后的中国学人不得不在两条道路、两种"命运"面前作出自己的选择：要么跟从种种"后现代主义"以比现代精神更为彻底的解构方式破碎大道，要么切实回归古典学问——倘若选择后者，势必首先质疑并革除我们自"五四"以来养成的凡事以现代观点衡量古典的新传统。

如何重新获得已然丢失的古典传统，关系到中国学术未来的基本取向和大学教育的基本品质。现代中国学术的视域基于现代西学，由于对古典西学缺乏深入细致的理解，数代中国学人虽不乏开创华夏学术新气象的心愿和意气，却缺乏现代之后的学术底气和见识根底。因此，积极开拓对西学古典传统的深入理解，当是未来学术的基本方略——只有在此基础上，我们重读自家的历代经典时才会有心胸坦荡、心底踏实的学术底气，从而展开广阔、深邃的学术新气象。

晚近西方学界方兴未艾的"古典政治哲学"表明，西方学界和大学教育正在踏上回归古典学问之路——取向虽然是古典的，其生存感觉却是现代之后的。"古典政治哲学"绝非一种学说或"主义式的"论说，换言之，不是我们曾经经历过的任何"显学"一类的东西，更非所谓"新的方法论"，而是一种基本的学问方向：悉心绎读经典大书，凭靠古典智慧来养育自己的心性。如此学问方向基于万世不绝的古典心性：既然是一种心性，古典学问唤起或寻找的便只会是有如此心性的学人，并激励"我们"自觉杜绝种种"盲目而热烈"的"后"学或"新"说（尼采语），挽回被现代文教体系的学科划分搞得支离破碎的学问大体，进而在我们的大学中寻回自身的地盘……在近两百年来的西方、近百年来的中国，古典心性流离失所，已然失去了自己的家园——学堂。

继"西方传统：经典与解释"系列我们推出"中国传统：经典与解释"系列，首先要表明：在现代之后的学术语境中重新收拾我们自家的传统经典，乃中国学术新气象的根底所在；其次要表明：我们志在承接清代学人的学术统绪，进一步推进百年学人的积累——如今我们能否取得世纪性的学术成就，端赖于我们是否能够在现代之后的学术语境中重新拥有自己古传的历代经典。中国古代学术以绎读经典为核心和传统，历代硕儒"囊括大典，网罗众家，删裁繁诬，刊改漏失"的学术抱负和"皓首穷经"的敬业精神，在今天需要我们从自身的语境出发重新发扬光大。

本系列不拘形式——或点校、注释尚为善本的古书，或重新绎读（疏解）历代典籍，或汇编百年来的研究成果以文集方式追踪某个专题……唯一谢绝的是中西比较之论或种种现代—后现代"主义"解释学或文化研究一类高论。

古人云："有志者事竟成焉"。

刘小枫　陈少明
2005 年 10 月於中山大学哲学系

目　録

歷代師儒傳述孝經考

曾 子

曾子撰孝經考　史記仲尼弟子列傳:"曾參,南武城人,字子輿。孔子以爲能通孝道,故授之業。作孝經。"

歐陽詢藝文類聚卷二十六引孔子曰:"吾志在春秋,行在孝經。以春秋屬商,以孝經屬參。"

太平御覽卷六百一十引孝經鉤命訣曰:"曾子撰。"

陶淵明五孝傳云:"至德要道,莫大於孝,是以曾參受而書之,游夏之徒常資稟焉。"

孝經正義云:"前賢以爲曾參雖有至孝之性,未達孝德之本,偶於閒居,因得侍坐,起問於夫子。夫子隨而答。參是以集録,因名爲孝經。"

論曾子撰孝經　史記仲尼弟子列傳云:"曾參,南武城人,字子輿。孔子以爲能通孝道，故授之業。作孝經。"案：業，即孝道。
云"故授之業"者，即漢志所謂孔子爲曾子陳孝道也，當讀"孔子
以爲能通孝道故授之業"句，"作孝經"句。"作孝經"謂曾子，非
謂孔子也。孔子世家歷叙其編書、删詩、繫易、作春秋，而不言其
作孝經。獨於曾子列傳云作孝經，明孝經爲曾子受孔子之業而
作也。若謂夫子自作孝經授之曾子，則史記當云"故作孝經以授
之"，或云"故授之以孝經"，不得云"故授之業作孝經"也。若謂
孔子以曾子能通孝道，故作孝經以授之，則凡人之不能通孝道
者，孔子將不授之孝經而任其不孝乎？然則孝經説所謂以孝經
屬參者（公羊傳疏），蓋謂孔子授意曾子，屬其作孝經，案公羊桓十
六年傳注云："屬，託也。"國語越語注云："屬，付也。"春秋、孝經皆造意於
孔子，而以撰述之事付託於曾子、子夏也。非孔子自作此經獨傳曾子
一人而不傳之他人也。先儒謂孝經爲夫子所授，曾子所述，見毛
奇齡孝經問。其言蓋有徵矣。

　　孝經鈎命訣云："曾子撰。斯問曰：'孝乎，文駮不同乎？'子
曰：'吾作孝經，以素王無爵之賞，斧鉞之誅，與先王以託權，目至
德要道以題行。'首仲尼以立情性，言子曰以開號，列曾子以示
撰，輔詩書以合謀。'"太平御覽卷六百一十。此緯書之言，雖不必
出於孔子，而其以孝經爲曾子撰，則實爲秦漢以來相傳之舊説。
乃後儒多云孔子作孝經者，蓋以孝經之大義微言，皆本於孔子，
即以作歸之孔子亦可。究之秉筆屬詞，實出於曾子也。孝經正
義云："前賢以爲曾參雖有至孝之性，未達孝德之本，偶於閒居因
得侍坐，起問夫子。夫子隨而答。參是以集録，因名爲孝經。"此
説最爲得實。而邢疏乃駁之。非也。

　　隋劉炫述義曰："炫謂孔子自作孝經，本非曾參請業而對也。
假使獨與參言，言畢參自集録，豈宜稱師字者乎？"孝經邢疏。臧
氏琳駁之曰："弟子得稱師字，故孝經曰：'仲尼居。'禮記有'仲尼

燕居。'中庸爲孔子孫子思作,而有'仲尼曰'。"焌謂論語子貢曰:
"仲尼不可毁也。"又曰:"仲尼,日月也。"陳子禽謂子貢曰:"仲尼
豈賢於子乎?"此尤弟子得稱師字之明證。劉説之謬不待辨矣。
且即劉氏之説,可見前賢説孝經者皆以孝經爲曾子集録,故劉氏
妄爲此説以駁之也。

　　宋儒晁子止謂"何休稱子曰:'吾志在春秋,行在孝經',則孔
子自著也。今首章云'仲尼居',則非孔子所著矣,當是曾子弟子
所爲書。"焌嘗考之經傳,古人自稱皆稱名,無自稱其字者。古者
人始生,父命之名,故幼時人皆稱其名,己亦自稱其名。及其冠而
字之,則非君父師長莫不稱其字而不名,敬其名也。而自稱於人
則必稱其名,自謙也。凡人之問對皆然,豈有孔子著書教人而昂
然自稱其字曰仲尼者乎?晁氏據首章稱"仲尼居",以孝經非孔子
自著,其説確不可易。至謂孝經爲曾子弟子所爲書,而非曾子自
爲,亦無明證,不過以書中屢稱曾子耳。不知子者男子之通稱,非
必尊之爲師始稱曰某子也。古人著書,多自著某氏姓,稱曰某子。
故春秋公羊桓六年傳自稱"子公羊子曰",穀梁隱五年傳自稱"穀
梁子曰"。范寧注云:"言穀梁子者,非受於師,自其意也。"鍾氏文
烝補注云:"穀梁得自稱者,猶孟子書自稱孟子,莊子書自稱莊子。
又其先曾子承夫子之意作孝經,自稱曾子。"是其證矣。

　　陶淵明五孝傳云:"至德要道,莫大于孝,是以曾參受而書
之,游夏之徒常資稟焉。"焌案,曾子撰孝經既成,同時子夏亦傳
其學,故魏文侯受經義於子夏而作孝經傳,蔡邕明堂論曾引及
之。至秦時吕不韋輯吕氏春秋孝行、察微二篇,並引用孝經語。
然則孝經實孔氏之遺書,故春秋戰國時人多習其讀。宋人不學,
輒疑孝經爲偽書,抑何妄也。

言子游　卜子夏

陶潛五孝傳：“至德要道，莫大于孝，是以曾參受而書之，游夏之徒常資稟焉。”

子夏受孝經於曾子，傳孝經於魏文侯。

魏 文 侯 都

史記仲尼弟子列傳云：“孔子既歿，子夏居西河教授，爲魏文侯師。”又魏世家云：“桓子之孫曰文侯都。”“文侯受子夏經義。”劉昭續漢書祭祀志注，載蔡邕明堂論，引魏文侯孝經傳。通典禮大學亦引魏文侯孝經傳。馬國翰孝經傳敘云：文侯著孝經傳。漢、隋、唐志均不載。惟漢志有雜傳四篇，文侯傳當在其內。阮福孝經義疏補云：“史記魏文侯受子夏經義，故爲孝經傳。此乃孝經百家傳注義疏之祖。陸德明力陳兩漢傳述之人，而未及子夏、魏文侯，是爲遺漏。”

孟 子

采東塾讀書記及玉函叢書孟子外篇。

孔 鮒

孔子壁中經，其藏之者諸說不一。王肅家語云：“孔騰字子襄，畏秦法峻急，藏尚書、孝經、論語於夫子舊堂壁中。”釋文敘錄云：“書凡百篇。及秦禁學，孔子末孫惠壁藏之。魯共王壞孔子宅,於壁中得之,並禮、論語、孝經。"漢紀尹敏傳云:"孔鮒所藏。"
案王肅説誤。考史記孔子世家、漢書孔光傳,子襄爲孔鮒弟,嘗
爲孝惠博士、長沙太傅。若壁經爲子襄所藏,襄既入漢爲孝惠博
士,孝惠三年已除挾書之律,未有不出而獻之者也。若釋文説爲
孔惠所藏,則考之史記:孔子生鯉字伯魚,伯魚生伋字子思,子思
生白字子上,子上生求字子高,子高生子慎,子慎生鮒,鮒弟子
襄,子襄生忠。無名惠者。今定從漢尹敏説,爲孔鮒所藏。後孔
安國得其書,爲古文字。

顔芝 _{子顔貞}

釋文敘錄云:"孝經亦遭焚爐。河間人顔芝爲秦禁藏之。漢
氏尊學,芝子貞出之。是爲今文。長孫氏、博士江翁、少府后蒼、
諫大夫翼奉、安昌侯張禹傳,各自名家,凡十八章。"隋書經籍志
云:"孝經遭秦焚書,爲河間人顔芝所藏。漢初,芝子貞出之,凡
十八章,而長孫氏、博士江翁、少府后蒼、諫議大夫翼奉、安昌侯
張禹,皆名其學。"

長 孫 氏

漢書藝文志云:"孝經長孫氏説二篇。"隋志云:"長孫有閨門
一章,其餘經文,大較相似。"案漢志云:"孝經一篇。"注云:"十八
章。長孫氏、江氏、后氏、翼氏四家。"則長孫説亦止十八章,無閨
門章也。隋志誤。

江翁　后蒼　翼奉　張禹

漢書藝文志：“孝經家江氏説一篇，翼氏説一篇，后氏説一篇，安昌侯説一篇。”又云：“漢興，長孫氏、博士江翁、少府后蒼、諫大夫翼奉、安昌侯張禹傳之，各自名家，經文皆同。惟孔氏壁中古文爲異。”

孔　安　國

漢志云：“古文尚書者，出孔子壁中。武帝末，魯共王壞孔子宅，欲以廣其宫，而得古文尚書及禮記、論語、孝經，凡數十篇，皆古字也。共王往入其宅，聞鼓琴瑟鐘磬之音，於是懼，乃止不壞。孔安國者，孔子後也，悉得其書。安國獻之，遭巫蠱事，未列於學官。”釋文敘録云：“又有古文，出孔子壁中，別有閨門一章，自餘分析十八章，總爲二十二章。孔安國作傳。”漢志云：“孝經古孔氏一篇，二十二章。”師古曰：“劉向云：古文字也。庶人章分爲二也，曾子敢問章爲三，又多一章，凡二十二章。”唐會要司馬貞議曰：“孝經古文二十二章，原出孔壁。先是安國作傳，緣遭巫蠱，未之行也。荀昶集註之時尚未見孔傳，中朝遂亡其本。近儒欲崇古學，妄作傳學，假稱孔學。”案近刻日本古文孝經孔傳，僞書也。唐人注疏所引之孔傳，則晋王肅、隋劉炫等所僞作也。説詳丁晏孝經徵文古文孔傳辨僞。

魯　國　三　老

許冲爲其父慎上説文表云：“古文孝經者，孝昭帝時，魯國三老所獻。"

匡　衡

漢書儒林傳云："后蒼授匡衡。"則衡亦傳后氏説者也。故其本傳云："臣聞論語、孝經者，聖人言行之要，宜究其意。"又云："大雅曰：'無念爾祖，聿修厥德。'孔子著之孝經首章，蓋至德之本也。"又上疏云："臣又聞聖王之自爲動靜周旋，奉天承親，臨朝享臣，物有節文，以章人倫。師古曰：物，事也，事事皆有節文。蓋欽翼祗栗，事天之容也；温恭敬慎，承親之禮也；正躬嚴恪，臨衆之儀也；嘉惠和説，饗下之顔也。"

河間獻王　董仲舒

唐會要司馬貞議曰："今文是漢河間王所得顔芝本。至劉向以此考校古文，省除煩惑，定此一十八章。"

春秋繁露五行對："河間獻王問温城董君曰：'孝經曰：夫孝，天之經也，地之義也，何謂也？'對曰：'天有五行，木火土金水是也。木生火，火生土，土生金，金生水。水爲冬，金爲秋，土爲季夏，火爲夏，木爲春。春主生，夏主長，季夏主養，秋主收，冬主藏。藏，冬之所成也。是故父之所生，其子長之；父之所長，其子養之；父之所養，其子成之。諸父所爲，其子皆奉承而續行之，不敢不致如父之意，盡爲人之道也。故五行者，五行也。由此觀之，父授之，子受之，乃天之道也。故曰：夫孝者，天之經也。此之謂也。'王曰：'善哉！天經既聞得之矣，願聞地之義。'對曰：'地出雲爲雨，起氣爲風。風雨者，地之所爲。地不敢有其功名，必上之於天。命若從天氣者，故曰天風天雨也，莫曰地風地雨也。勤勞在地，名一歸於天，非至有義，其孰能行此？故下事上，如地事天也，可謂大忠矣。土者，火之子也。五行莫貴於土。土之於四時無所命者，不與火分功名。木名春，火名夏，金名秋，水名冬。忠臣之義，孝子之行，取之土。土者，五行最貴者也，其義不可以加矣。五音莫貴於宮，五味莫美於甘，五色莫盛於黃。此謂孝者地之義也。'王曰：'善哉！'衣服容貌者，所以說目也；聲言應對者，所以說耳也；好惡去就者，所以說心也。故君子衣服中而容貌恭，則目說矣；言理應對遜，則耳說矣；好仁厚而惡淺薄，就善人而遠僻鄙，則心說矣。故曰：'行意可樂，容止可觀。'此之謂也。"

劉　　向

釋文敘錄云："又有古文出于孔氏壁中，別有閨門一章。自餘分析十八章，總爲二十二章。孔安國作傳。劉向校書，定爲十八章。"隋志、邢疏並同此説。

衛宏　許慎子冲

漢許冲上説文表云："慎又學孝經孔氏古文説。古文孝經者，孝昭帝時，魯國三老所獻。建武時給事中議郎衛宏所校。皆口傳，官無其説。謹撰具一篇並上。"阮氏福曰："據此，是漢許冲受之於其父慎，慎又受之於衛宏。此是最真之古文孝經，非劉知幾所主之古文孔傳也。惜今失其傳矣。"

馬　融

後漢書本傳云："注孝經。"釋文敘録云："後漢馬融亦作古文孝經傳，而世不傳。"

鄭　衆

邢疏云："鄭衆、鄭玄所説各擅，爲一家也。"隋志云："鄭衆、馬融亦爲之注。"是先鄭亦有孝經注也。

鄭　玄

鄭玄注孝經，見邢疏。

後魏書儒林傳序云："漢世鄭玄並爲衆經注解。"又云："玄易、詩、書、禮、論語、孝經……"

高　誘

吕氏春秋序云："誘正孟子章句，作淮南、孝經解。"

何　休

後漢書本傳："何休字邵公。又注訓孝經、論語。"

宋　　均

鄭玄弟子,有孝經皇義一卷。

韋　　彪

後漢書本傳:"彪孝行純至。父母卒,哀毁三年,不出廬寢。服竟,羸脊骨立異形,醫療數年乃起。好學洽聞,雅稱儒宗。建初二年,有詔下公卿朝臣議。彪上議曰:'國以簡賢爲務,賢以孝行爲先。孔子曰:事親孝,故忠可移於君,是以求忠臣必於孝子之門。'"

張　　奮

後漢書張純傳:"奮少好學,節儉行義。和帝九年,在家上疏曰:'孔子曰:安上治民,莫善於禮;移風易俗,莫善於樂。'"

范　　升

後漢書本傳:"范升字辯卿,代郡人也。少孤,依外家居。九歲通論語、孝經。"

荀　　爽

後漢書本傳:"延熹元年,太常趙典舉爽至孝,拜郎中。對策陳便宜曰:'臣聞之於師曰:漢爲火德,火生於木,木盛於火,故其德爲孝。火，木之子。夏，火之位。木至夏而盛，故爲孝。其象在周易之離。夫在地爲火，在天爲日。易説卦曰：離爲火，爲日也。在天者用其精，在地者用其形。夏則火王，其精在天，温暖之氣，養生百木，是其孝也。冬時則廢，其形在地，酷烈之氣，焚燒山林，是其不孝也。故漢制使天下誦孝經，選吏舉孝廉。平帝時，王莽作書八篇戒子孫，授吏能誦者比孝經。音義云，言令學官以教之，用之得選舉之也。夫喪親自盡，孝之終也。’又云：‘孝經曰：安上治民，莫善於禮。禮者，尊卑之差，上下之制也。’”

延　篤

後漢書延篤傳：“篤從馬融受業，博通經傳及百家之言。又著仁孝前後論云：‘夫仁人之有孝，猶四體之有心腹，枝葉之有根本也。聖人知之，故曰：夫孝，天之經也，地之義也，人之行也。’又云：‘夫曾、閔以孝悌爲至德。’”

鄭　偁

公羊傳昭十五年疏云：“何氏解孝經與鄭偁同，與康成異。”丁傑云：“孝經鄭注，據此處疏文，非康成亦非小同，當是鄭偁。”孫志祖云：“孝經鄭注果屬鄭偁，不應劉知幾、司馬貞輩俱懵然不辨，蓋自有鄭偁注孝經，觀徐彦疏云：‘與鄭偁同，與康成異。’則偁與康成爲二家明矣。”梁玉繩云：“鄭偁爲魏侍中，有答魏武帝金輅之問，見續後漢書輿服志注。又魏志元康元年注引魏略，言偁篤學大儒，爲武德侯叡傅。叡即魏明帝也。”

王朗 _{子肅}

魏志本傳："王朗字景興，東海郯人也。以通經拜郎中。朗著易、春秋、孝經、周官傳，奏議論記，咸傳于世。"隋志載孝經一卷，王肅解。唐書經籍志作王肅注一卷。

楊　　阜

魏志本傳："阜上疏曰：'孝經曰：天子有争臣七人，雖無道，不失其天下。臣雖駑怯，敢忘争臣之義。'"

鍾　　會

魏志本傳注引會爲其母傳曰："夫人性矜嚴，明於教訓，會雖童稚，勤見規誨，年四歲，授孝經。"

蘇林　何晏　劉劭

魏略曰："林字孝友，博學，多通古今字指，凡諸書傳文間危疑，林皆釋之。"邢疏云："今文家則有魏蘇林、何晏、劉劭。"劉劭有孝經古文注一卷。

孫　　熙

孫熙有孝經注一卷。

韋昭　謝萬　徐整　傅咸

並見邢疏。隋、唐志並云："孝經韋昭解讚一卷,謝萬注一卷。案謝萬見晉書,是晉人,疏云吳人,未詳。徐整有孝經嘿注,傅咸有七經詩。"

張　昭

吳志本傳："張昭字子布,彭城人也。少好學,博覽衆書。權問衞尉嚴畯:'寧念小時所闇書不?'畯因誦孝經仲尼居。昭曰:'嚴畯鄙生,臣請爲陛下誦之。'乃誦君子之事上,咸以昭爲知所誦。"

嚴　畯

吳志本傳："嚴畯字曼才,彭城人也。少耽學,善詩、書、三禮,又好説文。著孝經傳。"

虞　翻

唐明皇孝經序云："虞翻、劉劭,抑又次焉。"阮福曰:"經典叙録内無虞翻,惟有虞槃佑,字弘猷,高平人,東晉處士。未聞虞翻有孝經注説。明皇序未知所本。"

荀勗　袁敬仲

荀勗有集議孝經一卷。袁敬仲有集議孝經一卷。

虞　　喜

晋書本傳：“虞喜字仲寧，會稽餘姚人。少立操行，博學好古，專心經傳，並覽讖緯。乃著安天論以難渾、盖。又釋毛詩，略注孝經，爲志林三十篇。凡所注述數十萬言，行於世。”

荀　　昶

唐會要及邢疏並云：“晋穆帝永和十一年，及孝武太元元年，再聚羣臣，共論經義。有荀昶者，撰集孝經諸説，始以鄭氏爲宗。”

謝安　謝萬　袁宏　王獻之

五刑章正義曰：“案舊注説及謝安、袁宏、王獻之、殷仲文等，皆以不孝之罪，聖人惡之，云在三千條外。”玉函輯佚書序云：“集解孝經一卷，晋謝萬撰。萬字萬石，陳國夏陽人。安之弟，官至散騎常侍。事跡見晋書本傳。隋志載其集注孝經一卷。唐志作謝萬注，卷同。”

虞槃祐　楊泓　殷仲文　車胤　孫氏　庾氏
孔光　何承天　釋慧林

釋文及邢疏云："晋袁宏、虞槃祐,東晋楊宏、殷仲文、車胤、孫氏、庾氏、荀昶、孔光、何承天、釋慧林,皆傳今文家孝經説。"玉函輯佚書有孝經殷氏注一卷。隋志有殷仲文注孝經一卷。梁有,亡。舊唐書志孝經殷仲文注一卷。

陶　潛

陶潛有五孝傳贊一卷。采東塾讀書記。

祖　冲　之

南齊書本傳："祖冲之字文遠,范陽薊人也。少稽古,有機思。著易、老、莊義,釋論語、孝經,注九章造綴術數十篇。"

嚴　植　之

梁書本傳："嚴植之字孝源,建平秭歸人也。少善莊、老,能玄言,精解喪服、孝經、論語。及長,遍治鄭氏禮、周易、毛詩、左氏春秋。性純孝謹厚,不以所長高人。少遭父憂,因菜食二十三載。"隋志有梁五經博士嚴植之孝經注一卷,亡。

謝　稚

謝稚有孝經圖二卷。

王　玄　載

王玄載有孝經注一卷。

李　玉　之

李玉之有孝經義疏二卷。

蕭　子　顯

隋志云：“爲孝經義疏者有蕭子顯一卷，又有孝經敬愛義一卷。”

孔　僉

梁書本傳：“孔僉，會稽山陰人。少師事何允，通五經，尤明三禮、孝經、論語，講説並數十遍。”

伏　挺

梁書伏曼容傳：“子暅元曜。暅子挺字士標，幼敏悟，七歲通孝經、論語。及長，博學有才思。”

賀　瑒

隋志："賀瑒有孝經講義一卷，孝經義疏一卷。"

王儉　陸澄　周顒　費沈　張緒　王子良　謝幾卿

南齊書文惠太子傳："永明三年，於崇正殿講孝經。少傅王儉以摘句令周顒撰爲義疏。五年冬，太子臨國學，親臨策試諸生"，下載太子問王儉、張緒及竟陵王子良、謝幾卿等問答凡十四節。王儉傳："上使陸澄誦孝經，自仲尼居而起。儉曰：'澄所謂博而寡要，臣請誦之。'乃誦君子之事上章。上曰：'善，張子布更覺非奇也。'"南史陸澄傳："又與王儉書云：'世有一孝經，題爲鄭玄注。觀其用辭，不與注書相類。案玄自序所注衆書，亦無孝經。且爲小學之類，不宜列在帝典。'儉答曰：'疑孝經非鄭所注，僕以此書明百行之首，實人倫所先。七略、藝文並陳之六藝，不與蒼頡、凡將之流也。鄭注虛實，前代不嫌，意謂可安，仍舊立置。'"費沈有孝經注三卷。

明僧紹 子山賓

明僧紹，齊、梁間人，有孝經義。

邢疏云："賀瑒、嚴植之、明山賓、劉貞簡即劉瓛，詳見下。咸有說。"

趙景韶　徐孝克　何約之

隋志載此三家皆有義疏。按何約之有大明中皇太子講義疏一卷。徐孝克有講疏六卷。

太 史 叔 明

梁書沈峻傳："太史叔明，吳興烏程人，吳太史慈後也。少善莊、老，兼通孝經、論語、禮記，尤精三玄。每講説，聽者常五百餘人。"著有孝經義一卷。未詳所本。

諸 葛 循

諸葛循有孝經序一卷。

皇 侃

梁書本傳："皇侃，吳郡人。少好學，師事賀瑒。精力專門，盡通其業，尤明三禮、孝經、論語。侃性至孝，常日限誦孝經二十遍，以擬觀世音經。"隋、唐志並云："孝經皇氏義疏三卷。"

劉 瓛

南齊書本傳："劉瓛字子珪，沛國相人。徵北司徒記室，除步兵校尉，並不拜。謚貞簡先生。"孝經序疏稱爲劉貞簡疏。又引劉瓛説五節即一人也。瓛所注孝經，隋、唐志皆不著録。

沈　驎　士

南齊書本傳:"沈驎士字雲禎,吳興武康人也。少好學,家貧,織簾誦書,口手不息。隱居吳差山,講經教授。建武二年徵著作郎,永元二年徵太子舍人,並不就。著周易兩繫、莊子内篇訓,注易經、禮記、春秋、尚書、論語、孝經、喪服、老子要略數十卷。"

岑之敬　朱异互見李業興下

陳書本傳:"岑之敬字思禮,南陽棘陽人也。父善紆,梁世以經學聞。之敬年五歲,讀孝經,每燒香正坐,親戚咸加嘆異。年十六,策春秋左氏、制旨孝經義,擢爲高第。梁武帝因召入而試,令之敬升講座,敕中書舍人朱异執孝經,唱士孝章,武帝親自論難。之敬剖釋縱橫,應對如響,左右莫不嗟服。每每忌日營齋,必躬自灑掃,涕泣終日。士君子以篤行稱之。"

沈　文　阿

陳書本傳:"沈文阿字國衛,梁武康令峻之子也。少習父業,研精章句。祖舅太史叔明、舅王慧興並通經術,而文阿頗傳之。又博采先儒異同,自爲義疏,於東宮講孝經、論語。所撰春秋、禮記、孝經、論語義記七十餘卷,經典大義十八卷,並行於時。儒者多傳其學。"

江　係　之

江係之有孝經注一卷。

周　弘　正

　　陳書本傳："周弘正字思行，汝南安城人也。太建五年，授尚書左僕射，祭酒、中正如故。尋敕侍東宮講論語、孝經。太子以弘正朝廷舊臣，德望素重，於是降情屈禮，橫經請益，有師資之敬焉。"所著孝經疏兩卷。

張　譏

　　陳書本傳："張譏字直言，清河武城人也。幼聰俊，有思理，年十四，通孝經、論語。譏早喪母，有錯綵經帕，即母之遺製。及有所識，家人具以告之。每歲時輒對帕哽噎，不能自勝。及丁父憂，居喪過禮。遷士林館學士。簡文在東宮，出士林館發孝經題，譏論議往復，甚見嗟賞。自是每有講集，必令召譏。"所撰有孝經義八卷。

顧　越

　　陳書本傳："顧越字思南，吳郡鹽官人也。所居新坡黃崗，世有鄉校，由是顧氏多儒學焉。越少孤，以勤苦自立。勵精學業，不舍晝夜。所著喪服、毛詩、老子、孝經、論語等義疏四十餘卷。"

陶　宏　景

陶宏景有集注孝經一卷。

王　元　規

陳書本傳："王元規字正範，太原晋陽人也。性孝，事母甚謹，晨昏未嘗離左右。時人稱其至行。少從吳興沈文阿受業，十八，通春秋、孝經、論語、喪服記。"著孝經義記兩卷。

崔　光 後魏人

北史儒林傳序："正光三年，乃釋奠於國學，命祭酒崔光講孝經，始置國子生三十六人。"

劉　廞

北史儒林傳序："永熙中，孝武復釋奠於國學，又於顯陽殿詔祭酒劉廞講孝經。"

權會　李欽　刁柔　熊安生　劉軌思　馬敬德 子元熙

北史儒林傳序："論語、孝經諸學，學徒莫不通講。諸儒如權會、李欽、刁柔、熊安生、劉軌思、馬敬德之徒，多自出義疏。雖曰專門，亦皆相祖習也。"儒林傳云："熊安生，後周人。字植之，長樂阜城人也。少好學，勵精不倦。事徐遵明，服膺歷年。後受禮於李寶鼎,遂博通五經。所撰有孝經義一卷。"又云:"馬敬德,北齊人。河間人也。少好儒術,負笈隨徐遵明學詩、禮。子元熙,字長明。少傳父業,兼長文藻,以通直郎待詔文林館。武平中,皇太子將講孝經,有司請擇師。帝曰:'馬元熙,朕師之子,文學不惡。'於是以孝經入授皇太子。"

顏之推 弟之儀,北齊人

北史本傳:"顏之推字介,琅邪臨沂人也。還習禮傳,遍覽羣書,無不該洽。之推弟之儀,字子升。幼穎悟,三歲能讀孝經。及長,博涉羣書。"

陳　奇 後魏人

北史本傳:"陳奇字脩奇,河北人也。少孤貧,而奉母至孝。博通墳籍,志在著述五經。始注孝經、論語,頗傳於世。"

孫惠蔚 後魏人

北史本傳:"孫惠蔚字叔炳,武邑武遂人也。世以儒學相傳。惠蔚年十五,粗通詩、書及孝經、論語。"

徐遵明 後魏人

北史本傳:"徐遵明字子判,華陰人也。幼孤,好學。乃詣平原唐遷,居於蠶舍,讀孝經、論語、毛詩、尚書、三禮。不出門院,凡經六年。"

李業興　後魏人

北史本傳："李業興，上黨長子人。少耿介，志學。晚乃師事徐遵明。天平四年，使梁。梁散騎常侍朱异問業興。業興曰：'我昨見明堂，四柱方屋，都無九五之室，當是裴頠所制。明堂上圓下方，裴惟除室耳。今此上不圓，何也？'异曰：'圓方俗説，經典無文，何怪於方？'業興曰：'圓方之言，出處甚明，卿自不見。見卿録梁主孝經義亦云'上圓下方'，卿言豈非自相矛盾？'异曰：'若然，竟出何經典？'業興曰：'出孝經援神契。'异曰：'緯候之書，何可信也。'業興曰：'卿若不信，靈威仰、叶光紀之類，經典亦無出者，卿復信不？'异不答。"

李　鉉　北齊人

北史本傳："李鉉字寶鼎，勃海南皮人也。以鄉里無可師者，遂與州里楊元懿、河間宗惠振等結侶，詣大儒徐遵明受業，居徐門下五年，常稱高第。年二十三，便自潛居，討論是非，撰定孝經、論語、毛詩、三禮義疏，及三傳異同、周易義例，合三十餘卷。年二十七，歸養二親。因教授鄉里，生徒常至數百人。燕、趙間能言經者，多出其門。"

樊　深　後周人

北史本傳："樊深字文深，河東猗氏人也。事繼母甚謹。弱冠好學，負書從師於河西，講習五經，晝夜不倦。魏永安中，隨軍征討，以功累遷中散大夫。嘗讀書，見吾邱子，遂歸侍養。孝武西遷，樊、王二姓舉義，爲東魏所誅。深父保周、叔父歡周並被害。深因避難，墜崖傷足，絕食再宿。於後遇得一籃餅，欲食之。然念繼母老痺，或免虜掠，乃弗食。夜中匍匐尋覓母，得見，因以饋母。歸葬其父，負土成墳。所撰孝經、喪服問疑各一卷。又撰七經異同說三卷。"

樂　遜後周人

北史本傳："樂遜字遵賢，河東猗氏人也。幼有成人之操。從徐遵明於趙、魏間，受孝經、喪服、論語、詩、書、禮、易、春秋大義。魏廢帝二年，文帝召遜教授諸子。在館六年，與諸儒分授經業，講孝經、論語、毛詩及服虔所注春秋左氏傳。遜性柔謹，寡交游，立身以忠信爲本，不自矜尚。每在衆，言論未嘗爲人之先，學者以此稱之。所著孝經、論語、毛詩、左氏春秋序論十餘篇。"

王　懌後魏人

王懌著孝經解詁。詳見下。

封偉伯後魏人

魏書本傳："封偉伯字君良。博學有才思，弱冠除太常博士。每朝廷大議，偉伯皆預焉。雅爲太保崔光、僕射游肇所知賞。太尉清河王懌辟參軍事，懌親爲孝經解詁，命偉伯爲難例九條，皆發起隱漏。偉伯又討論禮、傳、詩、易疑事數十條，儒者咸稱之。"

蕭德言初唐人

舊唐書高宗紀：“初授孝經於著作郎蕭德言。太宗問曰：‘此書中何言爲？’對曰：‘夫孝，始於事親，中於事君，終於立身。君子之事上，進思進忠，退思補過，將順其美，匡救其惡。’太宗大悅曰：‘行此，足以事父兄，爲臣子矣。’”

趙　宏　智

舊唐書本傳：“高宗令宏智於百福殿講孝經，召中書門下三品及宏文館學士、太常儒者並預講筵。宏智演暢微言，備陳五孝。學士等難問相繼，宏智酬應如響。高宗怡然曰：‘朕頗耽墳籍，至於孝經，偏所習睹。然孝之爲德，宏益實深，故云：德教加於百姓，刑於四海，是知孝道之爲大也。’顧謂宏智：‘宜略陳此經切要者，以輔不逮。’宏智對曰：‘昔者天子有諍臣七人，雖無道不失其天下。微臣顓愚，願以此言奏獻。’帝甚悅。”

薛　　放

舊唐書本傳：“帝曰：‘六經所尚不一，志學之士，白首不能盡通，如何得其要？’對曰：‘論語者，六經之菁華；孝經者，人倫之本。窮理執要，真可謂聖人至言。是以漢朝論語首列學官，光武令虎賁之士皆習孝經，明皇親爲孝經注解，皆使當時大理，四海乂寧。蓋人知孝慈，氣感和樂之所致也。’”

蘇　世　長

　　唐書本傳："世長十餘歲，上書周武帝，帝異其幼，問讀何書，對'治孝經、論語'。帝曰：'何言可道？'答曰：'爲國者不敢侮於鰥寡。爲政以德。'帝曰：'善。'使卒學虎門館。"

日本師儒傳述孝經考

自　序

　　環瀛海之東而與我同其文教者曰日本。在彼應神時，當中國晉惠、懷時。百濟秀士王仁獻論語。吾道之東，自此始矣。迄於繼體七年，當梁天監十二年。百濟又遣五經博士段揚爾，十年復遣漢安茂，於是始傳五經。五經者，禮、樂、書、論語、孝經也。治經之學各有專門，而孝經、論語，則令學者兼習。寶字元年，特敕天下家藏孝經一本。若有不孝不順者，配諸陸奧、出羽。貞觀二年，敕孝經用唐明皇注，立諸學官。碩德儒林，遞相祖述。遺文舊籍，猶有存焉。其書之傳至中華而著録於四庫者，有論語義疏十卷、古文孝經孔氏傳一卷、七經孟子考文補遺一百九十九卷。中有古文孝經一卷，論語皇疏，確爲古本，孝經孔傳，的是僞書。中東諸儒，皆嘗辨之矣。清嘉慶初元，烏程鄭氏復得日本所刊魏徵羣書治要，中有孝經鄭注十七章，兼得彼國岡田挺之所刊鄭注孝經專行本，與治要本同。蓋即從治要中抽出別行者。治要於經注有删節，又無喪親章，非全本也。近儒多所補緝，而孝經鄭注，遂有完書。余既辨鄭注之非僞而釋之矣，因思鄭注之幸存，實中儒抱訂之功，而亦賴東儒之謹守古書，流傳今學，得存什一於千百也。適讀黃氏日本國志，其學術志中，所載經説書目，數十百卷，而孝經説亦甚夥。蓋日本尊立孝經，孔、鄭並列。家置一編，莫不誦説。今惟取其有撰述者，著録廿餘家焉，書凡卅餘種。余所得見者，僅鄭注及僞孔傳考文耳。市舶不來，望洋興嘆矣。公元一八九七年冬十二月，長沙羅焌序。

山本信有

著較定孝經一卷,孝經集覽二卷。

中村欽

著孝經示蒙句解一卷,孝經集解一卷。

林信勝

著孝經一卷。

片山世璠

著古文孝經標注一卷,古文孝經參疏三卷。

山崎嘉

著孝經外傳一卷,孝經詳略二卷,孝經刊誤附考一卷,孝經點一卷。

新井祐登

著古文孝經發三卷。

太宰純

著古文孝經孔安國傳一卷,古文孝經正文一卷。

塚田虎

著冢注孝經一卷,孝經和字訓一卷。按和字謂日本字,猶云國字也。

高橋女閔慎

著孝經證五卷。

赤松弘

著孝經述,無卷數。

古屋鼎

著孝經説,無卷數。

井上立元

著孝經集説一卷。

豐島幹

著孝經餘論一卷。

熊澤伯繼

著孝經小解二卷,孝經外傳或問二卷。

溪世尊

著孝經之部一卷。

中江原

著孝經啓蒙一卷。

毛利瑚珀

著孝經增補首書二卷,孝經評略大全四卷。

貝原篤信

著孝經大義一卷。

諸葛氏

著孝經考一卷。

久川資衡

著孝經古點,無卷數。

岡田挺之

著鄭注孝經一卷,孝經引證一卷。

山井鼎著　　**萩生觀**補遺

著孝經考文補遺一卷。

宮瀨維幹

著古文孝經國字解一卷。

齋宮必簡

著孝經齋氏傳二卷。

中村和

著孝經翼一卷。

以上所列諸家著述,悉本黃遵憲日本國志學術志。案隋書經籍志云:"魏氏遷洛,未達華語,孝文帝命侯伏侯可悉陵,以夷言譯孝經之旨,教於國人,謂之國語孝經。"上列塚氏之孝經和字訓、宮氏之古文孝經國字解,皆用其本國文字者,與國語孝經相類。日本自號和國。

曾氏轉注說補正

一、曾國藩與朱仲我書（曾文正集書札卷二十五）補正

　　来函具悉。所論轉注，謂戴氏專以訓詁解轉注，義有未盡。誠爲確論。至謂會意之老、形聲之考，焯然已知，而疑許氏合此二字爲轉注者爲失之贅。則竊以爲不可。許君固非絶無可議者，惟指考、老爲轉注，則在不可議之列。尊意履本訓踐，其所爲踐之具者爲轉注。是以虛用者爲本訓，實用者爲轉注。凡古今文字，何字不有虛實兩用？如履字以實用者爲本訓，而羽獵賦之"履般首"則虛用矣；舃字以實用者爲本訓，而魯頌之"松桷有舃"則虛用矣。推之衣、巾、冠、帶皆實字也，而孟子之"衣褐"，周禮之"巾車"，史記之"冠玉"，月令之"帶弓"，則虛用矣。宮、室、門、户皆實字也，而爾雅之"大山宮小山"，左傳之"復室其子"，公羊之"無人門焉者"，漢書之"王嘉户殿門"，則虛用矣。將循履字之例，概以虛者爲本義、實者爲轉注乎，抑有時以虛者命爲轉注乎？

　　補正曰：本義者，古人造字之初意也。其義之屬虛屬實，字各不同，原無一定。説文解字已明著之。至於虛字而實用、實字

而虛用者，即今人所謂引申義，古之所謂叚借義也。朱氏承其家
學，以引申義爲六書之轉注義，以令長之屬爲轉注字。近人疑其
變亂許例，多不之從。曾氏駁之，是已。惟所舉實字虛用之例，
尚欠明析。如舃字，説文本訓䧿字，亦作䳍，即今之鵲字。其訓
舃爲履者，乃藉字之叚借也。（朱駿聲説）“松桷有舃”之舃，傳云
“舃，大貌”者，乃庿字之叚借，皆有本字之叚借也。（陳奐毛詩傳
疏云：“舃者，庿之叚借字。禹貢‘海濱廣庿’，史記夏本紀、漢書
地理志，皆作廣舃，此舃、庿聲通之證。”説文：“庿，卻屋也。”段注
云：“謂開拓其屋使廣也。俗作厈作斥。文選魏都賦注引蒼頡篇
云：庿，廣也。”）如履字及衣、巾、冠、帶、宫、室、門、户等字之虛用
者，則皆本無其字依聲託事之叚借也。曾氏不以六書爲説，而但
斤斤於虛實之用，蓋於小學致力本淺也。

　　曩嘗譏戴、段二家，以一部爾雅全目爲轉注，以五百四十部
首全目爲轉注。以爲何必六書，祇以一書足矣。今來函所述庭
訓，其病殆亦近之。

　　補正曰：朱駿聲著説文通訓定聲一書，於轉注、叚借二説，毅
然變更許例。以由本義引申爲他義者，謂之轉注。由此字通用
作彼字者，謂之叚借。此但不合於六書爲造字之本意而已。其
於後世訓詁用字之法，確有條理，較以互訓爲轉注之説，殆有過
之。曾氏以朱氏之病近於戴、段，未必然也。且所稱戴、段之説
亦微有誤。以爾雅全部爲轉注者，戴、段之説也。（見戴東原集
三及説文解字段注十五）以説文五百四十部所屬之字爲轉注者，
江聲之六書説也。曾氏混稱爲戴、段之説，猶未審二説之不同
也。至孫星衍始合戴、江二説爲一焉。（孫氏序説文解字云：“轉
注最廣，建類一首。如禎、祥、祉、福、祐，同在示部也。同意相
受，如禎，祥也；祥、祉、福也；福，祐也。同義轉注以明之。推廣

之，如爾雅釋詁：‘肇、祖、元、胎，始也。’始爲建類一首，肇、祖、
元、胎爲同意相受。後人泥考、老二字有左回、右注之説，是不求
之注義而求其字形，謬矣。”）

不佞竊不自揆，謬立一説。篤守許氏考、老之指。以謂老
者，會意字也；考者，轉注字也。部首之可指數者，如犛部、爨部、
畫部、詹部、冓部、筋部、稽部、橐部、寢部、重部、老部、履部、歠
部、鹽部、弦部、酉部，皆轉注之部也。

補正曰：轉注之説，自許君以後，約分十數派，皆未足爲定
論。近日始見曾氏父子之説，詫爲新奇，而證以許君所定轉注之
義例，適相符合。雖未能仞爲定論，而以轉注爲造字之本，似較
前後諸説爲優。惟所引諸部之字，尚有缺遺。爰爲補正，詳見
後釋。

凡形聲之字，大抵以左體爲母，以右體之得聲者爲子，而母
子從無省畫者。

補正曰：周禮保氏賈公彥疏云：“書有六體，形聲實多。若江
河之類，是左形右聲。鳩鴿之類，是右形左聲。草藻之類，是上形
下聲。婆娑之類，是上聲下形。圃國之類，是外形內聲。闤闠、衡
銜之類，是內形外聲。此形聲之等有六也。（王筠説文釋例云：闤
闠仍是外形內聲，銜則純乎會意，當易以聞問等字。）曾氏云：“左
體爲母，右體之得聲者爲子。”但舉一端言也。又形聲字，形固無
省者，而聲則有省畫者。曾氏云：“母子從無省畫者。”亦舉形聲
之正例言也。

凡轉注之字，大抵以會意之字爲母，亦以得聲者爲子，而母
字從無不省畫者。

　　補正曰：轉注字之部首，不盡爲會意字，上文已明言之。至轉注字亦有不盡以聲爲子者。如氂之從犛省從毛，晝之從畫省從日，省之從睂省從屮，學之從爨省從冎省，是也。惟其所從之部首字則無不省者。此則考從老省丂聲之通例也。

　　晝省則母字之形不全，何以知子之所自來？惟好學深思，精心研究，則形雖不全而意可相受。如老字雖省去匕字，而可知考、耊等字之意從老而來。履字雖省去舟、夊，而可知屨、屐等字之意從履而來。橐字雖省去豕字，而可知囊、橐等字之意從橐而來。癡字雖省去夢字，而可知痼、痳等字之意從癡而來。推之犛、爨、畫、睂等部，莫不皆然。其曰“建類一首”者，母字之形模尚具也。其曰“同意相受”者，母字之畫省而意存也。

　　補正曰：“何以知子之所自來”，此“子”字，指由部首所生之字而言，非謂從而得聲之子也。宜改爲“何以知其意之所自來”，始與上下文義相合。

　　抑又有進者。轉注之字，其部首固多會意者矣，亦有不盡然者。如鹽，從鹵監聲，形聲字也，而所屬鹽、鹼等字仍不害其爲轉注之字。歙，從欠畲聲，形聲字也，而所屬之歙仍不害其爲轉注之字。

　　補正曰：轉注字之部首，有純會意者，有會意兼象形者，有會意兼諧聲者，有會意兼象形諧聲者，有純形聲者，有原爲轉注字者。至所屬之轉注字，亦有兼象形者，有兼會意者，而以兼形聲者爲較多。（詳見後釋）此許君所以舉會意之老、形聲之考以爲轉注之例也。

　　至於西者，象形字也，本不得目爲轉注之部。特以西字之才不足以統所屬之字，似應別立酒部而於醞、釀、醻、醋、醇、醨等字，增曰從酒省盅聲，從酒省襄聲，從酒省壽聲、昔聲、享聲、离聲云云，乃與全書義例相合。蓋此等字本不僅胚胎於酉字，實由酒字貫注而來。斯又許君所未指爲轉注而不害其爲轉注者也。

補正曰：酉部之字，當別立酒部，其説本於段氏。小曾承其家學，亦從段説，詳見後文。至謂象形之字不得目爲轉注之部首，似不盡然。眉、巢等字皆象形字也。

此説蓄諸鄙心，歷有歲年。閒語朋輩，疑信參半。以生平於小學致力甚淺，不敢有所造述。因來函陳義頗堅，輒復貢其膚末，以相質證。惟希雅鉴。

二、曾紀澤書江艮庭六書説後補正

　　古者五尺之童足以知之，今之績學之士窮年累月以求之而不能盡合焉者，六書其一乎。非今之人智不逮古如是其遠也。師承不絕，則淺顯而易通；苟失其傳，則易者難而顯者晦矣。鄭氏注周禮，舉六書之目而不著其説。許叔重著其説矣，設辭簡略，不可驟明。意者當漢之世，去古未遠，雖無保氏之官，而人間師弟子以經學相授受者，尚皆不廢六書。舉世翕然務之，不待推演而覶縷者歟。象形、諧聲、會意、指事、叚借五者，得許氏之説，至今可曉。

　　補正曰：六書名稱之次第，漢儒所述，亦已互異。班固漢書藝文志云："周官保氏掌養國子，教之六書。謂象形、象事、象意、象聲、轉注、叚借，造字之本也。"周禮地官保氏注，鄭司農云：六書，象形、會意、轉注、處事、叚借、諧聲也。許君説文解字叙云：一曰指事，二曰象形，三曰形聲，四曰會意，五曰轉注，六曰叚借。清儒據上三説，多謂名稱宜從許叙，次第宜從班志。殆可仞爲定論矣。此文所舉，象形、諧聲、會意、指事、叚借五者，下文亦云象形、諧聲、會意、指事。名称次第，错亂無章，誤矣。

獨其釋轉注曰："建類一首，同意相受。"語意较爲通泛。不如畫成其形，随體詰詘，本無其字，依聲託事諸語之確不可移也。所引考老之字，又不如武信、江河諸字之灼然易知也。證以全書而莫相發明，不如象形、會意諸語往往散見於各部説解中也。

補正曰：象形、指事、會意、形聲四者，説解中屢見，叚借則韋字説解言之。惟轉注則全書绝不一及。

於是談六書者，至於轉注則紛紛然不一其議。近世江艮庭作爲六書説，旁通曲證，援據鑿鑿，足以大明許氏之恉。其説彼五者，諸學士亦無異意焉。而江氏之言詳矣。若其説轉注，則亦似有未安者。曰考與老同意，故受老字而從老省。凡耆、耊、壽、耇之類與老同意者，皆從老省而屬老。此言是也。曰説文解字一書五百四十部，即"建類一首"也。下云凡某之屬皆從某，即"同意相受"也。此言非也。夫六書者，書之體用厥有六端，象形、諧聲、會意、指事、轉注主言體，叚借主言用。

補正曰：説文解字叙段注引戴先生曰："指事、象形、形聲、會意四者，字之體也；轉注、叚借二者，字之用也。"戴東原集論小學書云："考、老二字屬諧聲會意者，字之體；引以言轉注者，字之用。"今小曾稍变其説，謂前五者主言體，叚借主言用。盖仍不知六書爲造字之本，皆言字之體，非言字之用也。然較戴、段之説轉注，已進一層矣。

此六者缺其一不可。是故象形之字不得謂之諧聲，會意之字不得謂之指事。

補正曰：以六書之例解釋古人所造之字體，有純屬一書者，又有兼二書者，有兼二書三書者，則爲变例。小曾所云，就純例言也。

形者母也，聲者子也。具物之形，命曰象形；相合併，命曰指事；合而語意貫通，命曰會意；母子並重，命曰諧聲；重其子而輕其母，命曰叚借。各有其義而不得相混，各有其名而不得相賅者也。

補正曰：以形爲母，以聲爲子，惟形聲字爲然耳。若象形、指事、會意之字，無所謂母子矣。如必以母子言，則且依許書，以其部首之字爲母，其屬字之別有所從或從而得聲者爲子，可也。重子輕母爲叚借，其説亦非。如韋借爲皮韋，西借爲東西之西，二字皆非形聲字，尤無形母聲子之別也。

今而曰五百四十部皆"建類一首"，屬而從之者皆"同意相受"也。果爾，則轉注一端遂足以賅彼五者，而許書九千餘文無非轉注矣，豈其然哉。

補正曰：江氏説轉注，後人駁論，有極精當者，詳見後。

間嘗取許氏"建類一首"、"同意相受"之語，與所引考、老之字，參稽於全書而徵其義例，以爲轉注云者，有全子而無全母，無可徑從之部，託於一字而轉相貫注，故謂之轉注。

補正曰：依曾氏轉注説推之，亦有母子俱不全者。如笏之從筋省、夗省聲；竊之從廇省、曼省聲，是也。又如晝之從畫省從日，省之從睂省從中，學之從爨省冎省，皆不必形爲母，聲爲子也。

老字從人毛匕，會意字也。考從老省丂聲，老之形不全而知其從老来者，轉注字也。譬諸犖從牛莽聲，形聲字也。鷺從犖省來聲,聲之形不全而知其從聲字來者,轉注字也。許書如聲部、谷部、虁部、畫部、殺部、𦘒部、烏部、冓部、筋部、㐱部、稽部、巢部、橐部、瓠部、寮部、重部、老部、履部、歠部、鹽部、弦部,或會意,或形聲,皆轉注字之部首也。

補正曰:烏部當爲烏部之譌,以烏部無從烏省之字也。然考烏部所屬,惟舃字、焉字,説解皆祇云象形,不云從烏省從某。蓋舃、焉純属象形字,不能仞爲轉注字也。其所以不云從烏省者,以烏、焉篆作𦎧、𦐖,一見其形,即知爲二足而羽之禽,但其頭與鳥、烏不同耳。舃之頭非臼字,焉之頭亦非下字,象其形而已。其隸屬於烏部者,以類相從耳。故許君特於焉字説解中,發其凡云。老曾歷舉轉注之部首字,不屬烏部,其義是也。至小曾所補谷、殺、㐱、巢、瓠、五部外,頗有遺漏,今皆補考附後。

其所屬從之字,損其母之點畫以容其子,而轉注之例生焉。是故存人、毛而去匕,無是字矣,而考、耆諸文非老部莫可歸也。存尸、彳而去舟攵,無是字矣,而屨、屐諸文非履部莫可歸也。存禾、尤而去旨,存宀、爿而去夢,無是字矣,而稦、稽、癗、寐諸文非稽部、寮部莫可歸也。推之而聲、虁、畫、𦘒部,莫不皆然。聲去牛而存聲,雖有其字,而聲坼之義與長毫牛之義無涉也,則氂、𥸮諸文非聲部亦莫可歸矣。曰"建類一首"者,指部首而言,母字之形體悉具也。曰"同意相受"者,指屬從而言,母字之點畫雖虧,而其意猶存也。後之學者必明此例,然後見考、耆而知在老部,見屨、屐、稦、稽、癗、寐而知在履部、稽部、寮部。不然則朝夕臨視之字,有不能辨其所從,將終日披覽而無所稽考者矣。

補正曰:先言轉注爲古人造字之例,次言轉注爲後人解字之法,義甚完備。

　　然則若此類者,固文字中之一大端。去之則有所不備,命以轉注之名而合參諸"建類一首"、"同意相受"之語而可通,證以考、老二字而援引適當也。以此爲轉注,庶幾其不違於古乎。恨世無許、鄭諸儒一決各説之是非,且不得起江氏暨戴、段諸公而商榷之耳。抑又有許書屬之形聲而似宜在轉注之列者,段若膺爲説文解字注,其在十四篇酉字下注云:凡從酉之字當別立酒部,解云:"從酒省。許合之,疏矣。"段氏本宗戴東原之説,以互訓爲轉注,酉下此論非爲轉注發也,然而有合於轉注之義。蓋酒字亦轉注字之部首也。凡夫醙、醆、醞、釀諸字,皆應別立酒部以統之,而解云:從酒省豕聲,從酒省甚聲,從酒省昌聲、襄聲,乃與全書義例相合。許君釋酉云:"八月黍成,可以酎酒。"遂舉從酒省之字概以屬之酉下,實不如屬之酒部之爲近也。是則讀許書初不知爲轉注,而本與考老同例者也。

　　補正曰:周禮天官酒正辨四飲之物,二曰醫。鄭注云:"醫之字從殹、從酉省也。"賈公彦疏云:"從殹省者去羽,從酉省者去水。"蓋賈所據本鄭注,作"從瞖從酒省也"。今注疏皆有誤字。惠棟校云:"注文當作從殹從酒省。"段玉裁周禮漢讀考云:"賈疏大誤。鄭意此字,俗用爲醫藥字,其字上從殹下從酒省,則四飲之一,乃其本義。鄭不言從酒省殹聲者,殹、瞖、繄字,古音在脂、微、齊,皆灰部,醫字古音在之、咍部,與禮記內則臆字同物同音。"案惠、段説是也。今説文醫字屬酉部,而鄭君則云屬酒部,是古人分別部居之例。許、鄭所聞不同,段注蓋據鄭以駁許,此可信從者也。又案説文皿部醯下云:"酸也。"作醯以鬻以酒,從鬻酒并省,從皿。皿,器也。醯即酸酢。而其説解不云從酉,乃云從酒省,則酸、酢諸字之當屬酒部,而解曰從酒省,可無疑義矣。

韓子校注

前　言

　　先父庶丹公諱焌，前清宣統己酉（1909 年）春，於廣州書肆購得清嘉慶甲子（1840 年）重鎸韓非子評注（姑蘇聚文堂藏板）一册，綫裝四本。以宋本、藏本、顧千里校本、日本宮内鹿川注本詳校一過，書眉上批注凡數百處，考證詳實，字迹工整，爲研究韓非子學説珍貴資料。

　　數十年來，滄桑遞變，先父藏書均已散佚。1991 年，得知湖南省圖書館善本書庫珍藏此書。先父手迹行楷清晰，印章朱色燦然。因請於該館，承復制綫裝四本貽慎。慎謹依先父批語及校注移録編輯成帙，名曰韓子校注。

　　一九九九年七月，書慎謹識。時年八十有四。

説　　明

一、韓子校注作者羅焌除在原書韓非子評注各篇眉上有校注外，關於書名韓子、關於校注時間、關於原書書序、原書凡例及關於韓子佚文等，均有批注。作者又曾輯録韓子篇卷異同及韓子之版本。今皆移録於篇卷之前，以備參考。

二、韓子校注篇卷目次，仍依原書韓非子評注二十卷五十五篇之次。原書篇卷中無羅焌校注者，韓子校注目次中則加以注明。

三、凡校注涉及全篇者，則置諸篇首、篇名之後或篇末，其上冠以“焌按”二字。

四、凡與校注繫聯之原書句、段用黑體字。録於校注之前，頂格寫以示區別，其中關鍵詞、語、句，以重點號標出。

五、凡作者校注之文，置於繫聯之原書句、段之後，其上冠以“焌按”二字。

六、偶有“或曰”所注之文，則置於所録原書句、段之後，“焌按"之前。"或曰"之文用括號標出，用黑體字。

　　七、凡校注手稿中有筆誤或脱失之字，整理時，在該筆誤字之後或脱失之處糾正或補寫。糾正之字加括弧（　　），補寫之處加方括號[　　]，以示區別。

關於書名韓子之批注

　　焌按：漢、隋、唐、宋史志，阮孝緒七録及通志、通考、意林目録，焦氏經籍志與唐、宋人引此書者，皆止題韓子，不稱韓非子。茲據改爲此題韓子。以後書中標目皆倣此。

　　又按：史記李斯傳：[而二世責問]李斯曰："吾有私議而有所聞於韓子也。"又對二世書屢稱韓子曰。是韓子同時人已稱韓子矣。

關於校注時間

　　宣統己酉春，於廣州書肆得此書，以宋本、藏本、顧千里校本、日本宮内鹿川注本詳校一過，三閲月始畢。後有好古者得此，當永保之。辛亥三月二十八日庶丹記。

關於原書韓非子書序之批注

　　書序曰："余讀韓非子書蓋喟然而嘆曰：世道之趨於權譎也，君臣之間相御以智，而相傾奪以捭闔抵巇之説也，其至秦而極乎。……至戰國而儀秦之徒始以其縱橫之説勝。……關東諸國既皆削弱無可倚以抗秦，而士之争趨秦者，非得秦權則無以震聾諸侯而快其志，非訐激其詞亦無以當主意而盡關遊士之口。故干秦之説愈相軋而愈不勝，卒足以亡其身，余於非子有深慨焉。”

　　焌按：韓子之干秦，志在存韓，不得與儀秦之徒相提並論。

　　書序曰：“使非而幸緩須臾，秦皇方且回慮易聽，當有深計而不疑。交争。是故非子之於霸若不足，而管子之於霸蓋有餘也。然則文殊乎？曰不殊也。”（或曰：按“交争”以下尚有一百九十五字，明板爲趙用賢叙，不知何人於此處删截，另增此段。細案文義，殊不管攝。）

　　焌按：此明人管韓合刻本之序，誤與趙用賢序相連，以致文義不貫。

關於原書韓非子凡例之批注

　　一、漢志、隋唐志皆云：韓非子二十卷，五十五篇，而王伯厚獨言今本五十六篇……云云。

　　焌按：史記索隱云：韓子三十餘篇。

　　一、按隋、唐志云：韓子注，不詳名氏。元何犿本獨謂舊有李瓚注，鄙陋無取，盡爲削去。……今所載注語，果涉瑣猥無識，第因宋本具列，不敢輕加删削，要以存舊章而已。

　　焌按：北史魏劉昺傳：昺，敦煌人，注韓非子行於世。唐書藝文志有尹知章注韓子，注云：卷亡。明焦竑經籍志：韓子二十卷，注云：韓非撰，李瓚注。焦蓋依何犿本也。注亦多可采者。

關於韓子佚文之批注

　　焌按：韓子佚文：四千五百六十歲爲一元。元中有厄，故聖人有九歲之畜以備之也。（續漢律歷志下注補引）

　　又按：宋本卷首載韓非子序乃全録史記韓非列傳，但削去

“然非知説之難”數語及説難一篇,末題“乾道改元中元日黄三八郎印”十二字。元和顧廣圻千里韓非子識誤云:“韓子首必有劉向序録,而今佚之也。”焌按,唐馬總意林引韓子首載劉向云:“秦始皇重韓非書,曰:‘寡人得與此人游,死不恨矣。’李斯、姚賈害之,與藥,令自殺。始皇悔,遣救之,已不及。”此即序録佚文之一節也。

韓子篇卷異同　　　羅焌輯

漢書藝文志法家韓子五十五篇。(名非,韓諸公子。使秦,李斯害而殺之。)

隋書經籍志法家韓子二十卷,目一卷。(韓非撰。梁有晁氏新書三卷,漢御史大夫晁錯撰。亡。)

舊唐書經籍志法家韓子二十卷(韓非撰),晁氏新書三卷(晁錯撰)。

新唐書藝文志法家韓子二十卷(韓非撰),晁氏新書七卷(晁錯撰),尹知章注韓子(卷亡)。

宋史藝文志法家韓子二十卷(韓非撰)。

通志藝文略法家韓子二十卷(韓非撰。唐有尹知章注,今亡),晁氏新論七卷(漢御史大夫晁錯撰)。

文獻通考經籍考法家韓子二十卷(又引晁氏、高氏説)。

阮孝緒七録云:韓子二十卷(史記列傳正義引)。

馬總意林:韓子二十卷。

明焦竑經籍志法家韓子二十卷(韓非撰,李瓚注)。

史記司馬貞索隱云:韓非著書三十餘篇,號曰韓子也。焌按:三當爲五之訛。

王應麟漢書藝文志考證云:韓子五十五篇,今本二十卷,五十六篇。

　　陳振孫書録解題：韓子二十卷，韓諸公子韓非撰。漢志五十五篇，今同。

韓子之版本　　　羅焌輯

　　宋刻乾道本。

　　道藏本。

　　元至正本，何犿注。

　　明萬曆本，趙用賢刻。

　　清嘉慶本，嘉慶甲子重刻韓非子評注，姑蘇聚文堂藏板。

　　日本本，津田鳳卿氏解詁。

　　日本宮内鹿川韓非子講義。

　　清顧廣圻（千里）韓非子識誤。

序　言

　　韓非(约公元前 280—前 233)是我國戰國末期的哲學家、思想家,先秦法家學説的集大成者。他與李斯同師荀子,著孤憤、五蠹、説難、顯學、解老、喻老、定法、問田等十餘萬言,受到秦王嬴政的高度重視。韓非使秦遭讒遇害後,後人搜集整理他的遺著,編輯爲二十卷(五十五篇)的韓非子一書,流傳至今。韓非在中國思想史上的重要地位是得到公認的。他有分析地吸收了道家、儒家、墨家的思想,着重發揮了荀子的思想和前期法家(商鞅、申不害、慎到)的思想,建構了一整套從哲學(世界觀和歷史觀)到政治路線的理論。他從樸素的唯物主義和辯證法出發,認爲"道"和"理"是事物的普遍規律和特殊規律,必須"緣道理以從事",而不能"無緣而妄意度"。而一切事物包括人類社會又是發展變化的。事物的規律必然隨着社會的變化而變化,"事因於世而備適於事","世異則事異","事異則備變",因此應當"不期修古,不法常可"。他看到了社會鬥争的動力是人們的利益驅動,認爲"上古競於道德,中古逐於智謀,當今争於氣力",提出了一套"法"、"术"、"勢"相結合的政治思想,主張統治者"不務德而務法","厚賞而信,刑重而必"。他還主張判斷認識的正確與否要以"參驗"爲據,否則"非愚則誣"。韓非的學說當然是爲建立和鞏固新興地主階級的統治服務的,但在兩千二百多年前的當時能對社會歷史有那樣明析的樸素唯物主義和辯證法的觀點,而且那樣系統深刻,不能不説是中國思想史上的一朵奇葩。韓非的思想受到歷代的重視是理所當然的。司馬遷在史記中説:"韓子引繩墨,切事情,明是非。"劉勰在文心雕龍中也説:"慎到析密理之巧,韓非著博喻之富。"劉備認爲"申韓之書,益人智意,可觀頌之"(三國志蜀志先主敕)。時間愈久遠,韓非在中國哲學史和政治思想史的地位愈顯重要,韓非思想的現代價值,亦將日益彰著,這是可以預期的。

　　韓非子一書歷代傳本甚多,錯漏難免,又往往以訛傳訛。距今僅一百九十八年的清嘉慶甲子(嘉慶九年,1804)重刻本韓非子評注的凡例還指出:"是書訛缺既久,歷考近本,無慮數十,皆出一軌。至道藏中所載,乃知近本又承此而訛也。……今依諸本更定。其間或有舛謬不可解者,尚餘十一,不敢强爲之説,以俟夫博雅者重加采輯。……"凡例作者的態度是實事求是的,承認此本中"舛謬不可解者"還有十分之一。可見進一步校注韓非子這部名著仍然是一件不可不做的重要工作。

　　羅庶丹先生(諱焌)是前清舉人,國學大師。生前任湖南大學教授。他根據嘉慶甲子重刻本、姑蘇聚文堂板韓非子評注本,參閲宋本、藏本、顧千里校本、日本宮内鹿川注本詳校後所作的批注,經過他的女兒羅書慎先生移録整理,編成了韓子校注一書。此書考證翔實,批注精當,對以往的缺訛多能據實訂正。學者手此一書,即如閱讀了四五種韓非子注本,實爲研究韓非思想的重要著作。庶丹先生早在 1932 年即已去世,他的批注長期未能面世,現在能夠公開出版,應是學術界的幸事。

　　我在中學時期曾師從羅書慎先生學習語文,承教甚多,終生受益。書慎師家學淵源,學殖深厚,人格高尚,才氣過人,循循善誘,是我最敬佩的老師之一。她年逾八旬,仍筆耕不輟。庶丹先生的這部遺著得以出版,也包含著書慎師的大量心血。作爲學生,我對書慎師深表敬意。

　　　　　　　　　　　　　　　　　　陶德麟
　　　　　　　　　　　　　2002 年 3 月 5 日於武漢大學

第 一 卷

初 見 秦 第 一

焌按:<u>戰國策</u>作<u>張儀</u>説<u>秦王</u>。<u>吴師道</u>曰:"<u>張儀</u>"誤,當作"<u>韓非</u>"。非以<u>韓王安</u>五年使<u>秦</u>,<u>始皇</u>十三年也。

臣聞天下陰<u>燕</u>陽<u>魏</u>,連<u>荆</u>固<u>齊</u>收<u>韓</u>而成從,將西面以與<u>秦</u>强爲難。臣竊笑之。

焌按:<u>日本宫内鹿川氏韓非子講義</u>云:"時六國合從,<u>趙</u>爲盟主,故篇中專主<u>趙</u>立言。""<u>秦</u>强","强"讀爲勉勞之"勞"。<u>顧廣圻</u>曰:"當作'强<u>秦</u>'。"焌按,<u>宫内</u>本作"彊<u>秦</u>"。

臣聞之曰:以亂攻治者亡,以邪改正者亡。

焌按:據<u>國策</u>增一句:"以逆攻順者亡"。

其頓首戴羽爲將軍,斷死於前,不至千人。

焌按:<u>荀子勸學篇</u>:"詘五指而頓之。"頓,掣也。<u>曲禮</u>:"進劍者左首。"首,謂劍環柎也。戴,猶載也。羽,謂旌旄也。頓首戴羽,猶言仗劍擁旄。至,下也。見易臨虞注。謂言死者不下千人也。

有功無功相事也。

　　焌按:俞樾諸子平議曰:"事者,治也。"高誘注吕氏春秋、淮南子屢見"有功無功相事"者。謂分別其有功無功不混淆也。

生未嘗見寇,耳聞戰,頓足徒裼。

　　焌按:"耳"字句絶,國策作"也"字。

蓄積索,田疇荒。

　　焌按:索,盡也。

中使韓、魏。

　　焌按:"中使",宮内本作"中伏"。釋云,伏與服同。

齊,五戰之國也。一戰不尅而不齊。

　　焌按:"不齊",宋本作"無齊"。

削迹無遺根。

　　焌按:迹,籀文作速,當讀爲茦。方言三:"凡草木刺人者,北燕、朝鮮之間謂之茦。"又按:迹,籀文從束。説文:"束,木芒也。"

秦與荆人戰,大破荆,襲郢,取洞庭、五湖、江南。荆王君臣亡走,東服於陳。

　　焌按:"五湖",國策作"五都"。吴師道曰:"當從韓。"顧曰:"吴説非也。燕策云:'四日而至五渚。'蘇秦列傳同。集解引國策作'五渚'。渚、都,同字也。湖是渚之訛。"服,讀爲伏。國策作"伏",用本字。

置宗廟令。率天下西面以與秦爲難。

　　焌按:置宗廟令,設守宗廟之官也。

此固以失霸王之道一矣。

　　焌按:以與已,古字同。

天下又比周而軍華下。

　　焌按：比周，顧云："'周'當作'意'。下文云：'天下皆比意甚固。'策兩'意'字皆作'志'。"焌按：比周亦通，不必改，齊策云："夫從人，朋黨比周。"

趙危而荆狐疑。

　　焌按：狐疑，言疑懼也。存韓篇云："趙氏破膽，荆人狐疑。"是也。國策作"趙危而荆孤"，非是。

而不憂民萌。

　　焌按："萌"讀爲氓。國策作"氓"，用本字。韓子書例用"萌"字。

筑山東河間引軍而去。

　　焌按：策無"山東"二字。

踰華絳上黨，代四十六縣，上黨七十縣。

　　焌按："踰華絳上黨"，策作"踰羊腸，降代、上黨"。宮內本與策同。"四十"，策作"三十"。"七十"，策作"十七"。

此皆秦有也。以代、上黨不戰而畢爲秦矣。

　　焌按：也以，"以"當屬上讀，與"已"同。

則是一舉而壞韓、蠹魏、拔荆，東以弱齊强燕。

　　焌按："强"字衍，當據國策削。宮內本與策同。

大王垂拱以須之，天下徧隨而服矣。

　　焌按："須"，爾雅云："待也。""徧"，宋本、道藏本皆作"編"。吳師道注國策引此，亦作"編"。此本作"徧"，蓋依國策改，誤矣。顧千里説與此同。

弃霸王之業。

　　焌按："弃"，宋本、宮內本皆作"棄"。下同。

弃甲負弩，戰竦而却，天下固已量秦力二矣。

　　焌按：宋本、藏本"負"作"兵"，"而"下無"却"字。宮內本與此本同。已，宋本作“以”。

又不能反，運罷而去。

　　焌按：顧云：“‘反運’句絶。‘反’當作‘及’，運讀爲餫。罷讀爲疲。”焌按：宫内本“運”作“軍”。

臣以爲天下之從，幾不能矣。（舊注：言諸侯知秦兵頓民疲則從益堅，固曰不難矣。）

　　焌按：王渭曰：“‘能’當作‘難’。舊注未訛。”

　　又按：宋本亦作“不能”，“能”字不誤。按：幾，猶豈也。列子釋文云：幾音豈。

且臣聞之曰：戰戰栗栗，日慎一日，苟慎其道，天下可有。

　　焌按：淮南子人間訓堯戒曰：“戰戰慄慄，日慎一日，人莫躓於山而躓於垤。”

武王將素甲三千，戰一夜而破紂之國，禽其身。

　　焌按：竹書紀年：“王親禽紂於南單之臺。”

知伯率三國之衆以攻趙襄主於晋陽，決水而灌之三月。

　　焌按：三月，策作“三年”。吳師道曰：“趙策亦云三年，引此作月。”十過亦云“三年”。

襄主鑽龜筮占兆，以視利害。

　　焌按：顧云：“‘筮’，當從策作‘數筴’二字。”本書飾邪“鑿龜數筴”凡三見，可證。此爲脱誤。

於是乃潛行而出，反知伯之約。

　　焌按：宋本、藏本“潛”下有“於”字，“出”下無“反”字。

大王斬臣以徇國，以爲王謀不忠者也。

　　焌按：篇末句，顧云：“當從策作‘以主爲謀不忠者’。主，謂爲主首也。爲謀，造謀也。此文例言大王，不言王。‘王’字必誤。吳師道引此無‘也’字，是。重‘爲’字，非。”按宫内本改“王”爲“主”。

存 韓 第 二

秦特出銳師取韓地而隨之。怨懸於天下，功歸於強秦。

　　燦按：取韓地而隨之，宮內氏改作"取地而韓隨之"。釋云："秦取略土地，韓隨以行也。"按宮內說是。強秦，王渭曰："'秦'當作'趙'。見下文。"

有蓄積，築城池以守固。

　　燦按：繹史、尚史均引作"存蓄積，築城池以固守"。

趙據齊以爲原（舊注：若山原然）。

　　燦按：顧云："'原'當作'厚'，舊注誤。"

則合羣苦弱以敵而共二萬乘，非所以亡趙之心也。均如貴人之計，則秦必爲天下兵質矣。陛下雖以金石相弊，則兼天下之日未也。

　　燦按：王渭曰："當衍'而共'二字。"顧曰："'亡趙'當作'亡韓'。亡韓，貴人之計也。均，讀爲洵，信也。"燦按：質，木椹也。見考工記注。顧曰："質，如字，射的也。"以金石相弊，"以"即"與"也。文選注（廿九、卅四）兩引皆作"與"。

今賤臣之進愚計

　　燦按："進"字，藏本無，宋本作"遇"。李鍇尚史、馬氏繹史引均無"進"字。

則韓可以移書定也。

　　燦按："則韓可以移書定也"，"韓"字，宋本、藏本皆作"轉"。顧曰："今本作'韓'，誤。此言定荊、魏。"

韓秦強弱，在今年耳。

　　燦按："韓秦強弱"，各本同。顧曰："'韓'當作'轉'。"按宮內本改"韓"爲"趙"。

爲計而使諸侯有意伐之心，至殆也。

　　焌按："意伐"，繹史、尚史作"意我"。

攻伐而使從者聞焉。

　　焌按："攻伐"上，繹史、尚史有"夫"字。

詔以韓客之所上書，書言韓之未可舉，下臣斯，甚以爲不然。……

（或曰：按以下皆當時紀載之文，疑非韓子本文。）

　　焌按：韓非之書皆由後人編輯，非自寫定也。

是悉趙而應二萬乘也。

　　焌按："悉趙"，王渭曰："'趙'當作'秦'。"按宮內本正改"趙"爲"秦"。

因令象武發東郡之卒，關兵於境上。

　　焌按：王渭曰："'象'當作'蒙'。蒙武，見始皇本紀、蒙恬列傳。"又按：李鍇尚史引韓子，作"蒙武"。今據改正。

韓反與諸侯先爲雁行以嚮秦軍於闕下矣。

　　焌按："闕下"，宋本同。藏本作"關下"。據下文云："先爲雁行以攻關。"則作"關"是也。

杜倉相秦。起兵發將以報天下之怨。而先攻荊。

　　焌按：秦策莊襄王時有土倉爲太子傒之輔，疑即杜倉。宋本、藏本"先"作"失"，誤。

鼓鐸之聲於耳。

　　焌按："聲"字下，宮內本有"聞"字。

夫弃城而敗軍，則反�之寇必襲城矣。

　　焌按：顧曰："'敗軍'當作'軍敗'，'軍'句絕，'敗'下屬。"

左右計之者不用。

　　焌按：不用，顧曰："'用'當作'周'，周密也。"

難 言 第 三

激意親近，探知人情。

　　焌按："激意"，宋本、藏本皆作"激急"。今作"意"，誤。

纖計小談，以具數言。

　　焌按："纖計"，宋本、藏本皆作"家計"。今作"纖"，誤。

言而近世，辭不悖逆。

　　焌按：悖逆，顧曰："逆，當作遳。詩：'巧言如流。'箋云：'故不悖逆。'釋文云：'遳，五故反，本亦作逆。'按遳作逆者，形近之誤也。"焌按：逆、遳，古字通。釋名云："逆，遳也。"

殊釋文學，以質信言。

　　焌按：信言，顧曰："藏本作'性言'。是也。"

上古有湯，至聖也。伊尹，至智也。夫至智説至聖，然且七十説而不受，身執鼎俎爲庖宰，昵近習親，而湯乃僅知其賢而用之。

　　焌按：楚詞注云："湯初奉伊尹，以爲凡臣耳。後知其賢，乃以備輔翼承疑，用其謀也。"

翼侯炙，鬼侯腊。（或曰：炙，明板作灸。）

　　焌按："翼侯"，趙策、史記皆作"鄂侯"。焌按："灸"誤，宋本亦作"炙"。

伯里子道乞。

　　焌按：伯里子，百里奚也。

吴起收泣於岸門。

　　焌按："收泣"，吕覽仲冬紀云"抎泣"，恃君覽云"雪泣"。此"收"字當是"抎"字之誤。

萇宏分胣。

　　焌按：分胣，見莊子胠篋。

宓子賤、西門豹不鬭而死人手。

煥按：宓子賤、西門豹身死人手事，未詳。

宰予不免於田常。

煥按：史記李斯傳：田常“陰取齊國，殺宰予於庭”。淮南子人間訓：“諸御鞅復於簡公曰：‘陳成常、宰予二子者，甚相憎也，臣恐其構難而危國也。君不如去一人。’簡公不聽。居無幾何，陳成常果攻宰予於庭中，而弒簡公於朝。”此文本呂覽慎勢篇及說苑指武篇正諫篇、鹽鐵論。

范雎折脅於魏。

煥按：“於魏”，四庫全書作“於魏齊”。考證云：“據史記增。”

則愚者難説也，故君子不少也。

煥按：宋本、藏本皆作“不少”，明趙用賢本作“難言”。按當作“不少”。

愛 臣 第 四

以徙其民而傾其國。

煥按：王渭曰：“‘民’當作‘威’。”

將相之管主而隆國家，此君人者所外也。

煥按：宮內本作“後主而隆家”。

萬物莫如身之至貴也，位之至尊也，主威之重，主勢之隆也。

煥按：宋本、藏本無“位之至尊也”以下十四字。

此君人者之所識也。

煥按：“識”，宮內本作“職”。

主 道 第 五

去舊去智，臣乃自備。

　　烒按：宮內本改“去舊”爲“去賢”。

澩乎莫得其所。

　　烒按：澩，讀爲廫。説文云：“廫，空虚也。”

故君子不窮於名。

　　烒按：“君子”，道藏本無“子”字。是也。

不智而爲上智者正。

　　烒按：藏本無“上”字。爾雅：“正，長也。”廣雅：“正，君也。”

官有一人，勿令通言，則萬物皆盡。函掩其迹，匿其端，下不能原。

　　烒按：官有一人，揚權篇“有”作“置”。顧曰：“‘則萬物皆盡函’，句絶。”按宮內改“函”作“𠅘”。原，度也。

絶其能，破其意，毋使人欲之。

　　烒按：絶其能，宋本、藏本作“絶其能望”。顧曰：“‘能’字衍。”按“能”字衍，顧説是也。廣雅云：“望，覢也。”宮內本正作“絶其望，破其意”。意，亦度也。

處其主之側爲姦臣，聞其主之忒，故謂之賊。

　　烒按：顧曰：“‘側’字句絶，與下文忒、賊韻。‘臣聞’當作‘以聞’。‘以’，正字作㠯，形相近。聞，去聲。”

同合刑名，審驗法式。

　　烒按：同合刑名，顧曰：“刑，讀爲形。揚權篇同。”

臣得行義，則主失明。

　　烒按：失明，宋本同。藏本、趙本作“失名”。

君以其言授其事，以事責其功。

　　烒按：顧曰：“當作‘以其事責其功’。”烒按：據下文二柄篇，顧說是也。

臣不陳言而不當。

　　焌按：臣不陳言而不當，顧曰：“此句下有脫文。”按二柄篇，“陳”上必脫一“得”字。宮内本正作“臣不得陳言而不當”。

〔疏賤必賞，〕近愛必誅，則疏賤者不怠，而近愛者不驕也。

　　焌按：〔疏賤必賞〕四字從宮内本增。

第 二 卷

有 度 第 六

燕襄王以河爲境。

　　焌按:顧曰:"燕無襄王,'襄'當作'昭'。或昭王一謚襄也。"
魏安釐王攻趙救燕,取地河東,攻盡陶魏之地。

　　焌按:攻趙救燕,顧曰:"當云'攻燕救趙'。史記年表五年擊
燕,二十年救邯鄲,二十一年救趙。"陶魏,顧曰:"'魏'當作'衛',
見本書飾邪篇。"
安釐死而魏以亡,故有荆莊、齊桓公,則荆、齊可以霸。

　　焌按:藏本"安釐"下有"王"字,"齊桓"下無"公"字。是也。
**故審得失有法度之制者,加以羣臣之上,則主不可欺以詐僞。審
得失有權衡之稱者,以聽遠事,則主不可欺以天下之輕重。**

　　焌按:顧曰:"'失'當作'夫',下同。'加以',當作'以加'。"

數至能人之門,不一至主之廷。

　　烇按:顧曰:"'能人'當作'態人',即荀子臣道篇所謂'態臣'。"

小臣奉禄養交。

　　烇按:奉,持也。見廣雅釋詁三。

能者不可弊,敗者不可飾。

　　烇按:弊,讀爲蔽。

故主讎法則可也。

　　烇按:劉向別録:"讎校,一人讀書,校其上下,得繆誤爲校;
一人持本,一人讀書,若怨家相對,故曰讎也。"(文選魏都賦注,
太平御覽六百一十八。)

而先王之法所簡也。

　　烇按:王制:"簡不肖以黜惡。"注云:"簡,差擇也。"

陰躁不得關其佞。

　　烇按:宋本、藏本"陰"作"險"。關,讀若關説之關。關,通也。

故明主使其羣臣不遊意於法之外,不爲惠於法之内。動無非法,
法所以凌過遊外私也。

　　烇按:顧曰:"'凌'字未詳。'過'當作'遏'。衍'遊'字。"按
宫内本作"凌過滅私"。又按管子明法篇云:"是故先王之治國
也,不淫意於法之外,不爲惠於法之内也。動無非法,法者所以
禁過而外私也。威不兩錯,政不二門,以法治國則舉錯而已。"

二　柄　第　七

明主之所導制其臣者,二柄而已矣。

　　烇按:俞云:"'導'當爲'道'。道,由也。古語每以道爲由。"

使虎釋其爪牙而使狗用之,則虎反服狗矣。

　　烇按:顧云:"當作'則虎反服於狗矣'。"烇按:以公羊伐者爲

主、伐者爲客例之，則上“服”字長言之，此“服”字短言之，不必增
“於”字也。馬總意林引此段，“服”作“伏”，“狗”作“犬”，此句作
“反伏於犬也”。

非失刑德而使臣用之而不危亡者，則未嘗有也。

　　焌按：宮内本删去“非”字。

爲人臣者陳事而言，君以其言授之事。

　　焌按：陳事而言，宋本、藏本皆無“事”字。顧云：“據主道篇
當作‘陳其言’。”

　　書慎謹按：主道篇曰：“故羣臣陳其言，君以其言授其事。”

齊桓公妒外而好内。

　　焌按：妒外，顧曰：“藏本無‘外’字，是也。本書十過、難一
並無。”

桓公蟲流出尸而不葬。

　　焌按：尸，藏本作“户”。據十過篇云：“蟲出於户。”藏本
是也。

今人主不掩其情，不匿其端，而使人臣有緣以侵其主，則羣臣爲
子之、田常不難矣。故曰：去好去惡，羣臣見素。羣臣見素，則大
君不蔽矣。

　　焌按：孔子三朝記曰：“君不可言情於臣。臣請言情於君，君
則不可。”又曰：“臣事君而不言情於君，則不臣；君而亦言情於
臣，則不君。”春秋繁露云：“爲人主者法天之行，是故内深藏所以
爲神。”韓子之言亦與儒家合也。

揚　權　第　八

　　焌按：顧曰：“‘權’，當從劉淵林蜀都賦注引此作‘摧’。廣
雅：‘揚摧，都凡也。’”

書慎謹按:摧,今爲榷之異體字。揚榷者,舉其大概或扼要論述之意。

夫香美脆味,厚酒肥肉,甘口而疾形,曼理皓齒,説情而捐精。

　　焌按:香美,七發注作"美香"。"捐"作"損"。藏本"疾"作"病"。李善七發注引此作"病"。意林亦引作"病"。今據改。

上有所長,事乃不方。

　　焌按:俞云:"上有所長,則失其爲上之道。事乃不方,猶言無方也,謂不得其方也。"

不知其名,復修其形。

　　焌按:顧云:"修當作循,舊注未詑。"〔舊注:形事也,循事以求名,則其名可知也〕

凡人之患,必同其端。

　　焌按:凡人之患,宮内本"人"作"上"。

因稽而命,與時生死。參名異事,通一同情。

　　焌按:顧云:"生死當作死生,與下情韻。注未詑。"〔注:言當因道以考汝報命。而,汝也。死生,猶廢興也。〕

聽言之道,溶若甚醉。

　　焌按:漢書揚雄傳注:"溶然,閑暇貌也。"俞樾曰:"溶當爲容,謂其容有似乎醉也。"

參之以比物,伍之以合虛。

　　焌按:楊慎丹鉛總録云:"比物、合虛皆參互考之,以知物之虛實也。"

動之溶之,無爲而改之。

　　焌按:溶讀爲搈,説文:"搈,動搈也。"廣雅云:"搈,動也。"

上不與義之,使獨爲之。

　　焌按:宮内氏云:"義讀爲議。"

若天若地,是謂累解。

　　<u>焌</u>按:累解,猶<u>莊子大宗師</u>所云"縣解"。

周合刑名,民乃守職。

　　<u>焌</u>按:周合,<u>顧</u>云:當依主道篇作"同合"。

法刑狗信,虎化爲人,復反其真。欲爲其國,必伐其聚,不伐其聚,彼將聚衆。

　　<u>焌</u>按:法刑狗信,宫内本改"狗"爲"苟"。<u>顧</u>云:信讀爲申,言申法刑於狗也。狗與上文相承,申與下文叶韻。聚讀爲藂,下句同。與下文衆韻。

　　<u>書慎</u>謹按:藂與叢同。聚衆之聚,讀如字。

貴之富之,備將代之。

　　<u>焌</u>按:備將代之,<u>顧</u>云:"備當作彼。注誤。"[舊注:臣既貴富,備必將代君也。]

厚者虧之,薄者靡之。

　　<u>焌</u>按:<u>小爾雅</u>云:"薄,迫也。"

一棲兩雄,其鬬嚘嚘。

　　<u>焌</u>按:嚘嚘與狺狺、齗齗同。

主將壅圍。

　　<u>焌</u>按:<u>顧</u>云:"圍當作囷。"

木枝數披,黨與乃離;掘其根本,木乃不神;填其洶淵,毋使水清。

　　<u>焌</u>按:木枝數披,<u>宋</u>本、<u>藏</u>本無"枝"字,是也。掘其根本,<u>顧</u>云:"本字衍。"<u>顧</u>又云:"淵清失韻,有誤,或有脱文。"<u>俞</u>云:"洶字亦衍,注不釋洶字,舊本未衍也。"[舊注:淵者,水之停積。]

八　姦　第　九

凡人臣之所道成姦者有八術。

　　焌按：道，猶由也，見禮器注。

愛孺子。

　　焌按：齊策注云：“孺子，幼艾美女也。”

收大臣廷吏以辭言處約。

　　焌按：宮內本改“處”爲“虛”。

從其所欲而樹私利其間。（或曰：從當讀如縱。）

　　焌按：〔從〕讀如字亦通。

五曰民萌，何謂民萌？

　　焌按：萌讀爲氓。

內大使以震其君。

　　焌按：內讀爲納。大使，大國之使臣也。

不使擅退，羣臣虞其意。

　　焌按：王渭曰：“‘擅退’二字當衍。七字爲一句。”

縱禁財，發墳倉。

　　焌按：縱，放也，散也。禁，藏也。發，開也。墳，大也。張平
子東京賦云：“發京倉，散禁財。”本此。

所謂亡君者，非莫有其國也，而有之者，皆非已有也……

　　焌按：此節及下節與上文文義相屬，提行誤也。

**聽大國，爲救亡也，而亡亟於不聽，故不聽羣臣。羣臣知不聽，則
不外諸侯。**

　　焌按：“則不外諸侯”，宮內本作“則不外市諸侯”。宋本“羣
臣”二字不重，顧云：“故‘不聽句’絕。凡此言‘不聽’，皆是不聽
大國。與上文‘大國之所索小國必聽’相對。舊注全誤。”〔舊注

云:臣之外交以君之聽己,欲有所構結。今君既不聽,則外交之心息矣。〕

諸侯之不聽,則不受臣之誣其君矣。

　　焌按:諸侯之不聽,王渭曰:"之當作知。"焌按:據舊注作"知",是也。"臣之"亦誤倒,當從宋本作"之臣"。〔舊注:諸侯知我不聽用其臣,則不受彼臣之浮言,以罔誣其君也。〕

第 三 卷

十　過　第　十

七曰離內遠遊而忽於諫士。

　　焌按：而忽於諫士，羣書治要卷四十無“而”字。

豎穀陽操觴酒而進之。

　　焌按：淮南人間訓作“豎陽穀”。高注：“豎，小使也，陽穀
其名。”

今日之戰，不穀親傷，所恃者司馬也。而司馬又醉如此，是亡楚
國之社稷而不恤吾衆也。不穀無復戰矣。

　　焌按：高誘云：“不穀，不祿也，人君謙以自稱也。”顧曰：“亡
當作忘，飾邪篇同。”按淮南子作“亡”。“恤”作“率”。呂覽權勳
作“忘”。呂覽、淮南子作“不穀無與復戰矣”。說苑作“吾無以復
戰矣”。以、與字同。此書脫“與”字。

虞公弗聽，遂假之道。荀息伐虢而還，反處三年，興兵伐虞，又尅之。

煥按：俞云："虢"下脫"克"字。下云"又克（尅）之"，承此而言。"荀息伐虢而還"，"而"，宋本、藏本作"之"。顧云："'反'當在'興'字上，讀下屬。公羊傳云：'還四年，反取虞。'何休注：'還，復往。故言反。'此出於彼也。四年者，并伐虢之年數之。穀梁傳云五年，不合。"煥按：呂覽權勳篇云："荀息伐虢，克之。還反伐虞，又克之。"

昔者楚靈王爲申之命。

煥按：爲申之命，命諸侯來會於申也。顧云："命當作會。"按：宮內本正作"會"。

中射士諫曰：合諸侯不可無禮。

煥按：本書説林上、下皆有中射之士。射，他書又作謝。呂覽去宥云："中謝，細人也。"史記張儀傳索隱云："蓋侍御之官。"

晉平公觴之於施夷之臺。

煥按：施夷，史記樂書作"施惠"。正義曰："一本（作）虒祁之室。"

師曠撫止之曰：此亡國之聲，不可遂也。平公曰：此道奚出。

煥按：廣雅云："遂，竟也。""道，由也，從也。"

師涓鼓究之。平公問師曠曰：此所謂何聲也。

煥按：究亦竟也，終也。平公問師曠曰，宋本、藏本"曠"作"涓"。

師曠不得己，援琴而鼓。一奏之，有玄鶴二八，道南方來，集於郎門之垝。

煥按：北堂書鈔卷一百九引韓子云："師曠鼓琴，有玄鶴二，銜明月珠在庭中舞，一鶴失珠，曠掩口而笑。"顧云：垝，他書又作危。煥按：喪大記："中屋履危。"注云："危，棟上也。"爾雅釋宮云:“堁謂之坫。”二義皆通。

反而問曰:音莫悲於清徵乎?

　燉按:反而問曰,藏本“反”下有“坐”字。樂書有。

平公之身遂癙病。

　燉按:蒼頡篇:“癙,疥也。”淮南覽冥訓云:“平公癃病,晋國赤地。”高注云:“癃病,篤疾。”顧云:癙當作瘒,説文作癙,罷病也。籀文作瘁。此癙爲瘒之訛。

夫知伯之爲人也,好利而鷙愎。

　燉按:鷙愎,宋本、藏本皆作“鷙愎”。國策作“鷙愎”。吳注引此亦作“鷙愎”。

宣子諾。因令人致萬家之縣一於知伯。知伯又令人之趙。

　燉按:“諾”上脱“曰”字。今據趙策補。按:宮內本有“曰”字。“又令”上脱“説”(悦)字,今據策補。

張孟談曰:夫董閼于,簡主之才臣也。

　燉按:董閼于即董安于,閼、安古字通。

乃召延陵生令將軍車騎先至晋陽,君因從之。君至而行其城郭及五官之藏。

　燉按:“軍”字當從國策削。行,巡視也。

君其出令,令民自遺三年之食。

　燉按:遺,猶留也,見史記孝文紀索隱。

遺有奇人者使治城郭之繕。

　燉按:遺有奇人者,顧云:“‘遺’下有脱文。”燉按:顧説是也,當脱甲兵入庫之事。

公宮之垣,皆以荻蒿楛楚牆之。有楛高至於丈。

　燉按:顧云:“‘牆之’屬上讀。”“有楛”二字當衍,宋本國策無此二字,今依策削。

其堅則雖菌簵之勁,弗能過也。

　　焌按:菌讀爲箘。籇,宋本作"餘",藏本作"幹"。顧云當作"幹"。

君曰:吾箭已足矣,奈無金何!

　　焌按:金,謂銅也,説文:"銅,赤金也。"國策云:"吾銅少若何。"

君失此計者。臣請試潛行而出。

　　焌按:失,顧云:"當從趙策作'釋'。"

知伯之爲人也,麤中而少親。

　　焌按:顧云:"麤當讀爲怚。按説文:'怚,驕也。'"焌按,當讀爲粗,説文:"粗,疏也。"粗中少親即上文"陽親陰疏"之意。

夜遣孟談入晋陽,以報二君之反。

　　焌按:二君之反,宫内本作"襄子"。

二君以約遣張孟談。

　　焌按:以約,以、已字同。

君曰何如。其行矜而意高。

　　焌按:"何如"下宫内本增"曰"字。

智過曰:魏宣子之謀臣曰趙葭。

　　焌按:趙葭,他書作"任章"。

智過見其言之不聽也,出,因更其族爲輔氏。

　　焌按:晋語知宣子將以瑶爲後。知果曰:"不如宵也,若果立瑶,知宗必滅。"弗聽。知果別族於太史爲輔氏。及知氏之亡,惟知果在。知果即知過。別族在知瑶未立時。與此異。

願聞古之明主得國失國何常以。由余對曰:臣嘗得聞之矣,常以儉得之,以奢失之。

　　焌按:何常以,説苑反質作"當何以也"。下文"常"亦作"當"。

作爲食器,斬山木而財之,削鋸修之迹。

　　焌按:"食器"當作"什器"。財讀爲裁。説苑作"載",用本字。削,曲刀也。

禹作爲祭器,墨染其外而朱畫其内,縵帛爲茵,蔣席額緣。

　　焌按:祭器,宫内本作"酒器"。染,説苑作"漆"。按:宫内本亦改"染"作"漆"。蔣,薦也。額,宋本、藏本皆作"頗"。顧云:"頗緣,謂其緣邪裂之。"

而國之不服者三十三。

　　焌按:三十三,説苑作"三十有二"。下文"三"字亦作"二"。

食器雕琢,觴酌刻鏤,四壁堊墀,茵席雕文,此彌侈矣。而國之不服者五十三,君子皆知文章矣。而欲服者彌少。

　　焌按:楚詞招魂注:"酌,酒斗也。"説苑作"勺",用本字。廣雅:"墀,涂也。"四壁堊墀,謂以堊涂四壁也。雕讀爲彫。廣雅:"彫,畫也。"説苑作"彫",用本字。"君子"二句,説苑作"君好文章而服者彌侈"。蓋誤解韓子也。此"服"字承上文四"服"字而言,非謂衣服也。

公乃召内史廖而告之曰。

　　焌按:内史廖,韓詩外傳作"内史王繆"。吕覽不苟論作"内史廖"。

臣聞戎王之居,僻陋而道遠。

　　焌按:顧云:"道,當依説苑作遼。"

終歲不遷,牛馬半死。

　　焌按:牛馬半死,韓詩外傳九作"卒馬多死"。

昔者田成子遊於海而樂之。號令諸大夫曰:言歸者死。顔涿聚曰,君遊海而樂之,奈臣有圖國者何?

　　焌按:吕覽尊師云:"顔涿聚,梁父之大盜也。學於孔子。"説苑云:"齊景公遊於海上而樂之,顔燭趨進諫"云云。

至三日而聞國人有謀不内田子成者矣,田子成所以遂有齊國者,顔涿聚之力也。

　　焌按:"子成"誤。趙用賢本同。今從宋本乙正。

　　書慎謹按:乙正作"田成子"。

竪刁自殯。

　　焌按:易大畜釋文:"豕去勢曰殯。"

南門之寢,公守之室。

　　焌按:公守之室,宫内本改"公"爲"兵"。

因賂以一名都而南與伐楚。

　　焌按:"一"字從國策、史記增。

陳軫曰:秦得韓之都而驅其練甲。

　　焌按:韓之都而,宋本、藏本"而"皆作"一"。

釐負羈與叔瞻侍於前。

　　焌按:叔瞻與左傳及本書喻老皆不合。

軍旅薄城,吾知子不違也。

　　焌按:毛詩傳云:"違,離也,去也。"

曹人聞之,率其親戚而保釐負羈之閭者七百餘家。

　　焌按:莊子列御寇:"人將保汝矣。"司馬彪注:"保,附也。"

第 四 卷

孤 憤 第 十 一

　　燉按：淮南修務訓云："韓非之孤憤。"高誘注："韓非説孤生之憤志。"

當塗之人擅事要，則外内爲之用矣。

　　燉按：外謂敵國，内謂羣臣左右學士也。

故敵國爲之訟。

　　燉按：訟，誦説也，見史記呂后紀索隱。

郎中不因，則不得近主。

（或曰：郎中字始見此。）

　　燉按：上文有度篇已見"郎中"字。

故人主愈弊而大臣愈重。

　　燉按：弊讀爲蔽。

若夫即主心,同乎好惡,固其所自進也。官爵貴重,朋黨又衆,而一國爲之訟。[舊注曰:重人舉措常就主心而同其好惡。己自進舉之人,官爵重之,朋黨衆,及其有事一國爲之訟冤,則君無得而誅之。]

　　焌按:"乎"字依宋本、藏本增,能就主心,同其好惡,固重人所以自進之術。官爵貴重,亦指重人。舊注誤。

以反主意與同好爭,其數不勝也。

　　焌按:與同好爭,王渭曰:"好下當有惡字。"

其可借以美名者,以外權重之。

　　焌按:宋本、藏本作"其不可借以美名者",此本脫"不"字。乾道本"名"作"明"。

奸邪之臣,安肯乘利而退其身。

　　焌按:乘利,宮內本改"乘"爲"棄"。

智不類越,而不知不類其國,不察其類者也。

　　焌按:宋本、藏本皆作"而不智"。顧云:二"智"字皆當讀爲知。本書屢見。繹史二"智"字皆作"知",宮內本同。

人主所以謂齊亡者,非地與城亡也。

　　焌按:人主,宮內本改"主"爲"之"。

其修士不能以貨賂事人,恃其精潔而更不能以枉法爲治。

　　焌按:顧云:"士不能"上當脫"智之"二字。恃其精潔之"潔"當作"辯"。

治亂之功,制於近習。[舊注:治亂,謂智士材辯能治於亂也。]

　　焌按:顧云:亂當作辯。舊注誤。

此人主之所公患也。

　　焌按:公猶共也,見禮運注。

下與之收利,侵漁朋黨,比周相與,一口惑主。

　　焌按:"下與之收利侵漁"句,"朋黨比周"句絕。飾邪篇亦云:“羣臣朋黨比周。”

説難第十二

　　焌按:史記索隱云:説音税。言遊説之道爲難,故曰説難。
凡説之難,非吾知之有以説之之難也,又非吾辯之能明吾意之難
也,又非吾敢盡失而能盡之難也。凡説之難,在知所説之心可以
吾説當之。
　　焌按:[盡失],史記作横失,索隱云:“韓子作横佚。”顧云:首
三句三“吾”字皆吾説者也,與下文所説相對。言在吾者之非難,
所以起下文“在所説者之難”也。
貴人有過端,而説者明言禮義以挑其惡,如此身危。
　　焌按:[“如此”下]各本皆脱“者”字,惟宮内本有。
與之論細人,則以爲賣重。
　　焌按:錢大昕云:賣當爲實,説文實,衙也,讀若育。
米鹽博辯,則以爲多而交之。
　　焌按:史記天官書正義云:“米鹽,細碎也。”而交之,史記作
“而久之”。顧云:“久、交二字皆誤,當作史。”焌按:史記索隱解
“則多而久之”云:“則君上嫌其多迂誕文而無當者也。”據此則
“交”當作“文”。
凡説之務,在知飾所説之所矜而滅其所耻。
　　焌按:禮記表記注:“矜,謂自尊大也。”
有所矜以智能。
　　焌按:有所矜之“所”,宋本、藏本皆作“欲”。
欲内相存之言,則必以美名明之。
　　焌按:顧云:内讀爲納。
自勇之斷,則無以其謫怒之。

　　焌按:"之"作"其",依史記。趙用賢本亦作"其"。謫,過也,見方言。史記作"敵"。

辭言無所繫縻。

　　焌按:繫縻,藏本作"繫摩",與史記索隱引此同。

此道所得親近不疑,而得盡之辭也。

　　焌按:"之"字,從史記索隱引此增。俞云:"此道所得親近,'得'字衍文。'道所'當作'所道'。古書每以道爲由。史記作'此所以親近不疑'。所道即所以也。"

加如此其污也。

　　焌按:藏本無"加"字。

此非能仕之所耻也,夫曠日離久而周澤未渥。

　　焌按:[仕當作士]"士"字從史記索隱引此改。"未"字當從史記作"既",此涉上文而誤。宮內本正作"既"。

昔者鄭武公欲伐胡,故先以其女妻胡君,以娛其意。因問於羣臣:吾欲用兵,誰可伐者?大夫關其思對曰:胡可伐。武公怒而戮之,曰:胡,兄弟之國也,子言伐之,何也? 胡公聞之,以鄭爲親己,遂不備鄭。鄭人襲胡取之。

　　焌按:錢大昕云:鄭,姬姓,胡,歸姓,本婚姻之國。禮經言昆弟者,皆同姓之親;言兄弟者,則兼異姓言之。焌按:周禮大司徒注:兄弟,婚姻嫁娶也。

衛國之法,竊駕君車者罪刖。彌子瑕母病。人間往夜告彌子,彌子矯駕君車以出。君聞而賢之曰:孝哉,爲母之故,忘其刖罪。

　　焌按:羣書治要作"罪跀,彌子母病"。人間,間讀若閒諜之閒。三朝記曰:"以中情出,小曰閒,大曰諜。"史記作"人聞"。宮內本亦作"聞"。治要作"人間有夜告彌子"。又"以出"作"以歸"。又作"君曰:孝哉,爲母故,犯跀罪。"

食桃而甘,不盡,以其半啗君。君曰:愛我哉,忘其口味,以

啗寡人。

　　燉按：啗者，啗之訛，食人爲啗。意林引作"啖"。治要作"忘其口，而啖寡人"。

故彌子之行未變於初也，而以前之所以見賢，而後獲罪者，愛憎之變也。

　　燉按：未變，治要作"未移"。又作"而前所以見賢後獲罪者，人主愛憎之變也"。

有憎於主，則智不當見罪而加疏。

　　燉按：治要無"見罪"二字。

夫龍之爲虫也柔，可狎而騎也。

　　燉按：虫讀爲蟲，大戴禮易本命有"鱗之蟲三百六十，而龍爲之長"。"柔可"，當乙作"可柔"。史記作"可擾"。柔、擾古字通。

和氏第十三

官行法，則浮萌趨於耕農，而游士危於戰陳。

　　燉按：浮萌，游民也。游士，惰游之士也。

此貪國弱兵之道也。不如使封君之子孫，三世而收爵禄，絶滅百吏之禄秩。

　　燉按：顧云：貪當作"貧"。按趙本作"貧"，宫内本亦改作"貧"。"絶"字當屬上讀，"滅"當爲"減"。宫内氏改"絶滅"二字爲"減"字。

姦劫弑臣第十四

凡姦臣皆欲順人主之心，以取親幸之勢者也。

　　燉按："親幸"，治要作"信幸"。依下文作"信"是也。

人主所有術數以御之也。

　　燧按：人主所有，顧云：所當作非。宮內本正作“非”。今據改。治要引亦作“非”。

故主必欺於上。

　　燧按：治要作“故主必蔽於上”。

不得奉法以致其功矣。

　　燧按：治要作“不得奉令以致其力矣”。

而上欲下之無姦，吏之奉法。

　　燧按：上讀爲尚。

二者不可以得安我，安能無相比周蔽主上爲姦私。

　　燧按：二者不可以得安，句絕。

能無廢法行私以適重人哉。

　　燧按：“能無”上當有“我安”二字。宮內本有。

是以臣得陳其忠而不蔽。

　　燧按：蔽，宋本作“弊”。按本書“蔽”字例作“弊”，間有作“蔽”，後人改也，當通改還“弊”字。

恃人之以愛爲我者危矣。

　　燧按：“爲”字依道藏本增。

夫是以人主雖不口教百官，不目索姦裒而國已治矣。

　　燧按：“以”字從宋本、明本增。裒，各本皆作“褎”。褎，惡也。此本作裒，誤。

所見者少矣。非不弊之術也。

　　燧按：治要“弊”作“蔽”，依下文作“蔽”是。

民後知有罪之必誅而私姦者衆也。

　　燧按：私姦者，宮內本改“私”作“告”。

智慮不足以避穿井之陷。

　　燧按：穿，各本皆作“穽”，此本誤。

聖人爲法國者。

　　焌按：聖人爲法國者，“法”下當脱“治”字。

而欲當嚴天子而求安，幾不亦難哉。

　　焌按：孟子告子：“幾希”，趙注云：“幾，豈也。”

楚莊王之弟春申君，有愛妾曰余……（至）……君怒而殺甲也。

　　焌按：此事與楚世家、春申君傳不合。按黃歇與韓子並時，不容不悉其本末。而春秋時公子亦未有稱君者。疑韓子故爲詭辭也。

父之愛子也，猶可以而害也。

　　焌按：猶可以詐而害也，“詐”字脱。津田解詁本作“而可以毀而害也”。

處非道之位……非明主弗能聽也。

　　焌按：自“處非道之位”至“非明主弗能聽也”，共十九行，津田氏解詁本移置於上文“此田成之所以殺簡公者也”之下，“夫有術者”之上。

世子美仁義之名而不察其實。

　　焌按：〔世子〕各本皆作“世主”。

夫施貧困者，此世之所謂仁義。

　　焌按：據下文，“施”下當脱“與”字。

則民不外務當敵斬首，内不急力田疾作。

　　焌按：“不外”，當乙作“外不”。

託於犀車良馬之上。

　　焌按：漢書馮奉世傳“器不犀利”，注引晋灼曰：“犀，堅也。”犀車，堅車也。

則有直任布衣之士。

　　焌按：直任，義俟考。

故有忠者，外無敵國之患，内無亂臣之憂。

峻按:故有忠者,"忠"下當脫"臣"字。今據津田本補。

豫讓乃自黔劓,敗其形容。

　　峻按:藏本"黔"作"黚"。顧云:當作"黥"。按:津田本正作"黥"。

……而世主之所多而求也。諺曰:厲憐王……

　　峻按:[而求也]以上言奸臣,"諺曰"以下言劫弒之臣。厲讀爲癘,説文:"癘,惡疾也。"外傳、國策作"癘"。"諺曰"以下至篇末,乾道本、藏本皆另提行。戰國策以此節爲孫子爲書謝春申君。韓詩外傳四亦同。

此謂劫殺死亡之主言也。

　　峻按:此謂,傳、策謂皆作"爲",古字通。

人無法術以御其臣。

　　峻按:人無法術,"人"下當依策補"主"字,外傳亦云"人主"。

廢正的而立不義。

　　峻按:的,藏本作適,與國策合,外傳作直,義作善。

齊崔杼其妻美而莊王通之。

　　峻按:王,各本皆作"公"。惟趙本作王,與此同。誤。

淖齒之用齊也,擢泯王之筋,懸之廟梁,宿昔而死。

　　峻按:淖,宋本作"卓"。宿昔,策作"[宿]夕"。古字通。

故厲雖癰腫疕瘍。

　　峻按:疕瘍,外傳作"痲疵"。

下比於勢臣,未至於餓死擢筋也。

　　峻按:勢臣,宋本、藏本皆作"近世"。外傳、國策同。

故劫殺死亡之君,此其心之憂懼、形之苦痛也,必甚厲矣。

　　峻按:藏本"甚"下有"於"字。策、外傳亦有。

第 五 卷

亡 徵 第 十 五

羣臣爲學，門子好辯，商賈外積，小民右仗者，可亡也。

　　焌按：羣臣爲學，爲讀爲僞。風俗通："仗，刀戟之總名也。"
管子七法注："右，上也。"按右，謂手持之也。繹史"右仗"作"内
困"。蓋肊改。

事車服器玩，好罷露百姓。

　　焌按：顧云："好"字句絕。"器"下當有脱字。

喜淫而不周於法。

　　焌按：顧云：淫，淫辭也，見本書存韓。別本於"淫"下加"刑"
字，甚誤。

狠剛而不和，愎諫而好勝。

　　焌按："狠"，各本皆作"很"。古字通。

羈旅僑士,重帑柱外。

　　焌按:"柱外",各本皆作"在外","柱"字誤。

如是,則羣臣易慮,羣臣易慮者,可亡也。

　　焌按:"羣臣易慮"四字,宋本不重,藏本重。

知有謂可斷而弗敢行者,可亡也。

　　焌按:顧云:"知有謂可"四字爲一句。焌按:繹史無"謂"字,則屬下文義較長。

好以智矯法,時以私雜公。

　　焌按:私雜公,宋本、藏本"私"皆作"行"。顧云:"作'私'誤。簡行而貴公者,韓子之家法也。"

偏褊而心急,輕疾而易動。

　　焌按:"偏褊",宋本、藏本作"變褊"。顧云:"'變'當作'攣'。形相近。"焌按:繹史正作"攣"。宮內本亦作"攣"。

藏怒而弗發,懸罪而弗誅。

　　焌按:"怒",宋本作"怨",宮內本作"怒"。

暴傲其鄰者,可亡也。

　　焌按:"傲",宋本作"傲"。

三守第十六

使羣臣輻凑用事,因傳柄移藉。

　　焌按:"用事",宋本、藏本作"之變",宮內本作"用事"。"藉",宮內本作"籍",釋云:"圖籍。"

然則羣臣莫敢忠主憂國以爭社稷之利害。

　　焌按:"莫敢"上宋本、藏本皆多一"直"字。

而人臣有不敢忠主。

　　焌按:有讀爲又。

則主言惡者必不信矣。

　　焌按：則主言惡者，顧云：主，謂爲主首也。

三劫者止，則王矣。

　　焌按：三劫者止，則王矣，宋本、藏本“者止”作“止塞”。

備 內 第 十 七

而人主怠傲處其上。

　　焌按：“傲”，宋本作“憿”。

則身見疏賤，而子疑不爲後。

　　焌按：“則身”下，宋本有“死”字。顧云：以下句例之，死當
作疑。

偶三五之驗，以責陳言之實。

　　焌按：“三五”，藏本作“參五”，宋本作“參伍”。

士無幸賞，賞無踰行。殺必當，罪不赦，則姦邪無所容其私矣。

　　焌按：宋本、藏本“賞”字不重。宋本無“矣”字。

此言人臣之不可借權勢也。

　　焌按：此篇末十一字，顧云：“乃舊注誤入正文。”是也。

南 面 第 十 八

人主有誘於事者

　　焌按：“人主”句當提行。

人臣易言事者必索資，以事誣主。

　　焌按：必，宋本、藏本皆作“少”。顧云：作“必”誤。

如是者謂之誘（或曰：脫於事二字），誘於事者困於患。

　　焌按：增“於事”二字，是也。

事有功者必賞。

　　焌按："事有功者必賞"，顧云：當作"事雖有功不賞"。

不言者必問其取舍以爲之資。

　　焌按："資"，宋本、藏本皆作"責"。是也。

而以明其欲有爲之意者。

　　焌按："意"字，宋本、藏本無。是也。

許其多入，其出少者，可爲也。

　　焌按："多入"，各本皆作"入多"，此誤倒。

不知治者，必曰無變古毋易常。

　　焌按："不知治者"句當提行。

故雖拂於民，必立其治。

　　焌按：必立其治，宋本"必"作"心"，屬上讀。

故羑虎受阿謗，而䫄小變而失長便，故鄒賈非載旅，狎習於亂而容於治，故鄭人不能歸。

　　焌按：䫄，讀爲震，爾雅："震，懼也。"羑虎、鄒賈、鄭人之事俟考。容，讀爲俗，說文："俗，不安也。"鄭人不能歸，即詩清人所詠之事。

飾邪第十九

劇辛之事，燕無功而社稷危；鄒衍之事，燕無功而國道絶。

　　焌按：史記趙世家：悼襄王三年龐煖將攻燕，禽其將劇辛。詳見燕世家。劇辛之事即此。鄒衍之事未詳。

趙代先得意於燕，后得意於齊。國亂飾高。

　　焌按：趙代先得意，王渭曰："衍代字。"宮內本"代"作"氏"。趙世家："移攻齊，取饒安。"即得意於齊。國亂飾高，宋本、藏本"飾"皆作"節"。顧云：飾誤。十過云："其行矜而意高，非他時之節也。"即此節高之義。

趙又嘗鑿龜數筴而北伐燕，將劫燕以逆秦，兆曰大吉。始攻大梁，而秦出上黨矣。兵至釐而六城拔矣。至陽城秦拔鄴矣。龐援揄兵而南，則鄣盡矣。

　　煖按：顧云：“始攻大梁”句有誤。趙世家九年攻燕，取魏陽城，兵未罷，秦攻鄴，拔之。又年表云：秦拔我閼與、鄴，取九城。即劫燕逆秦之事。龐煖，史記、漢書通作龐援。説文云：“揄，引也。”南者，兵自燕返也。

救燕有名，趙以其大吉，利削兵辱，主不得意而死。

　　煖按：救燕有名，宋本多一“有”字，按：上“有”字讀爲又。利當爲地，宮内正作“地”。

龜筴鬼神，不足舉勝。

　　煖按：[龜筴上]各本皆有“故曰”二字。[舉勝上]宮内本增“以”字。

與吳戰而不勝，身臣入官於吳。

　　煖按：“官”，宋本作“宧”，是也。身臣，謂己身與其臣也。喻老篇同，作“宧”。

荆恃吳而不聽齊，越伐吳而齊滅荆。

　　煖按：荆恃吳，齊滅荆，二“荆”字皆當作“邢”，顧説。

魏攻荆而韓滅鄭。

　　煖按：魏攻荆而韓滅鄭，王渭曰：國策二作“魏攻蔡而鄭亡”。蔡、荆異，未詳孰是。今按：魏策四又云：代榆關而韓氏亡鄭，皆即其事蔡入楚者也。

今者，韓國小而恃大國。主慢而聽秦，魏恃齊荆爲用，而小國愈亡。

　　煖按：“聽秦”上當補“不”字，此與上諸“不聽”相承爲文也，顧説。魏恃齊荆爲用，顧云：“魏”上當有脱文。此復説上文邢鄭曹許之恃吳，魏恃齊荆爲用也。故下云“而小國愈亡”。宮内本改爲“主慢而聽鬼神，恃齊荆爲用，而削國愈甚”。

荆爲攻魏而加兵許鄢,齊攻任扈而削,魏不足以存鄭。

煥按:"荆爲攻魏"至"不足以存鄭",顧云:按以上皆有脱誤。此荆攻魏削魏,當爲"不足以存許"言之。齊攻任扈,當爲"不足以存曹"言之。其不足以存鄭,當言魏攻也。

舍法律而言先王明君之功者,上任之以國。臣故曰是願古之功。

煥按:"明君之功者",宮内本作"以爲明古之功者"。"願古之功"上,宮内本多"以今之人"四字。

則臣下飾於智能。

煥按:"下"字從藏本增。

則古者必貴如令矣。

煥按:"必貴",宋本、藏本皆作"先貴"。顧云:"先"字有誤,未詳。煥按:"先"當爲"无",古"無"字。

故智能單道,不可傳於人。

煥按:故智能單道,道,行也。

明主使民飾於道之故。

煥按:王渭曰:"飾於"下當有"法知"二字。

凡敗法之人必設詐託物以求親。

煥按:"求",宋本、藏本皆作"來"。

則疾强諫有辭。

煥按:"强諫"上當脱一字。

是邪以智。

煥按:"是邪以智",當作"是邪以過法,私以立智"。

禁主之道必明於公私之分。

煥按:禁主之道必明,顧云:"禁"字衍。

富國而利臣,君不行也。

煥按:顧云:"富當作害。"是也。今據意林引改。

第 六 卷

解老第二十

無功則生有德,德則無德,不德則在有德。

　　燬按:則生有德,宋本、藏本"有"皆作"於"。是也。則在有德,顧云:"'在'字當衍。"

虛者謂其意所無制也。

　　燬按:顧云:"'所無'當作'無所'。"

故曰上德無爲,而無不爲也。

　　燬按:而無不爲也,今本老子"不"作"以"。非。唐傅奕校定本作"不",與此合,句末無"也"字。凡韓子此篇每條末之"也"字、"矣"字,多非老子文。

臣事君宜,下懷上,子事父宜,賤敬貴,知交友朋之相助也宜,親者內而疏者外。

　　焌按："賤敬貴"下，"疏者外"下，各本皆有"宜"字。顧云："'下懷上'之下當有'宜'字。"今據補。六句皆於"宜"字句絶。

[仁者……義者……禮者……三段]

　　焌按：陳澧讀書記曰：韓非解仁、義、禮三字之義，純乎儒者之言，精邃無匹。是其天資絶高，又其時去聖人未遠，所聞仁義禮之説尚無差謬，而其文又足以達之。使其解孔子之言，必有可觀者也。法言問道云：莊周、申、韓不乖寡聖人而漸諸篇，則顏氏之子、閔氏之孫其如台？

君子之爲禮，以爲其身，故神之爲上禮。

　　焌按：各本皆重"以爲其身"四字。

聖人復恭敬盡手足之禮也不衰。

　　焌按："聖人復恭敬"至"不衰"，宋本、藏本"復"上多一"之"字，共十四字。顧云："十四字爲一句。"是也。

道有積而德有功。

　　焌按：德有功，顧云："德當作積。"按宮內本改作"積"。

是以父子之間，其禮樸而不明。

　　焌按：宋本、藏本無"樸"字。其禮樸而不明，宮內本作"具禮而不明"。

人應則輕歡，不應則責怨。

　　焌按："歡"字，據上文"時勸時衰"當作"勸"。

而資之以相青之分，能毋争乎。

　　焌按：[青]各本皆作"責"字。

前識者，無緣而忘意度也。

　　焌按：忘當讀爲妄。

故曰前識者道之華也，而愚之首也。

　　焌按：老子"首"作"始"。

去貌徑絶，而取緣理好情實也。

　　焌按：去貌徑絶，“去”下當有“禮”字。下句“好”字當衍。

全壽富之謂福。

　　焌按：“全壽富”下藏本有“貴”字。是也。

富貴至則衣食美。

　　焌按：藏本、趙本皆有“則”字，今據補。

所謂直者，義必公正，立心不偏黨也。

　　焌按：立，宋本、藏本作“公”。顧云：“此字當衍。”

雖異端不黨。

　　焌按：異端，宋本、藏本皆作“義端”。顧云：“端，正也。今本‘義’作‘異’，誤。”

而聖人強以其禍敗適之刑怨。

　　焌按：“適之”句絶。適讀爲讁。“刑怨”，各本皆作“則怨”。此本誤。

今舉動而與天下爲讎。

　　焌按：“爲讎”上，宋本、藏本皆有“之”字。顧云：“‘之’下當有‘人’字。”

是以行軌節而舉之也。

　　焌按：“是以行軌節而舉之也”句有誤。

廉而不劌。

　　焌按：劌，藏本作“劌”。老子釋文云：“劌，河上作害。”淮南道應訓引亦作“劌”。顧云：韓子自作劌。上文云：不以侮罷羞貪，即不劌之義。

故曰：夫謂嗇是以蚤服。

　　焌按：“夫謂嗇”，老子作“夫惟嗇”。

思慮靜，故德不去。

　　焌按：宮内本作“思慮靜則故德不去。”

故曰蚤服是謂重積德。

　　焌按:"是謂",老子作"謂之"。

夫道以與世周旋也。

　　焌按:周旋也,"也"字,宋本作"者"。

故曰有國之母可以長久樹木,樹木有曼根,有直根。直根者,書之所謂柢也。

　　焌按:趙用賢本"樹木"二字不重,宋本重。"根者"各本皆同,增"直"字。是也。

工人數變業則失其功……

凡法令更,則利害易……(至)故曰,治大國者若烹小鮮。

　　焌按:藏本連上自"工人數變業"至"若烹小鮮"止,通爲一條。是也。羣書治要引亦同藏本。

務變之謂變業。

　　焌按:治要作"民務變謂之變業"。

則賊其澤。

　　焌按:治要作"則賊其宰"。

是以有道之君,貴靜不重變法。

　　焌按:治要作"貴虛靜而重變法"。

人處疾則貴醫。

　　焌按:"人處"以下宜提行。

夫内無痤疽癉痔之害。

　　焌按:顧云:"痔當作疛,説文:'疛,小腹病也。'"

故曰:非其鬼不神也,其神不傷也。

　　焌按:藏本作"其神不傷人也"。與老子同。此脱。

鬼不祟也,疾人之謂鬼傷人,人逐除之之謂人傷鬼也。民犯法令之謂民傷上,上刑戮民之謂上傷民。

　　焌按:"鬼不祟也,疾人",宋本無"不"字。王渭曰:"也字衍。'鬼祟疾人'四字句,與下文'民犯法令'同。"

其遇諸侯也外有禮義。

　　焌按：外有禮義，“外”字當衍。顧説。

而民不以馬遠通淫物。

　　焌按：“遠通淫物”，宋本、藏本皆作“遠淫通物”。按廣雅云：“淫，游也。”

故曰：天下有道，却走馬以糞也。

　　焌按：高誘淮南覽冥訓注云：“止馬不以走，但以糞，糞田也。”

戎馬乏則將馬出。

　　焌按：顧云：“‘將馬’當作‘牸馬’，形近之誤。”鹽鐵論未通云：“當此之時，却走馬以糞。其後師旅數發，戎馬不足，牸牝入陣，故駒犢生於戰地。”即本於此也。他書又作字。

　　書慎謹按：本段下文“今所以給軍之具，於將馬近臣”，“將馬”亦當作“牸馬”。

邪心勝則事經絕，事經絕則禍難生。

　　焌按：事經絕，顧云：“‘經’當作‘徑’。上文云：必緣理不徑絕也。陸行不緣理爲徑。周禮云：禁徑踰者，是也。水行不緣理爲絕。爾雅云：正絕流曰亂。是也。”藏本作“輕絕”，誤。

故曰禍莫大於可欲。

　　焌按：禍莫大於可欲，顧云：“‘禍’當作‘罪’，與上文“大罪也”相承。喻老不誤。傅本及今德經皆作“罪”。據釋文，王弼老子無此句。非是。

故欲利甚於憂。

　　焌按：故欲利甚於憂，宮内本改“於”作“則”。

疾嬰内，則痛禍薄外，痛禍薄外，則苦痛雜於腸胃之間。

　　焌按：道藏本不重“痛禍薄外”四字。顧云：“疾嬰内則痛”，一句。“禍薄外則苦”，一句。“痛雜於外内之間”一句。本多復衍，"外内"誤作"腸骨"，遂失其讀。今正之。

故曰咎莫憯於欲利。

　　焌按：咎莫憯於欲利，顧云：今德經憯作大，非。傅本作憯，與此合。利，傅本及德經皆作得，是也。上文云：欲利猶欲得耳。又云：其欲得之憂不除也。可證。喻老不誤。

維斗得之以成其威，日月得之以恒其光。五常得之以常其位。

　　焌按：維斗得之以成其威，日月得之以恒其光，各本同。宋本無二"之"字。五常，宮内本改"常"爲"帝"。釋云："五帝，星名也。"

道譬之若水。

　　焌按：道譬之若水，宋本、宮内本"之"作"諸"。

今道雖不可得聞見，聖人執其見功以處見其形。

　　焌按：處，當爲虛。以虛見其形，即下文"聖人觀其玄虛"之義。

唯夫與天地之剖斷也俱生。

　　焌按：與天地，宋本作"與天與地"。斷，各本俱作"判"，此誤作"斷"。

不衰者謂常者。

　　焌按：不衰者謂常者，下"者"字衍文。

非在於常所。

　　焌按：非在於常所，藏本無"所"字。是也。

死之徒亦有十三。

　　焌按：死之徒亦有十三當乙作"亦十有三"。

動皆之死地，之十有三。

　　焌按：之十有三，顧云：傅本"之"作"亦"，餘與此合。

聖人之游世也，無害人之心，則必無人害。

　　焌按：藏本重"無害人之心"五字。是也。

入山不恃備以救害。

　　煥按：顧云："山當作世。"按宮内本改"山"作"軍"。

故見必行之道，見必行之道，則明其從事亦不疑。

　　煥按：宋本少"見必行之道"五字。

是以舉之曰儉故能廣。

　　煥按：顧曰："是以舉之"下有脫文。

慈於子者不敢絕衣食，慈於身者不敢離法度，慈於方圓者，不敢舍規矩。

　　煥按：慈，愛也。見説文。

宗廟不滅之謂祭祀不絕。

　　煥按："不絕"，喻老作"不輟"。

故曰修之家，其德有餘

　　煥按：其德有餘，"有"當作"乃"。

故曰：以身觀身，以家觀家，以鄉觀鄉，以邦觀邦。

　　煥按："以鄉觀鄉"四字依藏本增。

第　七　卷

喻老第二十一

天下有道，無急患，則曰静。

　　焌按：則曰静，“曰”當作“日”，顧千里説。

楚莊王既勝，狩於河雍，歸而賞孫叔敖……世世不輟，孫叔敖之謂也。（一節）

　　焌按：列子説符、吕覽異寶、淮南人間訓皆載孫叔敖戒子無受利地事，與此異。

此不以其邦爲收者，瘠也。

　　焌按：此不以其邦，顧云：“邦讀爲封”。

故曰：輕則失臣，躁則失君。

　　焌按：輕則失臣，顧云：“臣”當作“本”。本，根也。上文云：重爲輕根。此依河上老子改作“臣”，誤。

起事於無形而要大功於天下，是謂微明。

　　燬按：是謂微明，"是"上當有"故曰"二字。

行久之物，族必起於少。

　　燬按：族，宮内本作"旅"，釋云："旅，衆也。"按族亦可訓衆。
禮祭法疏云："族，衆也。"

故曰白圭之行隄也，塞其穴。

　　燬按：故曰白圭，"曰"字當衍。

扁鵲見蔡桓公。

　　燬按：周禮釋文引史記：扁鵲姓秦，名越人，字少齊。史記、
新序作"見齊桓侯"。按即田和之子桓公午也。

故曰聖人蚤從事焉。

　　燬按：故曰聖人蚤從事焉，據新序云："故聖人早從事矣。"當
衍"曰"字。

鄭君不禮，叔瞻諫曰：此賢公子也。

　　燬按：吕覽上德篇"叔瞻"作"被瞻"。

昔者紂爲象箸而箕子怖。

　　燬按：而箕子怖，顧云："怖"當作"悑"，下文及説林上同。按
淮南説山：紂爲象箸而箕子唏。注：謂爲之驚號啼也。

必旄象豹胎。旄象豹胎，必不衣裋褐而食於茅屋之下。

　　燬按：旄，顧云：讀爲毛。[裋褐]，宋本、藏本作"短褐"。

爲吴王洗馬。

　　燬按：洗馬，顧云："洗"，他書亦作"先"。

文王見詈于王門。

　　燬按：王門，顧云："王"當作"玉"。吕覽云：武王事之，夙夜
不懈，亦不忘王門之辱。注云：文王得歸，乃築靈臺、作玉門、相
女童。武王以此爲耻而不忘也云云。"王"亦當作"玉"。高注説
見淮南道應訓。彼注：玉門，以玉飾門。可證也。

王壽負書而行。見徐馮于周塗。馮曰:事者爲也。爲生于時,知
者無常事。

　　煥按:"見徐馮于周"句絕。依淮南子道應訓。"塗馮曰",淮
南作"徐馮曰"。此文上"徐"下"塗",未詳孰是。知者無常事,王
渭曰:"知"當作"時"。是也。

宋人有爲其君以象爲楮葉者,三年而成,豐殺莖柯,毫芒繁澤。

　　煥按:以象,列子説符作"以玉"。淮南泰族作"以象"。注
云:"象,象牙也。"豐殺,列子"豐"作"鋒",淮南作"莖柯毫芒,鋒
殺顔澤"。

此人遂以功食禄于宋邦。

　　煥按:功,列子作"巧"。

趙襄王學御於王子期,俄而與於期逐。

　　煥按:王子期,顧云:"期"上當有"於"字,下文及本書外儲説
右下皆同。

尚何以調於馬。

　　煥按:尚,宋本、藏本作"上",古字通。

白公勝慮亂。罷朝倒杖而策,銳貫頤,血流至於地而不知。

　　煥按:慮,謀也。罷朝倒杖而策,淮南道應、列子説符作"罷
朝而立倒杖策"。"銳貫頤",作"錣上貫頤"。按"頤"即"頤"之別
體。玉藻鄭注:"頤,或爲䐜"。可借證矣。顧千里説。

頤之忘,將何爲忘哉。

　　煥按:將何爲忘哉,淮南、列子作"將何不忘哉"。

有鳥止南方之阜,三年不翅,不飛不鳴。

　　煥按:三年不翅,不飛不鳴,史記楚世家、新序無"不翅"二
字,餘亦各不同。吕覽重言作"不動"。

舉兵誅齊,敗之徐州。

　　煥按:舉兵誅齊,敗之徐州,顧云:事未詳,史記年表威王七

年圍齊於徐州。楚世家同。或此莊王謂威王也。

楚莊王欲伐越,杜子諫曰。

　　燇按:越世家楚越構兵在威王時,云莊王誤。楚莊王欲伐越,顧云:楊倞注引無莊字。按莊王與莊蹻不同時,或此莊王亦謂威王也。古今人表下有嚴蹻與威王相接。杜子,楊倞引作莊子。

杜子曰:臣愚患之智如目也。

　　燇按:"臣愚患"下疑脫一"王"字。

莊蹻爲盜於境内。而吏不能禁。

　　燇按:荀子議兵云:"莊蹻起,楚分爲三四。"史記西南夷傳:"始楚威王時,使將軍莊蹻將兵。"又云:"莊蹻者,故楚莊王苗裔也。"呂覽介立"莊蹻之暴郢也",注云:"莊蹻,楚成王之大盜。"成當作威。又異用篇"跀與企足",注云:"企足,莊蹻也。大盜人名。"淮南主術高注:"莊蹻,楚威王之將軍,能大爲盜也。"楊倞荀子注:"蹻初爲盜,後爲楚將。"

説林上第二十二

湯以伐桀而恐天下言己爲貪也。

　　燇按:以、已字同。

秦武王令甘茂擇所欲爲於僕與行事。

　　燇按:宮内氏通釋云:"僕,太僕,親近之官也。行事,行人,使者之官也。"

因請太宰曰,己已見孔子,孔子亦將視之猶蚤蝨也。

　　燇按:己已,宋本、藏本作"君已"。視之,宋本、藏本作"視子"。顧云:"'孔子'二字不當重。"按宮内本不重。

魏惠王爲臼里之盟,將復立於天子。彭喜謂鄭君曰:君勿聽。

　　焌按:韓策"臼里"作"九里"。"彭喜"作"房喜"。"鄭君"作
"韓王"。按臼、九、彭、房,一聲之轉。竹書紀年顯王元年注:"此
後韓改稱鄭。鄭君即韓王也。"將復立於天子,策作"且復天子"。
吳師道引此無"於"字。是也。

晉人伐邢,齊桓公將救之。

　　焌按:晉人伐邢,春秋莊三十二年狄伐邢。閔元年,齊人救
邢。管子狄伐邢,邢君出奔於齊,桓公築夷儀以封之,予車百乘
卒千人。

**子胥出走,邊候得之。子胥曰:上索我者,以我有美珠也,今我已
亡之矣。我且曰:子取吞之。候因釋之。**

　　焌按:子胥,燕策三云:張丑爲質於燕,燕王欲殺之,走且出
境。境吏得丑。丑曰:燕王所爲將殺我者,人有言我有美珠也
云云。

慶封爲亂於齊,而欲走越。

　　焌按:走越,左傳云:奔吳。

智伯索地於魏宣子,魏宣子弗予。任章曰:何故不予?

　　焌按:宣子,魏策作桓子。任章,説苑權謀作任增,淮南人間
作任登。

荆人輒行。

　　焌按:輒行,宋本作"輟行"。

齊攻宋,宋使臧孫子南求救於荆。荆大悦,許救之,甚歡。

　　焌按:宋、衞策作"臧子",無"孫"字。甚歡,策作"甚勸"。高
注云:"勸,力也。"當據策作勸。

趙刻曰:君過矣。

　　焌按:趙刻,趙策作趙利。

君必許之。許之而大歡。

　　焌按:宋本不重"許之"二字。大歡,策作"大勸"。是也。

鴟夷子皮事田成子。

燉按:墨子非儒云:"乃樹鴟夷子皮於田常之門。"即其事也。説苑臣術篇:"陳成子謂鴟夷子皮。"

乃相衛負以越公道而行。

燉按:宋本"公道"下無"而行"二字。是也。

問其巷人而不知也。

燉按:問其巷人而不知也,策無"人"字。宮内本删去"人"字。

今君天子,則我天子之臣也。

燉按:今君天子,策作"今周君天下"。

韓宣王謂樛留曰。

燉按:樛,韓策作"摎",通鑑、大事記作"繆"。三字音同字通。

簡公兩用田成闞止而簡公殺。

燉按:闞止,策作"監止"。史記田齊世家亦作"監止"。左傳作"闞止"。監、闞音同字通。

其多力者内樹其黨。

燉按:"樹"上"内"字據策補。

羣臣有内樹黨以驕主,有外爲交以削地,則王之國危矣。

燉按:二"有"字策皆作"或"。按有、或字通。

而康誥曰:毋彝酒者。彝酒,常酒也。

燉按:毋彝酒者,顧曰:"者字當衍"。今按:"者"字當在下句"彝酒"下。

書慎謹按:原書作"而康誥曰母彝酒。"按"康誥"誤,當作"酒誥",書酒誥:"無彝酒。"原書"母"字當爲"毋"字之訛,形近而誤。無讀爲毋。

今人不知以其心而師,師聖人之智,不亦過乎。

　　焌按:各本皆不重"師"字,今據削。惟上句"心"下(上)多一"愚"字。

臣問謁者曰可食,臣故食之。

　　焌按:楚策作"臣問謁者,謁者曰"。

惠子曰:田駟東慢齊侯。

　　焌按:顧云:"慢讀爲謾。"

越人雖善遊,子必不生矣。

(或曰:游,浮行水上也。與遊義別。當是鈔胥誤筆。)

　　焌按:宋本、藏本、明本皆作"遊"。遊當讀爲汙。説文:"汙,浮行水上也。""游,旌旗之流也。"義各別。

嚴遂不善周君,患之,馮沮曰:嚴遂相而韓傀貴於君。

　　焌按:顧云:"患之"上當更有"周君"二字。馮沮即周策之馮且。沮、且同字。嚴遂相而韓傀貴於君,與本書六微及韓策不同。

居一月,自問張譴曰:若子死,將誰使代子。

　　焌按:居一月,顧云:當作"君一日"。宮内本於"一月"下增"韓王"二字。

孟孫獵得麑……(一條)

　　焌按:"孟孫得麑"一條當連上文(慎按:謂"樂羊爲魏將而攻中山"一條)不必提行。淮南人間訓亦有此二條,文意相屬。羣書治要引"樂羊"至"益信"爲一條。

　　書慎謹案:益信,"孟孫獵得麑"一條末句爲"秦巴西以有罪益信"。

聖人見微以知萌,見端以知末。

　　焌按:顧云:"萌,讀爲明。"

周公旦已勝殷,將攻商蓋。

　　焌按:左傳:"因商奄之民而命以伯禽。"墨子:"東處於商蓋。”蓋即奄也,説文作郺。江聲云:“商蓋,商奄也。”

紂爲長夜之飲,懼以失日。

　　熮按:顧云:“懼當作懽。”

陳軫貴於魏王。

　　熮按:陳軫,魏策二作田需。

然使十人樹之而一人拔之,則毋生楊。

　　熮按:毋讀爲無。策正作“無”,用本字。

夫死者,始死而血,已血而衂,已衂而灰,已灰而土。

　　熮按:釋名:“血,濊也。”衂爲衈之俗體。廣雅云:“衈,縮也。”又按:宮内氏云:“始死者尚有生血,已而變爲衂。衂,死血也。”

隰斯彌見田成子。

　　熮按:古今人表中有隰斯彌。

斧離數創。

　　熮按:爾雅:“斯,離也。”詩:“斧以斯之。”斯,析也。離亦析也。釋名:“創,戕也。戕,毀體使傷也。”

楊子過於宋,東之逆旅,有妾二人……(一條)

　　熮按:見莊子山木篇、列子黄帝篇。

其好士則同,其所以爲則異。

　　熮按:“其所以”下當脱“好士之”三字。

公孫友自刖而尊百里,竪刁自宮而諂桓公。其自刑則同,其所自刑之爲則異。

　　熮按:友,當依左傳作“支”。“其所”下當脱“以”字。

慧子曰:往者東走。

　　熮按:慧、惠字通。宋本“往”作“狂”。是也。

其以東走之爲則异。

　　熮按:各本[以字上]皆有“所”字。

第 八 卷

説林下第二十三

而拙于任腫膝。

　　焌按：而拙于任腫膝，宮内本改"任"作"相"。

鳥有翢翢者，重首而屈尾。

　　焌按：文選詠懷詩注引此"翢翢"作"周周"。

鱣似蛇，蠶似蠋，人見蛇則驚駭，見蠋則毛起。

　　焌按：淮南子云："今鱣之與蛇，蠶之與蠋，狀相類而愛憎異。"

桓赫曰，刻削之道。

　　焌按：顧曰："桓赫，未詳。或'桓'當是'杜'也。"

舉事亦然，爲其不可復者也。

　　焌按：爲其不可復者也，王渭曰："'不'字當衍。"

宋太宰貴而主斷。季子將見宋君，梁子聞之曰：語必可與太宰三坐乎。不然，將不免。季子因說以貴主而輕國。

　　熒按：三坐，顧云：“三讀爲參。國策高注：‘參，三人并立也。’‘貴主’當作‘貴生’。吕覽有貴生即其義。宋君貴重其生，輕賤其國，則太宰長擅宋。故參坐而無惡於太宰矣。”

得千鎰焉。

　　熒按：宋本“鎰”作“溢”。用借字。是也。

蟲有蚘者，[舊注：或作虬]一身兩口，爭相齕也，遂相食。囚自殺。人臣之爭事而亡其國者，皆蚘類也。

　　熒按：蚘，宋本作“就”。顧云：“當依顏氏家訓引此作‘魁’，云：古今字詁此亦古之‘虺’字。舊注當云‘或作虺’。”王渭云：“洪興祖楚辭注引及柳子厚天對亦作‘魁’。爭相齕也，藏本‘爭’下有‘食’字。按顏氏家訓引有，但無‘也’字。遂相食，宋本、藏本作‘遂相殺’。顏氏引‘殺’下有‘也’字。

公孫弘斷髮而爲越王騎，公孫喜使人絶之曰：吾不與子爲昆弟矣。

　　熒按：公孫弘見中山策。又齊策公孫弘爲孟嘗君使秦。又見吕覽不侵篇。又中山策有公孫弘與司馬喜爲難。疑非一人也。按此書公孫喜爲韓將。周策所謂敗韓魏，殺犀武，犀武即喜也。沈欽韓説。

人曰：是其貫將滿也。遂去之。或曰：勿之矣，子姑待之。

　　熒按：或曰，宋本作“故曰”。顧云：“‘也遂去之或曰勿之’八字衍，涉下文而複誤耳。”

晉中行文子出亡……（一條）

　　熒按：説苑權謀篇前大半同，後小異。

周趮謂宮他曰。

　　熒按：周趮，魏策四作周肖。顧云：“又作‘霄’，皆同字。”

因以有齊魏矣。

　　焌按：因以有齊魏矣，顧云："有齊當作齊有。"策云："以齊有魏也。"可證。

與子人事一人焉，先達者相收。

　　焌按：宋本"先達"作"相達"。

吳使沮衞、蹶融犒于荊師。荊將軍曰：縛之，殺以釁鼓。問之曰："汝來卜乎？"答曰卜。"卜吉乎？"曰吉。

　　焌按：蹶融，左傳云"蹶由。"餘亦多不同。荊將軍，宋本"荊"作"而"。宋本無"乎曰吉"三字。

知伯將伐仇由。

　　焌按：淮南高注云："仇由，近晉之狄國。"仇由，西周策作厹由，注云："厹由，狄國，或作仇首。"史記樗里傳作仇猶。吕覽權勳作厹繇，注云："厹繇，國之近晉者。"淮南精神訓："仇由貪大鐘之賂而亡其國。"説文云："臨淮有厹猶縣。"漢書地理志同。

卒必隨之。

　　焌按：卒必隨之，宋本作"卒以隨之"。

七月而仇由亡矣。

　　焌按："七月"當作"七日"。吕覽云："至衞七日。"

不如起師以分吳。

　　焌按：不如起師以分吳，宋本、藏本"以"作"與"。按説苑權謀篇云："與分吳地。"作"與"是也。又按：以、與古字通。

荊伐陳，吳救之，軍間三十里，雨十日，夜星。

　　焌按：説苑指武篇云："楚莊王伐陳，吳救之。雨十日十夜，晴。"據此，則星當讀爲姓。説文云："姓，雨而夜除星見也。"晴即姓之别體，星即姓之假借。韓詩説"星言夙駕"云："星，晴也。"

己乃知文侯以搆于己，乃皆朝魏。

　　焌按：搆，魏策作講。説文云："講，和解也。"

齊伐魯，索讒鼎。

　　煥按：呂覽審己、新序節士“讒鼎”作“岑鼎”。

齊曰：使樂正子春來，吾將聽子。

　　煥按：呂覽審己、新序節士“樂正子春”作“柳下季”。

靖郭君將城薛。

　　煥按：宋本、藏本靖郭君下有“曰”[字]，齊策無。新序雜事同。“將”作“欲”。淮南人間訓與韓子同，注云：“靖郭君，齊威王之子也，封於薛。”

客起進曰：海大魚，因反走。靖郭君曰：請聞其説。客曰：臣不敢以死爲戲。

　　煥按：[起]各本皆作“趨”。淮南子人間訓“戲”作“熙”。高注云：“熙，戲也。”

靖郭君曰善，乃輟不城薛。

　　煥按：乃輟不城薛，齊策無“不”字。新序作“罷民弗城薛也”。淮南子作“乃止不城薛。”

荆王大悅，以鍊金百鎰遺晉。

　　煥按：藏本“鎰”作“溢”，是也。

溺人者一飲而止，則無溺者，以其不休也。

　　煥按：則無溺者，宋本“溺”作“逆”。顧云：“逆”當作“遂”。形近之誤。十過云：不可遂。又云：子其使遂之。藏本今本作“溺”，誤。

觀行第二十四

智短於自知，故以道正己。

　　煥按：意林引此“智”作“身”，非。治要亦作“智”。

西門豹之性急，故佩韋以緩己；董安于之心緩，故佩弦以自急。

故以餘補不足。

　　焌按：安于，治要作"闕于"。意林引此"緩己"作"自緩"，"心緩"作"性緩"。宋本、藏本"餘"上多一"有"字。是也。治要引亦多一"有"字。

故世有不可得，事有不可成。

　　焌按：故世有不可得，宮內本"世"作"勢"。按治要引"世"作"勢"。

聖賢之撲淺深矣。（或曰：聖賢之撲句疑有誤，撲一作測。）

　　焌按：宮內本作"聖賢之人測淺深矣"。增"人"字。

安危第二十五

二曰斷割於法之外。

　　焌按：宋本、藏本"斷割"作"斲割"。

五曰危人之所安。

　　焌按：危人之所安，宋本"之"作"於"。

奔車之上無仲尼。

　　焌按：奔讀爲僨。僨亦覆也。

故後世服。今使人去饑寒。

　　焌按：故後世服今，宋本、藏本作"故後世服令"。

雖上不能安。上以無厭責，已盡則下對，無有無有則輕法。

　　焌按：雖上不能安，宋本、藏本"雖"作"則"。是也。宋本"無有"二字不重。按宋本是也。責，求也。對讀爲懟，怨也。謂上有無厭之誅求，求之太盡，則民怨，求之無有，則法令不行。

不權其力而有田成；而幸其身盡如比干。

　　焌按：顧曰："言人主當權其臣之力，使不得爲田成；不當責其臣之身，使爲比干也。"

殺天子也，而無是非。賞於無功，使讒諛以詐僞爲貴。誅於無罪，使偃以天性剖背，以詐僞爲是，天性爲非。小得勝大矣。

　　焌按：顧云：“殺當作桀，形近之誤。宋策、新序皆言宋康王剖偃者之背。史記云：於是諸侯皆曰桀宋。下文‘使偃以天性剖背’，是其證矣。”小得勝大矣，宋本、藏本無“矣”字。按當作“故小得勝大”。

失之近正，不亡於遠者，無有。

　　焌按：顧云：“正字當衍。”宮內本“正”作“而”。

守道第二十六

其備足以必完法。治世之臣，功多者位尊。

　　焌按：顧云：“其備足以必完，句。”

而務至于任鄙。

　　焌按：任鄙，秦昭王時人，穰侯舉爲漢中守，范雎傳云：“烏獲、任鄙之力焉而死。”

守爲金石。

　　焌按：守爲金石，宋本“守”作“中”。

而不免於田成、盜跖之禍何也。

　　焌按：禍何也，宋本、藏本作“耳可也”。顧云：“耳當作身。”“不免”之“不”字衍。

邪人不售而盜跖止。

　　焌按：不售，宋本、藏本皆作“不壽”，是也。

人主甘服於玉堂之中。

　　焌按：甘服當讀爲酣伏。

立法非所以備曾、史也。

　　焌按：備曾、史也，宋本“備”作“避”。顧云：“‘備’字涉上句誤。”

　　書慎謹按：上句“故設柙非所以備鼠也。”

恃怯士之所能服。

　　焌按：怯士，宋本、藏本無“士”字。按依上文當有“弱”字。

　　書慎謹按：上文有“所以使怯弱能服虎也”。

當今之世爲人主主忠計。

　　焌按：各本不重“主”字。

通於賁、育之情，不以死易生；惑於盜跖之貪，不以財易身。

　　焌按：通於，宋本、藏本無“於”字。王渭曰：“惑字有誤。”焌
按：繹史“惑”作“明”。又按：“惑”當爲“感”。宮内本作“明”。

用人第二十七

外無馬服之患。

　　焌按：馬服，宮内本作“矯服”。

使人不同功，故莫争訟。

　　焌按：故莫争訟，顧云：“此訟字當衍。”

去規矩而妄意度。

　　焌按：治要“意”下無“度”字。

故以表示目，以鼓語耳，以法教心。

　　焌按：顧云：“據下文‘其教易知’，‘鼓’當作‘教’。”

**而魯不附民見憎，不能盡力而務功，魯見説，而不能離死而親
他主。**

　　焌按：民見憎，宋本、藏本無“民”字。［離死下］各本皆多一
“命”字。

釋儀的而妄發，雖中而不巧。

　　焌按：雖中而不巧，宋本、藏本“而”作“小”。

功名第二十八

故得天時，則務而自生。

　　焌按：王渭云：“務上當有不字。”按宮內本有“不”字。治要引作“則不務而自生”。

得勢位，則不推進而名成。

　　焌按：治要作“得勢位，則不進而成名”。

以尊主，主御忠臣，則長樂生而功名成。

　　焌按：宮內本“主”字不重。

故人有餘力，易於應，而技有餘巧，便於事。

　　焌按：便於事，宋本、藏本無“便”字。顧云：“上句‘易’字當衍。”

近者結之以成。

　　焌按：結之以成，宮內氏改“成”作“信”。

而日月之明久著于天地。此堯之所以南面而守功。

　　焌按：［日月之明］文選解嘲注引此作“日月之名”。藏本、宮內本［明］皆作“名”。而守功，宋本、藏本“功”作“名”。是也。

大體第二十九

日月所照，四時所行，雲布風動，不以智累心，不以私累己。

　　焌按：日月二句，治要無二“所”字。又不以私累己，“私”作“心”。

不吹毛而求小疵，不洗垢而察難知。

　　焌按：治要“洗”作“洒”。二字通用。

故至安之世，法如朝露。

　　焌按:故至安之世,宋本、藏本"故"下有"致"字。

使匠石以千歲之壽操釣視規矩。

　　焌按:操釣,宋本、藏本作"操鉤"。是也。

如此,故天下少不治。

　　焌按:不治,宋本、藏本作"不可"。是也。

上不天,則下不徧覆;心不地,則物不必載。

　　焌按:上不天一節,治要引連上節爲一章。必讀爲畢。

上無忿怒之毒,下無伏怨之患。

　　焌按:治要"之毒"作"之志","伏怨"作"伏惄"。

第 九 卷

内儲説上、七術第三十

觀聽不參,則誠不聞……

　　焌按:"觀聽"以下應提行。

而江乞之説荆俗也。

　　焌按:江乞,藏本"乞"作"乙"。

成歡以太仁弱齊國。

　　焌按:成歡,説作"成驩"。

數見久待而不任姦,則鹿散。

　　焌按:顧云:"姦則鹿散四字爲一句。"

挾智而問,則不智者至。深智一物,衆隱皆變。

　　焌按:顧云:"三'智'字皆當讀爲知。"

故必審南門而三鄉得。

　　焌按：宋本、藏本"必"下無"審"字。顧云："有審字者誤。"

西門豹詳遺轄。

　　焌按：詳，説作"佯"，古字通。

故陽山謾樛豎。

　　焌按：顧云："陽山當倒，詳後。"

侏儒有見公者曰：臣之夢賤矣。

　　焌按：賤讀爲踐。左氏傳曰："亦晋之妖夢是踐。"

夫日，兼燭天下，一物不能當也。

　　焌按：燭，照也，呂覽士容篇高注。下文難四篇，"燭"作"照"。

夫竈，一人煬焉。

　　焌按：煬，炊也，莊子釋文。漢書枚乘傳云："一人炊之。"列子二釋文司馬云："對火曰煬。"淮南子云："貧人煬竈口。"太平御覽引淮南子注云："煬，炙也，向竈口自温煬。温讀高尚之尚也。"

一曰：晏嬰子聘魯。哀公問曰：語曰：莫三人而迷。

　　焌按：顧廣圻云：按"一曰"者，劉向敘録時所下校語也。謂一見於晏子春秋，其所曰者如此。凡本書"一曰"皆同例。哀公，晏子春秋四作昭公。

臣請使王遇之。爲壇場大水之上，而與王立之焉。

　　焌按："遇之"下藏本有"乃"字。宋本"乃"作"遇"。

惠子因説不可不察也。（或改"因"爲"曰"。）

　　焌按：惠子因説，各本皆同，無作"曰"者。

江乞爲魏王使荆。

　　焌按：江乞，楚策作江乙。

然則若白公之亂得無危乎。誠得如此，臣免死罪矣。

　　焌按：危，策作"遂"。楚策"矣"下有"楚王曰：何也。江乙曰：州侯相楚貴甚矣，而主斷，左右俱曰無有，如出一口矣"

廿九字。

衞嗣君重如耳，愛世姬。

　　煥按：衞世家：五年，貶號曰君。世姬，荀子王制楊注引作"泄姬"。

乃貴薄疑以敵之如耳，尊魏姬以耦世姬。

　　煥按：以敵之如耳，顧云："之字當衍。"如耳，秦策：秦昭王謂左右曰：今之如耳、魏齊，孰與孟嘗、芒卯之賢。按魏齊相魏，則如耳其時相韓也。薄疑，又見吕覽審應篇。

龐恭與太子質於邯鄲。

　　煥按：魏策作龐葱。姚校云：孫作恭。

董閼于爲趙上地守。

　　煥按：説苑政理篇：董安于治晋陽。上地即晋陽。

吾能治矣，使吾治之無赦，猶入澗之必死也，則人莫之敢犯也，何爲不治之。

　　煥按：使吾治之無赦，文選策秀才文注引作"吾法無赦也"。宮內本亦作"法"。末無"之"字。何爲不治之，文選注引無"之"字。

夫火形嚴，故人鮮灼；水形懦，故人多溺。

　　煥按：["人多"上]"故"字，從藏本增。

故子産死，游吉不肯嚴刑。

　　煥按：故子産死，宮內本删"故"字，"不肯"作"不忍"。

桃李冬實，天失道。

　　煥按：藏本，"桃"作"梅"，與春秋合。是也。

殷之法，刑弃灰於街者。子貢以爲重，問之仲尼。仲尼曰，知治之道也。夫弃灰於街必掩人。

　　煥按："街"字史記正義引作"衢"。"掩"字作"燔"。按史記商君傳集解引新序論曰："衞鞅内刻刀鋸之刑，外深鈇鉞之誅。

步過六尺者有罰。棄灰於道者被刑。"（又論衡）。則棄灰之刑，商鞅之法也。非商朝之法也。又按史記李斯傳云："故商君之法刑棄灰於道者。夫棄灰，薄罪也，而被刑，重罰也。彼唯明主爲能深督輕罪。夫罪輕且督深，而況有重罪乎？故民不敢犯也。"

一曰：殷之法，弃灰於公道者，斷其手。

　　焌按：史記正義云："棄灰於道者，黥民。"

有威足以服人，而利足以勸人，故能治之。

　　焌按：宋本、藏本作"有威足以服之人而利足以勸之"。顧云："'人'字衍。"宮内本與此本同。

彼不善者我能以斬其首。

　　焌按：我能以斬其首，宮内本同。宋本、藏本"能"皆作"得"。是也。

請徒行賞。

　　焌按：請徒行賞，宮内本改"賞"爲"罰"，與馮氏舒所校同。

王曰：然則寡人安所太仁，安不忍人。

　　焌按：安不忍人，王渭曰："'安'下當有'所'字。"

有胥靡逃之魏，因爲襄王之后治病。

　　焌按：因爲襄王之后治病，宋、衞策無此句，餘亦多不同。

王曰：非子之所知也。

　　焌按：王曰，"王"當從宋、衞策作"君"。

齊王問於文子曰。

　　焌按：文子，孟嘗君也。名文，故曰文子。宮内氏云："文子，尹文子。"

以人之善戰射也。

　　焌按：顧云："'戰射'當作'射戰'。"

由此觀之，譽之足以殺人矣。

　　焌按：宋本"譽"作"毁"。顧云："'毁'當作'敬'，形近之誤。

上文云：奚敬於此。"按津田解詁本作"譽之足以勸人矣"。宮內講義本改"勸"爲"殺"。

故越王將復吳而試其教。

　　燉按：宋本、藏本作"故曰王將復吾"。

其助甚此矣。

　　燉按：顧曰："'助'當作'勸'。"

乃令趙紹、韓沓嘗試君之動貌。

　　燉按：趙紹、韓沓，韓策一作趙卓、韓䵮。

三國兵至，韓王謂樓緩曰……（一節）

　　燉按：此節與秦策大同小异。依秦策韓王當作秦王。

王必大悔，王曰不獻三城也。

　　燉按：王曰，按"王"字當衍。顧云："'王'當作'之'。"

寧亡三城而無悔危乃悔。

　　燉按：〔無悔〕各本皆作"悔無"。今乙正。

王曰，必弛易之矣。

　　燉按：顧云："'易'字衍。弛即易也。謂以地易上黨。舊注全誤。"〔舊注：謂移易其兵以臨東陽，吾斷定矣。〕

吾聞數夜有乘輲車至李史門者，謹爲我伺之。

　　燉按：荀子解蔽篇注引此"輲"作"輴"，"伺"作"司"。

商太宰使少庶子之市，顧反而問之曰：何見於市？

　　燉按：顧曰：上文云戴驩，宋太宰，六微同。說林云：宋太宰貴而主斷。與此皆一人。商，宋也。

左右因割其爪而效之，昭侯以察左右之臣不誠。

　　燉按：效，致也，授也。均見左傳注。左右之臣不誠，宋本"誠"作"割"。蓋注文誤入正文〔注文：割爪不誠〕。藏本"臣"作"誠"。是也。顧云："'誠不'句。不、否同字。'割'字衍。"

禁牛馬入人田中，國有令。

　　焌按：國有令,宮内本同。宋本作"固有令人"。藏本作"同有令人"。

其御吏污穢而有愛妾。

　　焌按：[御吏]宋本作"御史"。是也。

陽山君相衛。聞王之疑己也,乃僞謗樛豎以知之。

　　焌按：相衛,宋本、藏本作"相謂"。顧云："謂"當作"韓"。"陽山"當作"山陽"。韓策有云："或謂山陽君曰,秦封君以山陽"云云,可證。下文樛豎亦韓人,説林上及難一皆云韓宣王謂樛留也。今本改"謂"爲"衛",謬甚。

衛嗣公使人爲客過關市,苛難之。

　　焌按：各本皆作"過關市,關市苛難之"。

嗣公爲關吏曰：某時有客過而所,與汝金。而汝因遣之。關吏乃大恐,而以嗣公爲明察。

　　焌按：嗣公爲關吏,各本同。荀子王制篇注引此"爲"作"召"、"吏"作"市"。下"關吏乃大恐",亦引"吏"作"市"。

右傳

　　焌按：乾道本、藏本無此二字。後各卷同。

第 十 卷

内儲説下、六微第三十一

力多則内外爲用,内外爲用則人主壅。

　　燧按:宋本少"内外爲用"四字。

是以人主久語而左右鬻懷尉,其患在胥僮之諫厲公。

　　燧按:是以人主久語,顧云:"'以'下當有'故'字。'主'當作
'富',見下文。"尉,宋本、藏本皆作"刷",今本作"尉",誤。説文
"刷"本作"叔",云:"拭也。蓋巾帨之屬,可用以拭者。"諫厲公,
宋本、藏本"諫"作"權"。

大成牛教申不害。

　　燧按:韓策一、古今人表作大成午。趙世家作大戊午。此作
"牛",誤。

事起而有所利,其尸主之。

　　焌按:宋本"尸"作"市"。

而僖侯譙其次。

　　焌按:而僖侯,宋本"而"下有"不"字。顧云:按依説,"不"當作"昭"。

是以子胥宣言而子常用。內美人而虞虢亡。

　　焌按:宣言,宋本"宣"下有"王"字,"美"下無"人"字。

(一)勢重者人主之淵也……(一條)

賞罰者利器也……(一條)

　　焌按:以上二條又見喻老篇,而文小異。

靖郭君相齊,故與人久語,則故人富,懷左右尉,則左右重。久語懷尉,小資也。

　　焌按:[故與]宋本、藏本皆作"與故"。尉,宋本、藏本皆作"刷"。是也。刷讀爲刷。

州侯相荆,貴而主斷。

　　焌按:宮內氏云:州侯,楚襄王之佞臣也。斷謂專決政事。

燕人無惑,故浴狗矢。

　　焌按:無惑,宮內本作"惑易",注云:"病惑而視聽變易,即發狂也。"

李突至,士在內中。

　　焌按:李突至,宋本、藏本作"季突之",宮內本作"季突至"。

曰:取五姓之矢浴之。

　　焌按:宮內氏改"五姓"作"五牲",云五牲,牛、羊、豕、犬、鷄也。

戴歇曰不可。宦公子於四鄰,四鄰必重之。

　　焌按:顧云:"宦公子於四鄰"二句,荆王之言也。上無"曰"字,古書多此例。

使齊韓約而攻衛。

俊按:"衛"各本皆作"魏"。是也。

翟璜,魏王之臣也。

俊按:吕覽下賢篇作翟黃,與經同。

宋石,衛將也。

俊按:衛將,各本皆作"魏將"。是也。

對曰:無攻與恨。

俊按:無攻與恨,宋本、藏本、宮内本皆作"無敢與恨"。

荆王所愛妾有鄭袖者。

俊按:楚策云:南后鄭褎以金千斤進張儀。鄭褎亦以金五百斤。是有兩鄭袖也。又云:南后鄭褎貴於楚。又云:王之幸夫人鄭褎。此所謂愛妾,即幸夫人也。

王勃然怒曰:劓之!

俊按:[勃]宋本作"悖"。

魏有老儒不善濟陽君。

俊按:宋本[儒下]有"而"字。

濟陽君有少庶子者不見知。

俊按:有少庶子者,宋本"者"作"有",宮内本删"者"字。

昭侯令人覆廩。

俊按:爾雅释詁:"覆,審也。"考工記注:"覆,犹察也。"

有烧倉廥穽者。

俊按:説文云:"倉,穀藏也。""廥,芻藁之藏也。"顧云:"'穽'當作'窌'。按廣雅云:'窌,藏也。'"

昭侯召宰人之次而誚之曰。

俊按:史記索隱:"誚,責也。"

譙之曰:何爲置礫湯中。

俊按:説文:"譙,讓也。"古文作"誚"。按説文:"讓,相責讓也。"

因請立齊爲東帝，而不能成也。

　　燧按：顧云："'不'當作'乃'。"

公子朝，周太子也，弟公子根，甚有寵於君。君死，遂以東周叛，分爲兩國。

　　燧按：顧云：史記周本紀"威公卒，子惠公代立，乃封其少子於鞏以奉王，號東周惠公。"即其事。索隱云：班與此不同。宮內云：左傳"王子朝據王城稱西王，敬王居狄泉稱東王"，蓋指此也。

韓傀相韓哀侯，嚴遂重於君。二人甚相害也。

　　燧按：傀，韓策作"傀"，字同。韓傀即韓俠累。俠累即累之合聲。史記刺客傳：濮陽嚴仲子事韓哀侯。高誘云：嚴遂字仲子。

田恒相齊，闞止重於簡公。

　　燧按：闞止事見史記齊世家。

令之諫紂而亂其心。

　　燧按：鍾山札記云："諫讀爲間。"

王何不深知之，而陰有之。

　　燧按：知猶交也。宮內本改"有"爲"賄"。

遺哀公女樂，以驕榮其意。

　　燧按：王渭曰："榮"當作"熒"，下文"以榮其意"同。

景公曰善，乃令黎且以女樂六遺哀公。

　　燧按：宋本此"黎"作"犂"。史記孔子世家作"（犂）鉏"。

楚王謂于象曰：吾欲以楚扶甘茂而相之秦，可乎？

　　燧按：于象，各本皆作于象。史記甘茂傳作范蜎。徐廣曰：一作蠉。索隱云：戰國策作蠉，今楚策作環。

于象曰：前時王使邵滑之越。

　　燧按：徐廣曰："滑"一作"涓"。策無"邵"字。

今亡之秦，不亦太亟亡乎：

煥按：顧云："亡"當依策作"忘"，下句同。

干象對曰：不如相共立。

煥按：共立，策云公孫赫。史記云向壽。

被王衣，含杜若。

煥按：被王衣，宮內氏改"王"爲"玉"。

叔向之讒萇弘也，爲書曰：萇弘謂叔向曰：子爲我謂晉君，所與君期者時可矣，……（一條）

煥按：説苑權謀篇。困學紀聞謂此時叔向死已久。

鄭桓公將欲襲鄶。

煥按：竹書紀年鄭桓公名多父，古今人表名友。

盡與姓名，擇鄶之良田賂之。

煥按：盡與，説苑權謀篇作"書其"。宮內氏改"與"爲"舉"。

因爲設壇場郭門之外而理之。

（或按："理"疑當作"埋"。）

煥按：顧説同。

第十一卷

外儲説左上第三十二

明主之聽言也。

　　焌按：明主之聽言也，宮内氏改"明"爲"暗"。

明在聖主之以獨知也。

　　焌按：明在，宋本、藏本皆作"明君"。

故畏震瞻車狀，皆鬼魅也，言而拂難堅確非功也，故務、卞、鮑、介、墨翟，皆堅瓠也。

　　焌按：顧云："故畏震瞻車狀皆鬼魅也，或當作'故魏、處、瞻、陳皆狀鬼魅也'。魏，魏牟。處，處子。瞻，瞻何。陳，陳駢。"又云："'言而'當作'行有'。"顧云："墨翟二字誤，或當作申徒翟。"

夫挾相爲則責望。

　　焌按：宋本、藏本作"挾夫"。

卜子妻爲弊褲也。

　　焌按：顧云：“卜子”當從説作“乙子”。爲弊褲也，宋本、藏本
“爲”作“寫”。按寫，象也。作“爲”，非是。

則士勸名而不畜之於君。

　　焌按：不畜，宋本、藏本“不”作“下”。

不禮則周主上之法。

　　焌按：顧云：“‘周’當作‘害’。”

傳説之以無衣紫，子産之以鄭簡。

　　焌按：“子産”二字，宋本作“緩”，藏本作“綏”。

墨子爲木鳶，三年而成，蜚一日而敗……（一節）

　　焌按：墨子魯問篇：“公輸子削竹木以爲鵲，成而飛之，三日
不下。公輸子自以爲至巧。子墨子曰：子之爲鵲也，不如翟之爲
車轄，須臾劉三寸之木而任五十石之重。”淮南齊俗訓：魯般、墨
子以木爲鳶而飛之，三日不集，而不可使爲工也。

趙主父令工施鈎梯，而緣潘吾，刻疏人迹其上。

　　焌按：沈欽韓云：五國相王，趙武靈王獨不王，令國人稱之曰
君。及傳位於子，故自號主父。終其世未稱王也。蓋至惠文王
稱王始尊之爲武靈王，如魏惠成王耳。潘吾即蒲吾，蘇秦傳作番
吾，注最詳。

公曰：寡人出亡二十年，乃今得反國。咎犯聞之，不喜而哭，意不
欲寡人反國耶。

　　焌按：“公曰寡人”至“反國耶”，治要作“文公曰：咎氏不欲寡
人之反國耶”。此殆約舉其詞。據此，知“咎犯聞之”當作“咎氏
聞之”。

今臣有與在後中，不勝其哀，故哭。

　　焌按：今臣有與在後中，治要無“有”字。

鄭縣人卜子使其妻爲袴。

　　焌按:宋本"卜子"作"乙子"。

魏昭王欲與官事。謂孟嘗君曰:寡人欲與官事。……(一節)

　　焌按:孟嘗君相魏在外儲右上。按内儲田嬰相齊,齊靖君謂齊王事俱類此。

適市來,曾子欲捕彘殺之。

　　焌按:適市來,治要作"妻道市來"。按"道"字是。道,由也。

父欺子而不信其母,非以成教也。遂烹彘也。

　　焌按:"父欺子"三句,治要作"母欺子,子而不信其母,非所以成教也。遂殺彘"。韓詩外傳九載孟母事,與此相類。

第 十 二 卷

外儲説左下第三十三

(一)孔子相衛。弟子子皋爲獄吏……(一節)

　煥按:説苑至公篇子羔爲衛政一節。

田子方從齊之魏。望翟黃乘軒騎駕出……(一節)

　煥按:説苑臣術篇。

(三)文王伐崇,至鳳黃虛,韈繫解,因自結。……(一節)

　煥按:吕覽不苟論"武王至殷郊,係墮,五人御於前,莫之肯爲。曰:吾所以事君者,非係也。武王左釋白羽,右釋黃鉞,勉而自爲係。"列女傳敬姜曰:"昔者武王罷朝而結絲韈絕。左右顧無可使結之。俯而自申之。故能成王道。"御覽八十四引帝王世紀亦云周武王。此云文王伐崇,誤傳也。

　治要引此節云:"文王伐崇,至黃鳳墟而韈繫解,左右顧無可令結係，<u>文王</u>自結之。<u>太公</u>曰：'君何爲自結係？'<u>文王</u>曰：'吾聞上君之所與處者，盡其師也；中君之所與處者，盡其友也；下君之所與處者，盡其使也。今寡人雖不肖，所與處者，皆先君之人也，故無可令結之者也。'"

桓公問置吏於管仲……（一節）

　　燧按：<u>晏子春秋</u>三"昔吾先君<u>桓公</u>"至"而天子致其胙。"

（五）孟獻伯相魯。

　　燧按：<u>沈欽韓</u>云：<u>孟獻伯</u>疑爲<u>晉</u>之<u>中行偃</u>。

陽虎去齊走趙。

　　燧按：<u>説苑復恩篇</u>。<u>韓詩外傳</u>七"<u>陽虎</u>"作"<u>子質</u>"。

解狐薦其讎於簡主以爲相……（一節）

　　燧按：<u>左傳</u>及<u>呂覽去私篇</u>。

一曰解狐舉邢伯柳爲上黨守。柳往謝之曰：子釋罪，敢不再拜。曰：舉子公也，怨子私也。子往矣。怨子如初也。

　　燧按：<u>韓詩外傳</u>九。<u>治要</u>引云："<u>解狐</u>與<u>邢伯柳</u>爲怨。<u>趙簡主</u>問於<u>解狐</u>曰：'孰可爲<u>上黨</u>守？'對曰：'<u>邢伯柳</u>可。'<u>簡主</u>曰：'非子之讎乎？'對曰：'臣聞忠臣之舉賢也，不避仇讎。其廢不肖也，不阿親近。'<u>簡主</u>曰：'善。'遂以爲守。<u>邢伯柳</u>聞之，乃見<u>解狐</u>謝。<u>解狐</u>曰：'舉子公也，怨子私也。往矣，怨子如異日。'"

（六）范文子喜直言。武子擊之以杖……（一節）

　　燧按：此與<u>晉語</u>辭異而事同。

第 十 三 卷

外儲説右上第三十四

一曰:齊宣王問弋於唐易子曰:弋者奚貴?

　　煐按:漢書古今人表中上有唐易子。

甘茂相秦惠王……(一節)

　　煐按:秦策二:甘茂逐犀首,又張儀殘,樗里疾出走。

衛嗣君謂薄疑曰:……(一節)

　　煐按:吕覽務大篇:"薄疑説衛嗣君以王術,嗣君應之曰"云云。與本篇"杜赫説周昭文君"同。

第 十 四 卷

外儲說右下第三十五

司城子罕謂宋君曰：慶賞賜與，民之所喜也，君自行之。殺戮誅罰，民之所惡也，臣請當之……（一節）

　　焌按：韓詩外傳七、淮南道應訓、説苑君道篇皆有子罕劫昭公事。沈欽韓云：此別一子罕，與樂喜官氏偶同耳。考樂喜卒於宋元公之初。華氏之亂，樂祁爲司城，已是其孫。呂覽召類篇言子罕相平公、元公、景公三君者，既誤矣。而高誘注，子罕殺宋昭公，不但相三君以終身，直誤以春秋後之子罕爲一人。賢奸合併，深可笑也。説苑尊賢篇："宋司城子罕之貴子韋也"云云一節，此即殺宋君之司城子罕也。

衛君入朝於周，周行人問其號。對曰：諸侯辟疆。周行人却之曰，諸侯不得與天子同號……（一節）

　　焌按:衛君,衛文公也。賈誼新書審微篇:昔者衛侯朝於周。周行[人]問其名。曰:"衛侯辟疆。"周行還之曰:"啓疆、辟疆,天子之號也,諸侯弗得用。"衛侯更其名曰燬。然後受之。故善上下之分者,雖空名,弗使逾焉。

薄疑謂趙簡主曰:君之國中飽……(一節)

　　焌按:薄疑非衛嗣君時之薄疑,或傳聞異。

延陵卓子乘蒼龍挑文之乘。

　　焌按:古今人表中下有鉛陵卓子。廣韻注:呂氏春秋有鉛陵卓子。按今本無。鉛、延同。

[卷終]

　　焌按:楊慎丹鉛總録云:"嘗讀北史李先傳:魏帝召先讀韓子連珠二十二篇。韓子,韓非子。韓非書中有連語,先列其目,而後著其解,謂之連珠。據此,則連珠之體兆於韓非。任昉文章緣起謂連珠始於揚雄,非也。"馬驌繹史注云:韓子儲説經文,比物連類,後世連珠之託始也。

第 十 五 卷

難一第三十六

雍季對曰:禁林而田,偷取多獸,後必無獸。以詐遇民,偷取一時,後必無復。

　煥按:淮南子人間訓作"焚林而獵,愈多得獸,後必無獸。以詐偽遇人,雖愈利,後無復。君其正之而已矣"。據此,則"禁"當作"焚"。宋本、藏本皆作"焚"。又"偷取多獸"二句,宋本、藏本作"偷多獸,後不必無獸"。

文公曰:此非君所知也。

　煥按:顧曰:"'君'當作'若'。"

凡對問者,有因。因小大緩急而對也。

　煥按:有因因,宋本、藏本作"有因問"。顧云:今本"問"作"因",誤。"有"當作"在"。十字爲一句。

拔拂今日之死不及，安暇待萬世之利。

　　焌按：顧云："拔"、"拂"同字，或當衍其一也。宮內氏據顧説削"拂"字。

舜其信仁乎，乃躬耕處苦，而民從之。

　　焌按：乃躬耕處苦，宋本"耕"作"藉"。顧云："藉"、"借"同字。按宮內本亦改"耕"爲"藉"。

今耕漁不争，陶器不窳。

　　焌按：今耕漁不争，王渭曰："今"當作"令"。

楚人有鬻楯與矛者，譽之曰：吾楯之堅，莫能陷也。

　　焌按：吾楯之堅，宋本無"吾"字。顧云：依難勢此無"吾"字。

舜有盡，壽有盡，天下過無已者。

　　焌按：舜有盡，壽有盡，顧云："上'有盡'二字當衍，四字爲一句。"過無已者，顧云："'者'字當衍。"

處勢而令下者，庸主之所易也。

　　焌按：而令下者，宋本、藏本"令"作"驕"。顧云："'驕'當作'矯'。外儲説右云：榜檠矯直。"

易牙爲君主味。君惟人肉未嘗。

　　焌按：宋本無"味君"二字。藏本"味君"下有"主"字。

及恒公死，蟲出，尸不葬。

　　焌按：顧云："'尸'當作'户'。下同。"按宮內本正作"户"，下作"尸"，又改作"户"。

卑賤不待尊貴而進。

　　焌按：宋本、藏本"進"下有"論"字。顧云："'進'字當衍。"

賞有功者五人，高赫爲賞首。

　　焌按：淮南人間訓作高赫，吕覽義賞作高赦。

寡人國危，社稷殆矣。

　　焌按：寡人國危，宋本、藏本"國"下有"家"字，今補。

穴窀生蠧,而民無反心。

　　焌按:宋本、藏本"穴"作"臼"。按趙策及太元窮皆云:"臼窀生蠧"。

左右請除之。公曰:釋之,以爲寡人戒。

　　焌按:盧曰:"'除'當作'涂'。"又按:曲禮注云:"除,治也。"老子王注云:"除,潔好也。"周禮典禮注云:"除,芟掃之。"則除謂修除之也。釋之,謂不必修除也。

夫爲人臣者,君有過則諫,諫不聽,則輕爵禄以待之。此人臣之禮義也。今師曠非平公之過,舉琴而親其體,雖嚴父不加於子,而師曠行之於君,此大逆之術也。

　　焌按:"夫爲人臣者"至"此大逆之術也",顧云:"'此'當衍,乃舊注之錯入者耳。"

故平公之迹不可行也。

　　焌按:故平公之迹不可行也,宋本、藏本"行"作"明"。

不可謂兩明,此謂兩過。

　　焌按:不可謂兩明,顧云:"'謂'字當衍。"此謂兩過,宋本、藏本"謂"作"爲"。是也。

將與欲憂齊國。

　　焌按:將與欲憂齊國,宋本無"與"字,藏本無"欲"字。此本二字當删其一。

若罪人則不可救。

　　焌按:則不可殉（救）,宋本無"則"字。（書慎謹按:"殉",當爲"救"之筆誤。）

若非罪人而勸之以殉。

　　焌按:而勸之以殉,宋本、藏本"而"作"則"。顧云:"當作'不可'二字,與上文'不可救'句對。"

而郄子且後至也。

　　焌按：從宋本、藏本加"子"字。

霄略曰：管仲以賤爲不可以治國。

　　焌按：王渭曰："國"當作"貴"。

韓宣王問於樛留，吾欲兩用公仲、公叔，其可乎？

　　焌按：公仲，公仲朋也；公叔，伯嬰也。

樛留對曰：昔魏兩用樓、翟而亡西河。

　　焌按：樓，樓季，文侯之弟，非樓緩也，緩在後。顧云：樓鼻、
翟强也，見魏策。

　　書慎謹按：舊注云：樓緩、翟璜也。

潛王一用淖齒，而手死乎東廟。

（或曰："手"當是"身"字之訛。觀下文可見。）

　　焌按：王渭説同上。宮内本正作"身"。

難二第三十七

敗軍之誅以千百數，猶北且不止。

　　焌按：猶北且不止，宋本無"北"字，藏本無"且"字。

則是桓公行義，非爲遺冠也。

　　焌按：顧云："當作'則是桓公遺義'。"

是雖雪遺冠之耻於小人，而亦遺宿義之耻於君子矣。

　　焌按：而亦遺宿義，宋本、藏本無"宿"字。顧云："'亦'下當
有'生'字。"

昔者文王侵孟、克莒、舉酆。

　　焌按：侵孟，顧云："'孟'當作'盂'。尚書大傳云：二年［侵］
邘。盂、邘同字。""克"字，從宋本、藏本改。

　　書慎謹案：原本"克"作"堯"。

晉平公問叔向曰：昔者齊桓公九合諸侯，一匡天下，不識臣

之力也？

　　焌按：顧云："'不識'下當有'君之力也'四字。""也"讀爲邪。新序四作"乎"。

且蹇叔處于而于亡、處秦而秦霸。非蹇叔愚於于而智於秦也。

　　焌按：且蹇叔處于而于亡，顧云：此未詳。舊校"于"改作"虞"。是也。按百里奚，虞人，蹇叔爲百里奚友，則亦虞人也。其爲秦大夫，亦由奚薦。事見史記。

此有君與無臣也。（或改"臣"爲"君"。）

　　焌按：顧千里亦云："臣"當作"君"。

而身死蟲流出尸不葬。

　　焌按："尸"當作"户"。下同。

昔者晉文公慕於齊女而亡歸。

　　焌按：而亡歸，藏本"亡"作"忘"。是也。又按：韓子書中多借亡爲忘。見十過篇。

然則君人者無逆賢而已矣。

　　焌按：宋本"逆"作"道"。

以事遇於法則行，不遇於法則止。

　　焌按：以事遇，顧云："'以'字當衍。"

夫不難奪子而行天下者。

　　焌按：夫不難奪子，宋本、藏本無"難"字。宮内氏本删"不"字。按當從宋本。

管仲非周公旦亦以明矣。

　　焌按：亦以明矣，宋本、藏本無"亦"字。是也。以、已字同。

李兌治中山。苦陘令上計而入多。李兌曰：語言辨，聽之説。

　　焌按：沈欽韓曰：李兌疑李克之誤。按宮内本正改"兌"作"克"。顧曰："説讀爲悦。"

言非聽者也，則辯非説者也。

　　焌按：則辯非説者也，宋本無此六字。是也。

因謂之窕貨者，無術之言也。

　　焌按：宋本作"無術之害也"。按與本篇第一節云"無術之患也"意同。此本"害"作"言"，誤。

趙簡子圍衛之郛郭，犀楯、犀櫓，立於矢石之所不及。

　　焌按："不"字從顧説增。呂覽貴直篇。

惠公没，文公授之，圍衛、取鄴。

　　焌按：顧云："授"當作"受"。呂覽"鄴"作"曹"。

簡子未可以速去楯櫓也。

　　焌按：楯櫓，宋本作"脅櫓"。

嚴親在圍，輕犯矢石，孝子之所以愛親也。

　　焌按："以"字從王渭説增。

是以百族之子愛於上，皆若孝子之愛親也。

　　焌按：愛於上，宋本無"愛"字。

而道乎百無失人之行。

（或曰："失"，疑當作"一"。明板亦作"失"字。非是。）

　　焌按：宮内本正作"一"。

第 十 六 卷

難三第三十八

魯穆公問於子思曰:吾聞龐欄氏之子不孝,其行奚如? 子思對曰:君子尊賢以崇德,舉善以觀民。

　　焌按:顧云:論衡非韓篇作"捫是"。是、氏字同,欄當作捫。史記酷吏傳云:濟南瞷氏。即此姓。龐當是其里也。舉善以觀民,宋本同。藏本、趙用賢本、宮內本"觀"皆作"勸"。論衡亦作"勸"。按作"觀"亦通。觀,示也。

其過三,皆君之所未嘗聞。

　　焌按:皆君之,各本同。論衡"之"作"子"。是也。

且此亡王之俗。

　　焌按:亡王,顧云:"王"當作"主"。

惠公即位,又使攻之惠竇。

　　焌按：惠竇，左傳作渭濱。

則有燕操、子罕、田常之賊。

　　焌按：燕操，顧云：未詳。焌按：史記趙世家惠文王二十八年，燕將公孫操弒其王。索隱按樂資云：其王即惠王。舊注云子之，誤矣。

死君後生，臣不愧而後爲貞。

　　焌按：而後爲貞，宋本、藏本"後"作"復"。按此當作"後"，上"後"字當作"復"。顧云：復、後互誤。是也。

人有設桓公隱者曰：一難、二難、三難，何也？桓公不能對。

　　焌按：道藏本"對"作"射"，是也。

夫處世而不能用其有，而徒不去國。

　　焌按：夫處世，藏本、宮內本"世"作"勢"。是也。而徒不去國，宋本、藏本"徒"作"悖"。顧云："悖"當作"恃"。

公子根有寵。遂以東州反。

　　焌按：遂以東州反，顧云：州讀爲周，見本書六微。

雖處耄老，晚置太子可也。

　　焌按：耄老，宋本、藏本作"大臣"。

專聽一臣而不敢偶君。

　　焌按：偶，宋本、藏本作"隅"，顧云：當作"愚"。

不紹葉公之明。

　　焌按：不紹葉公之明，宮內本"紹"作"咎"，於"明"上增一"不"字。

而使與天下行惠以爭民。

　　焌按：天下，宋本、藏本作"不"。顧云："'不'當作'下'。今本'天'字誤衍。"

民知誅罰之皆起於身也，故習功利於業，而不受賜於君。

　　焌按：誅罰，顧云："罰當作賞。"習功利，宋本、藏本"習"作

“疾”。是也。

燕王噲賢子之而非孫卿。

　　焌按：燕王噲，宋本、藏本“王”作“子”。是也。顧云：孫卿，荀卿也。其事未詳。

明君不自舉臣，臣相進也。不自賢功，功相徇也。

　　焌按：“臣相進也”三句，宋本、藏本作“臣相進也，不自賢功自徇也”。顧云：“臣”當作“功”，“賢”上當脫“選”字。今本重“功”字，誤。

是使景公無術以享厚樂，而獨儉於上。

　　焌按：以享厚樂，宋本作“使智〔　〕之侈”。藏本作“使智之侈”。顧云：當作“以知富之侈”。

不節下而自節者謂之貧。

　　焌按：不節下，宮內氏於“不”下加“能”字。

知下明則見精沐，見精沐則誅賞明。

　　焌按：王渭曰：“精沐”二字疑。宮內氏曰：精沐，謂精明如洗沐。

鄭子產晨出，過東匠之間，聞婦人之哭。撫其御之手而聽之。有間，遣吏執而問之，則手絞其夫者也。異日，其御問曰：夫子何以知之？

　　焌按：東匠，論衡同，各本皆作“束匠”。間，論衡作“宮”，“絞”作“殺”，“異日”作“翼日”。

恃盡聰明勞智慮。

　　焌按：恃，宋本、藏本同，宮內本作“特”。盡，宋本作“毒”。顧云：按此以“毒”與“勞”對文。

今以無能之如耳魏齊，帥弱韓魏以攻秦。其無奈寡人何亦明矣。

　　焌按：二十五字據秦策增。

　　書慎謹按：於“秦昭王問於左右曰……”一節中，在“猶無奈寡人何也”與“左右對曰”之間增此二十五字。

知伯無度，從韓康、魏宣而圖以水灌滅其國，此知伯之所以國亡而身死，頭爲飲杯之故也。今昭王乃問孰與始强，其畏有水人之患乎。

　　焌按：劉台拱云：漢書匈奴傳：元帝遣車騎都尉韓昌、光禄大夫張猛與匈奴盟，以老上單于所破月氏王頭爲飲器者共飲立盟。淮南齊俗訓注云：胡人之盟約，置酒人頭骨中，飲以相詛。據此則襄子破智伯頭爲飲杯者，蓋與韓魏盟也。其畏有水人之患乎，各本同，宫内本“畏”作“未”。

管子曰：見其可，説之，有證；見其不可，惡之，有形。

　　焌按：宫内氏釋云：證，譣也，謂恩賜。形與刑同，誅罰也。又按：管子權修第三“證”作“徵”，“形”作“刑”。

而求所不見之外，不可得也。

　　焌按：外，宫内氏改作“化”。

術者，藏之於胸中，以偶衆端。

　　焌按：劉台拱云：“淮南子説林訓注云：‘偶，猶周也。’韓子‘以偶衆端’，亦當訓周。”

難四第三十九

或曰：天子失道，諸侯伐之，故有湯武；諸侯失道，大夫伐之，故有齊晋。臣而伐君者必亡。

　　焌按：顧云：“‘伐’皆當作‘代’。代之，代爲君也。”

孫子雖有是二也，以亡，其所以失，所以得，君也。

　　焌按：宋本、藏本作“孫子雖有是二也，臣以亡。其所以亡，其失，所以得，君也”。顧云：“‘臣’當[作]‘巨’，巨、詎同字。二‘亡’字皆句絶。”

而天下離。湯身易名，武身受罸，而海內服。趙咺走山，田氏外僕，而齊晉從。

　　焌按：離，宋本、藏本皆作“謂”。按謂者，謂謂然不自安也，見釋名。或云：謂讀爲潰（如喟或作嘳）。左傳凡民逃其上曰潰。顧廣圻曰：湯身易名，未詳。武身受罸，見喻老。“咺”當作“宣”，左傳宣子未出山而復，是其事也。田氏，宋本、藏本無“氏”字，“田”下當有“成”字。事見説林上。

魯陽虎欲攻三桓，不克而奔，齊景公禮之。

　　焌按：顧云：“齊”字句。藏本、趙本重“齊”字。誤。

不使景公加誅於拙虎。

　　焌按：顧廣圻云：“誅”下當有脱文。本云：不使景公加誅於齊之巧臣，而使加誅於拙虎。下文云“未知齊之巧臣”，是其證。

鄭去疾予弟，而魯桓弑兄。

　　焌按：顧云：鄭去疾予弟，與左傳不同。鄭世家亦云：堅者，靈公庶弟，而去疾之兄也。

辛卯弑昭公而立子亶也。君子曰：昭公知所惡矣。公子圍曰：高伯其爲戮乎，報惡已甚矣。

　　焌按：左氏桓十七年傳“亶”作“亹”，“圍”作“達”。

明主不懸怒，懸怒則臣懼罪，輕舉以行計，則人主危。

　　焌按：宋本、藏本無“懼”字。顧云：當作“懸怒則罪臣輕舉以行計。罪臣輕舉以行計，則人主危”。

故曰知所惡，以見其無權也。

　　焌按：故曰知所惡，宋本、藏本無“曰”字。顧云：當作“故舉知所惡”。

獄之患，故非在所以誅也。

　　焌按：顧云：“以”當爲“已”。

不以褚師之不死而子公之不誅也。

　　燉按：子公，宋本、藏本作"公父"。

即位之後，宿罪而誅，齊胡之所以滅也。

　　燉按：齊胡之所以滅也，宋本"齊"下有"故"字。顧云：國語
昔齊騶馬繻以胡公入於貝水，是其事。

衛靈公之時，彌子瑕有寵專於衛國。

　　燉按："公"字、"專"字，據七術篇增。

侏儒有見公者曰：臣之夢淺矣。

　　燉按：淺讀爲踐。

公怒曰：吾聞見人主者夢見日，……

　　燉按：["聞"下]"見"字，據七術篇增。

退彌子瑕而用司空狗者，是去所愛而用所賢也。

　　燉按：古今人表司馬（空）狗，史狗文子也，史朝之子。

之非正士也，而二君尊之。

　　燉按：之非正士也，藏本無"之"字。是也。

非賢而用之，與愛而用之同。

　　燉按：非賢而用之，宋本、藏本"而"下有"賢"字。

賢誠賢而舉之，與用所愛異狀，故楚莊舉叔孫而霸，商辛用費仲
而滅。

　　燉按：顧云："狀"字衍。王渭曰：叔孫當作孫叔。

衛爰距然哉，則侏儒之未可見也。

　　燉按：[爰]各本皆作"奚"。顧云：距讀爲遽。未可見也，王
渭曰："可"字衍。

故退壅臣，是加知之也，曰不加知而使賢者煬己則必危。

　　燉按：是加知之也，顧云："之"字衍。曰不加知，宋本、藏本
"曰"作"日"。是也。

第 十 七 卷

難 勢 第 四 十

而勢位足以任賢者也。

　　焌按：任，宋本、藏本皆作"缶"。按"缶"爲"御"之闕文。

夫擇賢而專任勢，足以爲治乎。

　　焌按：夫擇賢，顧云："擇"當作"釋"。

龍蛇之材美之也。

　　焌按：["美"下]各本皆有"之"字，宮内本無"之"字。

今以國位爲車，以勢爲馬，以號令爲轡。

　　焌按：治要"國"下無"位"字，"轡"下有"銜"字。

兩未之議也，奚可以難夫道理之言乎哉。

　　焌按："兩未之議也"二句，按據經史"未"當作"末"。淮南子
修務訓云："是兩末之端議，何可以公論乎?"劉台拱云："意與韓

子同，‘端’字當刪。”

問辯第四十一

堅白無厚之詞章，而憲令之法息。

　　焌按：王氏困學紀聞云：堅白，公孫龍之言也。無厚，鄧析之言也。顧廣圻曰：莊子惠施曰：“無厚，不可積也，其大千里。”按顧説非。

問田第四十二

徐渠問田鳩曰：

　　焌按：呂覽首時篇：墨者有田鳩，欲見秦惠王，留秦三年而弗得見。客有言之於楚王者。往見，楚王説之，與將軍之節如秦。漢書藝文志田俅子。

令陽臣義渠，明將也。

　　焌按：呂覽愛士篇有陽城胥渠爲趙簡子之臣。

定法第四十三

利在故新相反，前後相悖。

　　焌按：悖，宋本、藏本作“勃”。

故託萬乘之勁韓。七十年而不至於霸王者。

　　焌按：顧云：“七十”有誤，或當作“十七”。

法不勤飾於官，主無術於上之患也。

　　焌按：顧廣圻云：“不”當作“雖”。

對曰：申子未盡於術，商君未盡於法也。

　　焌按：［未盡於術商君］六字，從顧説增。

夫匠者手巧也，而醫者齊藥也。

　　焌按：齊者，藥之分齊也。漢郊祀志注。

今斬首者勇力之所加也。（或按："今"字疑當作"而"。）

　　焌按："或按"説非。

説疑第四十四

　　焌按：疑讀爲擬，謂治國者當破四擬也。

賞無功之人，罰不辜之民，非所謂明也。

　　焌按：顧云："明"字當衍。

賞有功，罰有罪，而不失其當，乃在於人者也。

　　焌按：當乃，宋本、藏本作"人方"。顧云：人方是方在於人者也。在，當作任。

昔者，有扈氏有失度，讙兜氏有孤男，三苗有成駒，桀有侯侈，紂有崇侯虎，晋有優施。此六人者，亡國之臣也。

　　焌按：路史驩兜以狐功輔繆，亡其國。狐功與孤男形似。墨子明鬼云：桀有勇力之人推哆、大戲，主別兕虎，指畫殺人。晏子問篇夏之衰也，有推侈、大戲。優施，見晋語。

禪其主以集精微。

　　焌按：禪讀爲擅。擅，專也。

若夫許由、續牙、晋伯陽、秦顛頡、衛僑如、狐不稽、重明、董不識、卞隨、務光、伯夷、叔齊，此十二人者，皆上見利不喜，下臨難不恐，或與之天下而不取。有卑辱之名，則不樂食穀之利。

　　焌按：莊子大宗師狐不偕，釋文："古賢人也。"吕覽本味云：堯舜得伯陽、續耳，然后成。又當染云："舜染於許由、伯陽。"注云：伯陽，蓋老子也。非。尸子作續牙。與此同。古今人表作續身、柏陽、東不訾。卑辱，宋、藏二本作“萃辱”。

此十二者或伏死于窟穴……

　　焌按：“十二”下當脫“人”字。

若夫關龍逢，王子比干、隨季梁、陳泄冶、楚申胥、吳子胥。

　　焌按：顧云：申胥當作葆申。吕覽。

從之以威，雖身死家破。

　　焌按：從之以威雖身，宋本、藏本作“待之以其身雖”。

若夫齊田恒、宋子罕、魯季孫意如、晉僑如、衛子南勁、鄭太宰欣、楚白公、周單荼、燕子之。

　　焌按：子南勁，竹書紀年惠成王二十一年王如衛，命子南爲[　]。周本紀集解云：汲冢古文謂衛將軍文子爲子南彌牟，其後有子南勁朝於魏。水經注汝水篇引紀年同。據韓子則後之有衛國者爲公子郢之後，子南氏。而衛成公即子南勁，以其篡國，故惠王命之、如三晉故事。平侯即勁之子耳。史記誤。周單荼，未詳。下文云：單氏之取周。

侵下以謀上。

　　焌按：侵下以謀上，宋本、藏本“侵”作“親”。

若夫后稷……趙襄、范蠡、大夫種、逢同、華登。

　　焌按：顧云：趙襄，“襄”當作“衰”。逢同，越絕書：太宰嚭之交逢同。

而以其身爲壑谷鬴洧之卑。

　　焌按：顧云：鬴洧未詳。焌按：鬴者，覆鬴，九河之一。洧即溱洧之洧。

若夫周滑伯、鄭王孫申……吳王孫頷、晉陽成泄、齊豎刁、易牙。

　　焌按：依下文，周滑伯，周威王所用也。伯，宋本、藏本作“之”。鄭王孫申，依下文，鄭子陽所用。吳王孫頷，國語作“雒”，字同。晉陽成泄，依下文，知伯所用也。

鄭子陽身殺,國分爲三。

　　焌按:史世家鄭繻公殺其相子陽。二十七年子陽之黨共弑
繻公。前文云"太宰欣取鄭",應謂繻公。

桓公身死七日不收。

　　焌按:"日"當作"月"。

以其害國傷民、敗法圮類也。

　　焌按:宋本、藏本無"圮"字。

或在图圄縲絏縲索之中,或在割烹芻牧飯牛之事,然而明主不羞
其卑賤也。

　　焌按:"縲"當作"繹"。"然"下宋本無"而"字。

夫無數以度其臣者,必以其衆人之口斷之。

　　焌按:宋本、藏本無"夫"字。

虛相與爵禄以相勸也,且與我者將利之。

　　焌按:虛相,顧云:"相"字當衍。且,宋本作"曰"。是也。

使諸侯而淫説其主。

　　焌按:"諸侯"下宋本無"而"字。

古之所謂聖君明王者,非長幼弱也,及以次序也。

　　焌按:宋本、藏本"明王"下有"君"字,上當有脱。幼弱也,顧
云:"弱"字衍,"也"當作"世"。

察四王之情,貪得人之意也。

　　焌按:貪得人,顧云:"人"字衍。

隱正道,持私曲。

　　焌按:正道,宋本、藏本作"敦適"。

其臣弑君取國者衆矣。

　　焌按:弑君,宋[本]、藏本"君"上有"其"字。

若夫轉法易位,全衆傳國,最其病也。

　　焌按:宋、藏本"轉"下有"身"字。"傳"作"傅"。

此五者,明君之所疑也。

　　焌按:疑,讀爲擬。

不敢誣情以談説。

　　焌按:敢誣,宋、藏本作"誣敢"。

　　　　(詭使第四十五篇無校注)

第 十 八 卷

(六反第四十六、八説第四十七、
八經第四十八三篇均無校注)

第 十 九 卷

五蠹第四十九

是以聖人不期修古，不法常行。

　　燬按：顧云：宋本、藏本作"不法常可"。今本"可"作"行"，誤。

堯之王天下也，茅茨不翦，采椽不斵。

　　燬按：堯之王天下也，宋本、藏本"也"下多一"有"字。顧云：當作"堯之有天下也"。李斯傳可證。

股無肢，脛不生毛。

　　燬按：股無肢，"肢"當爲"胅"。

饟歲之秋，疏客必食。非疏骨肉，愛過客也。

　　燬按："饟歲"之"饟"，與"穰"通。非疏骨肉愛過也，宋本、藏本如此。顧云："疏"下當有"客"字。燬按：當云"'過'下當有

'客'字"。

重争土橐,非下也,權重也。

　　焌按:重争土橐,宋本、藏本無"重"字。

古者大王處豐鎬之間。

　　焌按:大王,"大"當作"文"。

當舜之時,有苗不服,禹將伐之。舜曰不可,上德不厚而行武,非道也。乃修教三年,執干戚舞。有苗乃服。

　　焌按:説苑君道篇:有苗氏不服,禹欲伐之。舜不許,曰:諭教猶未竭也。究諭教焉,而有苗氏請服。天下皆非禹之義而歸舜之德。今僞古文尚書云:舜命禹征有苗。誤。

共工之戰,鐵銛距者及乎敵。

　　焌按:距,宋本、藏本作"矩"。顧云:當作"短"。

……不得行於二國矣。(以上)

　　焌按:以上言治國之道當因時制宜,不可拘守古法。

曰,司寇行刑,君爲之不舉樂。

　　焌按:國語周語云:"司寇行戮,君爲之不舉。"韋注云:"不舉樂也。"

而爲仁義者一人。

　　焌按:而爲仁義者一人,宋本、藏本無"爲"字。顧云:有"爲"字誤。一人,仲尼也。

……是求人主之必及仲尼,而以世之凡民皆如列徒,此必不得之數也。(以上)

　　焌按:以上言以仁義治國不宜於今之世。

三美加焉,而終不動其脛毛不改。

　　焌按:"不改"二字衍。或係注文誤入正文。

故十仞之城,樓季弗能踰者,峭也。千仞之山,跛牂易牧者,夷也。

俊按：樓季，魏文侯之弟，善走。牂，史記李斯傳作"牸"。集解引詩："牂羊墳首。"傳云：牝曰牂。俊按：牂當讀爲臧，謂臧獲也。

今則不然，其有功也，爵之，而卑其士官也。（或曰：疑有"以"字。）

俊按：羣書拾補亦云：["其有功"上]當有"以"字。

以其不收也外之，而高其輕世也。

俊按：不收，宮内默藏云："隱逸之士，不可收用。"

……故行仁義者，非所譽，譽之則害功；工文學者，非所用，用之，則亂法。（以上）

俊按：以上言治國以信賞必罰爲要，不可譽仁義而用文學。

古者蒼頡之作書也，自環者謂之私，背私謂之公。

俊按：説文云：自營爲厶，背厶爲公。錢大昕曰：古音營如環。

然則無功而受事，無爵而顯榮。

俊按：然則無功，"則"當作"而"。

……是故服事者簡其業，而遊學者日衆，是世之所以亂也。

俊按：以上言今之賞罰不當，以不明於公私之利也。

……此其故何也，民之所譽，上之所禮，亂國之術也。

俊按：以上言今世不用重賞嚴誅，而惟取貞信之士微妙之言，皆亂國之術也。

……超五帝、侔三王者，必此法也。

俊按：以上言治國以耕戰爲要政。

……智困於内，而政亂於外，則亡不可振也。

俊按：以上言今之人主惟用從衡之説，所以滅亡。

……此五者，邦之蠹也。人除不除此五蠹之民，不養耿介之士，則海内雖有破亡之國、削滅之朝，亦勿怪矣。（或曰："除"字當是

"主"字之訛。)

　　燆按:末言治國必去五蠹。又按:[人除]各本皆作"[人]主"。

顯 學 第 五 十

有漆雕氏之儒,有仲良氏之儒。

　　燆按:羣輔録漆雕氏傳禮爲道,爲恭儉莊敬之儒。仲良氏即
仲梁子,毛詩傳引仲梁子語。鄭志答張逸云:仲梁子先師,魯人,
在毛公前。按仲良氏蓋傳詩者,藏本作仲梁氏。

宋榮子之議,設不鬪争,取不隨仇,不羞囹圄,見侮不辱。

　　燆按:莊子釋文云:宋榮子,司馬、李云:宋國人也。崔云:賢
者也。陳澧讀書記云:宋榮即宋牼。宋牼説秦楚罷兵,是爲設不
鬪争,而其意則在懷利。孟子告之曰:何必曰利。

夫嬰兒不剔首則腹痛,不揊痤則寖益。

　　燆按:剔,讀爲鬀。説文云:"鬀,鬀髮也。"腹當爲復字之訛
也。嬰兒頭有瘡,不鬀則加痛。説文:"副,判也。"廣雅:"痤,
癰也。"

　　書慎謹按:揊音辟,本作鬴,謂壓擠(瘡膿等)。又説文:"副,
判也。芳逼切。鬴,籀文副。"

第 二 十 卷

（忠孝第五十一、人主第五十二兩篇無校注）

飭令第五十三

燧按：此篇與商君書靳令篇文略同。

（心度第五十四、制分第五十五兩篇無校注）

後　記

　　先父遺著韓子校注今日得以出版，首先應感謝友好們的大力幫助與支持。

　　先父早年在清嘉慶重鐫韓非子評注書眉上批注的數百條，我於去年整理編成韓子校注書稿。今承湖北詩詞叢書部慨然承印，由湖北詩詞學會主編。承書法家陳義經老先生爲本書題寫書名。湖北詩詞叢書部編輯侯里笑同志，百忙中承擔本書責任編輯，不辭辛苦，爲打印校稿常親自聯同打印同志按校樣審正，並將印稿親自送至我家。華中師範大學黃弗同教授，不顧工作繁忙，抽出時間查找參考資料，爲本書校注解答疑難。湖北省教育廳離休幹部陳以濱同志主動爲本書擔任校對工作。武漢大學中文系副教授楊逢彬同志對本書的整理、編次、出版都大力支持，借來武漢大學出版的量守廬羣書箋識、黃侃手批説文解字等，在體例方面爲我整理、編輯此書作有力參考。武漢大學中文系古代漢語碩士李若暉同志幾次過訪，始以電腦幫助我設計編次,終則審閱書稿校樣,糾正失誤。

以上好友的大力幫助與支持,令我銘感不已。謹此深致謝意。

移録編次中疏漏訛誤之處,尚乞讀者賜正。

羅書慎
2000 年 5 月於武漢

續　後　記

　　韓子校注一書,2000 年 5 月由湖北詩詞叢書部編印出版。2002 年準備再版公開發行,曾由武漢大學哲學系陶德麟教授作序一篇。時過五年,而再版之事迄遷延未果。

　　今承上海社會科學院哲學研究所李若暉博士介紹,由上海六點文化傳播有限公司承擔先君庶丹公(諱焌)遺著出版事宜,將遺著韓子校注列為經子叢考之一,並將前此陶德麟教授所作序言印出。

　　對於李若暉同志和上海六點文化傳播有限公司,以及陶德麟同志的大力幫助與支持,本人銘感不已。謹此深致謝忱。

羅書慎

2007 年 6 月 20 日於武漢

楊子訓纂篇集釋

歷城馬國翰玉函山房輯本
長沙羅焌集釋

一、人面頯説文解字頁部頯字下

　　許慎説文云：“頯，低頭也。從頁，逃省。太史卜書頯仰字如此。楊雄曰：‘人面頯’。”又云：“俛，頯或從人、免。”段玉裁注云：“此蓋摘取楊所自作訓纂篇中三字，以證從頁之意。頯本謂低頭，引申爲凡低之稱。”案段此説是也。顏師古匡謬正俗六引張揖古今字詁云：“頯府，今俯俛也。”文選上林賦李善注引李登聲類曰：“頯，古文俯字。”又西京賦注善曰：“頯，古俯字，音府。”是頯即今俯首字也。廣雅釋詁云：“逃，避也。”頯“從頁，逃省”者，説文云：“頁，頭也。”蓋取俯首避面之義。故許云：“低頭。”楊子云：“人面頯。”其義一也。徐鍇本作逃省聲，韻會引作兆聲。蓋以經典中“頯聘”字，如周禮典瑞、考工記玉人、國語齊語，或借“頯”爲“覜”，因讀頯爲兆聲。而不知頯仰之頯，但取逃義，不取逃聲也。段氏注云：“俛，舊音無辨切。頫，玉篇音靡卷切。正是一字一音。而孫强輩增‘説文音俯’四字，不知許正讀如免耳。大徐云方矩切者，俗音也。”案段謂頫、俛是一字一音，其説是也。至謂頫、俛皆讀如免，而以音俯者爲俗音，是徒執六朝、隋、唐之音讀，而不知漢、魏時張揖、李登固讀頫、俛爲俯也。段云“許正讀如免”，亦無明證。殆以俛從人、從免爲會意包形聲耳。然則頫從頁逃省，亦可讀如眺。是頫與俛，雖同一字，不同一音矣。説文中有是例乎？考經傳中俛字之讀如免者，皆係形近段借爲免或爲勉。如頫之借爲覜而讀如眺，疋之借爲足而讀如足，亏之借爲亐而讀如于，不必拘依聲託事之例也。頫或從人、免者，史記樂書正義云：“免猶避也。”俛取俯首避人之意，與從逃省相同。今人通作俯字，説文所無。然此字已見東漢史晨奏銘及夏承碑，且周伯要敦文有▨字，沈樹鏞釋作府，吳大澂之古籀補亦從沈説。此文上從府，下從人，與今俯字無異，而段氏乃以俯爲字之俗而謬者，亦誤矣。案府與俯，古字本通，故俯仰之俯，古亦多作府者。禮記樂記：“進俯退俯。”釋文云：“俯本作府。”北宋刊本列子周穆王篇云：“王府而觀之。”明世德堂本誤作俯。桂馥説文義證引不誤。荀子非相篇云：“府然若渠匽檃栝之於己也。”楊倞注云：“府與俯同。俯，就物之貌。”又正名篇云：“俛然而頫。”注云：“俛，俯就貌。”據此，知張揖“頫府，今俯俛也”之説，信而有徵。段注亦引張説而作“頫，今之俯俛也”，蓋不知頫、府二字皆为古俯字，而妄加删改也。

二、胏，肍從朮

説文肉部云：“肍，食所遺也。從肉，仕聲。易曰：‘噬乾肍’。阻史切。胏，楊雄説：‘肍從朮。’”案今本周易正作“胏”，與楊同。

陸注：“肉有骨者謂之肺。”釋文引馬注：“有骨謂之肺。”字林：“肺，含食所遺也。一曰脯也。”“子夏作脯，荀等同。”以上皆易釋文。廣雅釋器云：“肺，脯也。”據此，則肺者，有骨脯也。易釋文又引鄭注：“肺，簀也。”段玉裁云：“蓋謂‘肺’爲‘第’之叚借，其說未聞。”煐案“簀”當作“膭”。廣韻引新字林云：“膭子，魚子脯。”弔、責声相轉，肺謂之膭，猶第謂之簀。楊說從弔，蓋與鄭同。

三、踳，舛從足春

説文云：“舛，對臥也。從㐄牛相背。凡舛之屬皆從舛。踳，楊雄説，舛從足春。”段氏注：“春聲也。李善注魏都賦引司馬彪莊子注曰：‘踳，讀曰舛。舛，乖也。’按司馬意，舛、踳各字而合之。楊、許則謂踳爲舛之或也。蓋訓纂篇如此作。諸家多用‘踳駁’，謂譌舛也。”煐案段云“春聲”，是也。義即存乎聲。考工記梓人注：“春讀爲蠢。”禮記鄉飲酒義兩言“春之爲言蠢”也。爾雅釋訓云：“蠢，不進也。”郭注云：“蠢動，爲惡不謙遜也。”楚辭王逸注云：“蠢蠢，無禮儀也。”孝經序：“踳駁尤甚。”邢疏云：“踳，乖也。”後漢班彪傳注：“乖謂失於常度也。”與無禮儀、不遜之訓同。乖字從㐅。説文云：“北，背也，從二人相背。”説文：“舞，樂也，用足相背。”段氏云：“説從舛之意。”然則舛者，用足相背也。㐄、牛蓋象兩足相背之形，故字從足春作踳，春讀爲蠢。蠢，不遜也，即相背之意。

四、𠦬，廾從兩手

説文廾部云：“廾，竦手也。從屮從又。凡廾之屬皆從廾。”居竦切，今變隷作廾。𠦬，楊雄説，廾從兩手。”段氏注云：“蓋訓纂如此作。古文𢷎從二手,此以古文𢷎爲𠬞也。"焌案,說文部首云:"又,手也。𠂇,ナ手也。"皆象形字,是右手爲又,左手爲𠂇。右左手併爲廾。五經文字"廾,其恭反",則當讀共平聲。廣韻引說文居竦切,則當讀拱。拱之古文作共。鄉飲酒禮云:遝,共。論語云:衆星共之。鄭注云:共,拱手也。共之古文止從廾。字彙云:共本作廾,象兩手合持之形。今作共。按今經典皆作拱、作共,無作𠬞者矣。說文,竦,敬也。從立,從束。束自申束也。拱,斂手也,從手共聲。竦有申束之義,竦手與斂手義同。𠬞爲拱之古文,猶𢪙爲𢷎之古文。經典皆作拱,無作𠬞者。亦或以共爲之。鄭注尚書大傳云:"兩手搤之曰拱。"孟子趙岐注:"拱,合兩手也。"爾雅釋詁郭注曰:"兩手持爲拱。"皆與楊子説同。一切經音義法炬陀羅尼經三音義云:𠬞又作𢪙,同巨凶反,兩手持也。又大般涅槃經五音義,廾又作𢪙,音巨恭反,拱手也。又按說文手部云:𢪙,古文𢷎,從二手。郭忠恕汗簡云:𢪙出說文。𠂢,說文云:古文手。是古文𢷎從二古文手。今本說文作𢪙,蓋𢪙之誤。說文云:𢷎,首至手也。各本作"首至地也"。今從段氏定本。廾,竦手也。竦上其手則至于首矣。何休注公羊傳云:頂至手曰拜手。某氏注尚書太甲召誥曰:拜手,首至手也。按古之拜手,今人謂之拱手。是拜與共其義同,故古文皆從兩手。

五、𢷎,拜從兩手下說文手部𢷎字下

說文云:"𢷎,首至手也。各本作"首至地也"。今從段氏定本。𢪙,楊雄説,拜從兩手下。"段氏注云:"蓋爰禮等所説楊雄所作訓纂篇中字如此。"焌案,荀子大略篇云:"平衡曰拜,下衡曰稽首,至地曰稽顙。"楊倞注:"平衡謂磬折,頭與腰如衡之平,是拜未嘗下也。楊雄説,從兩手下,下字蓋誤。"說文云:"𢷎,從手。"𢷎,本部云:“𢶒,疾也,從夲𠦬聲。”夲下云:“進趣也,從大從十。大十者,猶兼十人也。”考𢶒字古文作□。吴尊蓋。□,即夲字也。彔伯戎敦拜字作□。□,上即手字,下即夲字。古文或作□,□上從古文手省,下從夲。是𢶒字古作□,亦作□,亦作□。□從兩手,夲與共義同。説文部首云:“共,從廿、𠬞。”又云:“楊雄説,𠬞從兩手。”十部云:“廿,二十并也。”與“大十猶兼十人”義同。本注。是共、𢶒同意,唯字形小異。共則廿在兩手上,□則兼十在兩手下也。説文引楊雄説,拜從兩手丅,丅字蓋十字之訛,十即夲之省。拜,古文或作□,□上從古文手省,下從夲省。□從兩手,從夲省。本,進趨也,兩手進趨爲拜。拜者,磬折而出其兩手。故許云:頭至手。楊云:兩手夲也。段氏謂楊兼空首、䭫首、頓首三拜而製此字,非也。

六、掔,握也

説文手部云:“掔,手掔也。從手,臤聲。楊雄曰:‘掔,握也。’”段氏注云:“此蓋楊雄倉頡訓纂一篇中語。握者,搤持也。楊説別一義,凡史、漢云‘搤掔’、‘扼腕’者,皆叠字,言持手游民也。”焌謂掔從臤聲。目部云:“臤,捾目也。”捾與掔同。儀禮士喪禮注:“古文掔作捥。”史記刺客傳集解引徐廣曰:“捥一作捾。”説文云:“捾,搯捾也,一曰援也。”荀子性惡篇注:“援,牽引也。”淮南脩務“援豐條”注:“援,持也。”説文云:“握,搤持也。”廣雅釋詁云:“握,持也。”素問陰陽應象大論:“在變動爲握。”注:“握所以牽就也。”是“掔”與“握”古義相通。史云“搤捥”,猶孟子所謂“攘臂”,家語所謂“抗手”,非叠字也。段説誤。據正韻或云:“掔亦作掔,掔即牽字,亦通作堅。”公羊定十四年傳:“公會齊侯衛侯於堅。”釋文云:“堅本又作掔,左氏作牽。”牽持與握義同。爾雅釋詁："㨨，厚也。""握"通作"渥"。易萃釋文"握"，傅氏作"渥"。廣雅释詁云："渥，厚也。"義亦相通。考説文："㨨，手㨨也。""㨨，固也。"二字判然。正韻混與"堅"合，尤誤。焌按"㨨"字，今本儀禮、漢書及諸韻書、字書皆譌作"㨨"，不得據以爲例也。

七、膴，鳥腊也

説文肉部云："膴，無骨腊也。楊雄説，鳥腊也。從肉，無聲。周禮有膴判，讀若謨。"焌按，腊，隸字也。説文日部作"昔"，云："昔，乾肉也。從殘肉，日以晞之。"籀文從肉作㫺，隸作腊。釋名云："腊，乾昔也。"易噬嗑六三："噬腊肉。"釋文引馬注："晞於陽而煬於火，曰腊肉。"周禮天官序官"腊人"注："腊之言夕也。"腊人："掌乾肉，凡田獸之脯腊膴胖之事，凡祭祀，共豆脯，薦脯、膴、胖，凡腊物。"鄭司農云："膴，膺肉。"鄭大夫云："胖讀爲判。"許引作判，與鄭同。杜子春讀胖爲版，又云："膴、胖皆謂夾脊肉。"玄謂："大者藏之大臠，膴者魚之反覆。膴又詁曰大，二者同矣，則是膴亦膢肉大臠。"是鄭眾以膴爲膺肉，杜子春以爲夾脊肉，康成以爲大臠，皆與楊、許異義。案腊人所掌皆乾肉之事，楊、許以膴爲腊，是也。然許云無骨腊，楊云鳥腊，二説各異，未詳孰是。説文云："腒，北方謂鳥腊曰腒。"周禮庖人鄭眾注："腒，乾雉。"禮記內則注亦云："腒，乾雉也。"釋文引虞注云："腒，雉腊也。"士相見禮云："士相見之禮，摯，冬用雉，夏用腒。"注云："夏用腒，備腐臭也。"按二鄭以腒爲乾雉，依士相見禮言也。士相見禮腒謂雉，周禮肉則不必專爲雉。許統云鳥腊，是也。膴與腒古音近，楊蓋讀膴爲腒也。

八、䨊，蒲　器

説文甾部云："䨊，帗也。從甾，幷聲。杜林以爲竹筥，楊雄以爲蒲器。讀若軿。薄經切。"焌案廣雅釋器云："䨊，畚也。"説文云："畚，蒲器也。䨊屬。所以盛糧。"周禮挈壺氏鄭玄注："畚所以盛糧之器。"左氏宣二年傳杜注云："畚以草索爲之，筥屬，蒲即草也。"説文以䨊爲帗。巾部云："帗，蒲席䨊也。"據此，則䨊即今之蒲苞。或以盛鹽，或以盛飯，亦有以竹爲之者。故杜林云："竹筥。"急就篇："笹篅篚筥籅箅篝"，顔師古注云："竹器之盛飯者，大曰篚，小曰筥，篚與䨊亦聲近義同。"

九、匽鼂，蟲名

説文黽部："鼂，匽鼂也。讀若朝。楊雄説，匽鼂，蟲名。"段氏注云："蓋見楊雄倉頡訓纂。廣韻亦引蒼頡篇云：'蟲名。'按爲何蟲，許亦不憭也。夏小正言：'匽之興'，不得援以証匽鼂。"焌案段説非是。"匽"即夏小正文"匽"，"鼂"即"蜩"之叚借音也。列子黄帝篇："見痀瘻者承蜩。"釋文"鼂"一本作"蜩"，夏小正：五月，"匽之興，五日翕，望乃伏。"又云："唐蜩者，匽也。"今本爾雅釋蟲作"螗蜩"。郭注云："夏小正傳曰'螗蜩者蝘'，俗呼爲胡蟬，江南謂之螗蛦。"詩蕩傳云："螗蝘也。"正義引舍人曰："三輔以西爲蜩，梁宋以東謂蜩爲蝘。"

十、鱓，蛇魚也

釋元應一切經音義卷十六引訓纂云："鱓，蛇魚也。"北山經

郭注云：“鱓，魚，似蛇。”類篇：“蛇鱓，黃質黑文。”爾雅翼：“鱓似
蛇而無鱗，體有涎沫，夏月於淺水作窟。”蘇頌本草圖經：“鱓似鰻
鱺而細長，亦似蛇而無鱗，有青、黃二色，生水岸泥窟中。”字亦作
“鱔”。顏氏家訓書證篇：“後漢書云：‘鸛雀銜三鱓魚’，多假借爲
鱔鮪之鱔。”後漢楊震傳注云：“鱔音善。韓子云：‘鱔似蛇。’案續
漢及謝承書，‘鱔’字皆作‘鱓’。然則鱔、鱓古字通也。”字亦作
“鮰”。北山經注云：“鮰亦鱓魚字。”案今俗皆作“鱔”。

十一、綷，漢律祠宗廟丹書告日也_{説文、玉篇糸部}

説文云：“繒，帛也。從糸，曾聲。綷，籀文繒，從宰省。楊雄
以爲漢律祠宗廟丹書告。”顧野王原本玉篇糸部云：“繒，似陵、似
登二反。説文：‘帛總名也。’綷，説文：籀文繒字。楊雄以爲漢律
祠宗廟丹書告日也。”今以顧氏所引，校二徐本説文，則“帛”下脱
“總名”二字，“告”下脱“日也”二字。而玉篇“廣”爲“廟”之譌，
“詞”爲“祠”之譌，當依説文校正也。段玉裁云：“綷爲祠宗廟丹
書告神之帛，見於漢律者，字如此作。楊雄言之。雄甘泉賦曰：
‘上天之綷’，蓋即謂郊祀丹書告神者。此則從宰不省者也。”案
段以綷、綷爲一字，其説是也。惟原本玉篇糸部云：“綷，子代反。
甘泉賦：‘上天之綷香旭卉，漢書、文選香作杳。聖皇穆穆信厥對。’
埤蒼：‘綷，事也。’今并爲載字，在車部。”徐鉉説文新附云：“綷，
事也。從糸，宰聲。”文選甘泉賦李善注云：“綷，事也。毛詩曰：
‘上天之載’，綷與載同。”漢書楊雄傳顏師古注亦云：“綷，事也。
綷讀與載同。”是唐人説“綷”字皆本顧野王説，讀爲“載”，不以爲
“綷”之異文，然不如段説之確也。考古籀及篆所從會意之字，有
省畫者，有不省畫者。如審省作宷，嚻省作嘗，鸏省作集，豚省作
豚之類，不得援萌茵、葭蒹、淟汩、灘漢各形聲字爲例，而分綷、綷

爲二字也。説文云："宰,辠人在屋下執事者。從宀,從辛。辛,辠也。"是宰有辠義,又有事義。蓋漢時有事天地宗廟,必以丹繒桂馥義證引禮説云:"丹圖者,丹繒也。"書皋己之詞,告於鬼神。故其字從糸、從宰省,或從宰不省。漢律之"緈",音讀蓋如曾,故許君以"繒"、"緈"爲一字。緈者,丹書祭告之事,故又訓爲事。宰、曾雙聲通轉,故緈又讀如繒,緈爲會意兼形聲字也。宰、弋古音同類,故緈又通作載,而仍訓爲事,又訓爲書、爲言。三訓詳經籍簒詁,不具引。與緈字之本義亦相合也。云"丹書告日也"者,"日"疑"帛"字之缺脱。或云:告日者,如少牢饋食禮曰:"孝孫某,來日丁亥,用薦歲事於皇祖伯某,以某妃配某氏,尚饗。"是即告日之禮也。然無確證,亦不敢定。

十二、曡,古理官決罪,三日得其宜乃行之,從晶,從宜説文晶部、廣韻入聲三十帖

説文云:"曡,楊雄説,以爲古理官決罪,三日得其宜乃行之。從晶,從宜。亡新以爲疊從三日太盛,改爲三田。"段氏注云:"從晶,從宜,會意。已上楊雄説也。理官,士也。詩時邁篇:'莫不震曡。'韓詩薛君傳曰:'震,動也。曡,應也。美成王能奮舒文武之道而行之,則天下無不動而應其政教。'李固曰:'此言動之於内而應之於外者也。'案以上所引詩説見後漢書李固傳及李賢注。按曡爲應,即得其宜乃行之之説也。毛詩傳曰:'曡,懼也。'今毛義行而韓義廢矣。抑楊子所説者本義也,故許述之。毛詩之云謂曡即慴之叚借字也,故許不偁。多部曰:'重夕爲多,重日爲曡。'此今人用曡之義也。"桂馥説文義證云:"楊雄説云云者,官府文書謂之曡成,即此義也。禮月令'命理瞻傷,察創,視折',注云:'理,治獄官也。'國語齊語曰:'索訟者三禁,而不可上下,坐成以

束矢。'韋昭注云：'索求也，求訟者之情也。三禁，禁之三日，使
審實其辭也。而不可上下者，辭定不可移也。坐成，訟獄之坐已
成也。'管子小匡篇曰：'無坐抑而獄訟者，正三禁之而不直，則入
一束矢以罰之。'尹知章注云：'謂其人自無所坐而被抑屈爲訟
者，正當禁之三日，得其不直者，則令入束矢也。'徐鍇曰：'亡新
者，即王莽也。莽疑圖讖漢有再受之象，惡重疊字有三日太盛，
改爲三田，則失六書之義。'馥案本書叙云：'及亡新居攝，使大司
空甄豐等校文書之部，自以爲應制作，頗改定古文。'馥謂三田當
即此時所改。孔龢碑疊字作三日，碑在亡新以後，仍用正體也。"
焌案：孔龢碑後漢桓帝永興元年立，又隸釋卷五載後漢靈帝光和
六年立之唐扶頌碑云："蠻貉振疊。"已依王莽所改從三田矣。説
文"亡新"以下共十四字，乃許君語，馬氏輯此篇全録，以爲楊説，
非是。

十三、斡，軺車輪斡説文斗部

　　説文云："斡，蠡柄也。從斗，倝聲。楊雄、杜林説，皆以爲軺
車輪斡。"焌案，斡與輨古音同字通。漢書百官公卿表注引如淳
曰："斡或作幹。"考工記輪人釋文："輨本作斡。"是斡、幹、輨三字
通用也。説文車部云："輨，轂端錔也。"段氏注云："錔者，以金有
所冒也，轂孔之裏以金裹之曰釭，轂孔之外以金表之曰輨，輨之
言管也。方言曰：'關之東西曰輨，南楚曰軑，趙魏之間曰鍊
鏅。'"軺車者，説文："軺，小車也。"釋名云："軺，遙也。遙，遠也。
四向遠望之車也。"史記貨殖傳徐廣注、國語齊語韋昭注，並云：
"軺，馬車也。"漢書平帝紀服虔注："立軺，立乘小車也。"貨殖傳
注："軺車，輕小之車也。"斡者，蓋輕車輪之軺也。廣雅釋詁云：
"斡，轉也。"車輪之轂曰斡，亦取轉還之義。漢書百官公卿表"斡

官"注引如淳曰:"斡音管,或作幹。幹,主也,主均輪之事。"

十四、户、扈、鄠三字,一也,古今字不同耳_{史記}

夏本紀張守節正義引。三字皆胡古切。

馬氏曰:"'三字,一也'二句,似原書注,故用細書於下。"按史記正義引括地志云:"雍州南鄠縣,本夏之扈國也。地理志云:'鄠縣,古扈國,有户亭。'"又引訓纂云:"户、扈、鄠三字,一也,古今字不同耳。"蓋張氏引訓纂以證户、扈、鄠三字之同,是"三字,一也"二句,本訓纂原文,非舊注也。今用大書升於正文。説文解字邑部云:"鄠,右扶風縣名也。從邑,雩聲。"又云:"扈,夏后同姓所封,戰於甘者,在鄠。有扈谷、甘亭。"段玉裁注云:"謂夏之有扈,在漢之鄠縣也。鄠即扈,如酇即鄭、薊即鄭,皆古今字。姚察史記訓纂云:'户、扈、鄠三字一也。'按扈爲周字,鄠爲秦字。通典云:'至秦改爲鄠。'"注又云:"按左傳:'扈民無淫者也',同'屈蕩户之'之'户',止也。'又離騷'扈江離於辟芷',王云:'楚人名被爲扈。'"焌按漢書地理志右扶風鄠下云:"古國,有扈谷亭。"元和郡縣志引作"古扈國,有户谷户亭"。史記正義引"古扈國,有户亭"。今漢志"國"上、"亭"上蓋脱二"扈"字,"扈谷"作"户谷"者,字通也。莊子大宗師子桑户,楚詞、風俗通皆作扈。説文:"扈從邑,户聲。"聲同者字通,古扈字亦省作户。今作鄠,則後起之專字也。

此文疑是隋姚察史記訓纂文,王應麟謂訓纂見史記正義,唯户、扈、鄠三字,馬氏據以輯爲楊子訓纂,疑誤。

楊子雲年譜

又名楊子行年考

漢宣帝甘露元年戊辰　　楊子生

楊雄家牒曰：“子雲以甘露元年生。”文選王文憲集序注。

楊子自序曰：漢書楊雄列傳引。“楊雄，字子雲，蜀郡成都人也。其先出自有周伯僑者，以支庶初食采於晋之楊，因氏焉。不知伯僑，周何別也。顧炎武云：‘謂不知何王之別子。’楊在河、汾之間。王先謙云：‘楊在今平陽府洪洞縣東南十五里。’周衰，而楊氏或稱侯，號曰楊侯。會晋六卿争權，韓、趙、魏興，而范、中行、智伯弊。當是時，逼楊侯。楊侯逃於楚巫山，因家焉。楚漢之興也，楊氏溯江上處巴江州，而楊季至廬江太守。漢元鼎間，避仇，復溯江上處岷山之陽，曰郫。王先謙云：‘江州，今重慶府巴縣治。郫，今成都府郫縣治。’有田一廛，有宅一區。晋灼曰：‘周禮，上地，夫一廛一百畝也。’宋祁曰：‘廛當作廛。’世世以農桑爲業。自季至雄，五世，而傳一子，故雄亡它楊於蜀。”顔師古曰：“蜀諸姓楊者皆非雄族，故言無他楊。”今案漢書楊雄傳後贊曰：“雄之自序云爾。”則自傳首“楊雄字子雲”

起,至"法言目"止,皆楊子自序之文。詩伐檀正義引"有田一壄"語,稱"楊子曰",不稱"漢書曰",其明證也。王念孫云:"段玉裁曰:'漢書楊雄傳録雄自序,不增改一字。贊曰:雄之自序云爾,乃總上一篇之詞。唐初自序已無單行本,故師古注特就贊首一語明之曰,自'法言目'之前,皆是雄本自序之文也。劉貢父漢書注云:楊氏兩族,赤泉氏從木,子雲自序其受氏從手。而楊修書稱修家子雲,又似震族。貢父所見雄自序,必是唐以後僞作。雄果自序其受氏從手不從木,漢書音義及師古注必載其說。何唐以前并無是說,至宋而後有之?且班氏用序爲傳,但曰其先食采於楊,因氏焉,楊在河、汾之間。考左傳,霍、楊、韓、魏皆姬姓國,而滅於晋。羊舌肸食采於楊,故亦稱楊肸。其子食我,亦稱楊石。漢志河東郡楊縣,應劭謂即楊侯國。說左傳、漢書家,未有謂其字從手者,則雄何得變其受氏之始而從手也?修與雄姓果不同字,斷不曰修家子雲,以啓臨淄侯之蚨(嘻)笑也。作僞自序者,但因班傳無他楊於蜀一語,不知師古注但云蜀諸姓楊者皆非雄族,不云諸姓楊者皆從木,與雄從手異也。廣韻揚字注不言姓,楊字注則云姓出弘農、天水二望,本自周宣王王子尚父。幽王邑諸楊,號曰楊侯。後併於晋,因爲氏。然則姓有楊而無揚甚明。今貢父所見僞自序不知存否。而据班贊,知班傳之外別無自序。其謂雄姓從手者,僞說也。'念孫案,段說至確。漢書景祐本、汪本、毛本,楊、揚二字雜出於一篇之中,而明監本則改爲揚。其分見於各志、各傳者,景祐本、汪本、毛本從木者尚多,而監本則否。余考漢郎中鄭固碑云:'君大男孟子有楊烏之才。'烏即雄之子也。而其字從木,則雄姓之不從手益明矣。"

　　甘露二年己巳　　　二歲

　　甘露三年庚午　　　三歲

　　甘露四年辛未　　　四歲

　　黃龍元年壬申　　　五歲

　　漢書郊祀志:"改元甘露。其夏,黃龍見新豐,時以爲美祥,後改元爲黃龍。"

　　元帝初元元年癸酉　　　六歲

　　初元二年甲戌　　　七歲

初元三年乙亥　　　八歲

初元四年丙子　　　九歲

初元五年丁丑　　　十歲

永光元年戊寅　　　十一歲

永光二年己卯　　　十二歲

永光三年庚辰　　　十三歲

永光四年辛巳　　　十四歲

永光五年壬午　　　十五歲

自序曰：“雄少而好學，不為章句，訓詁通而已，博覽無所不見。”

答劉歆書曰：“雄少不師章句，亦於五經之訓所不解。焌案‘所’上疑脫‘無’字。錢維驥作汪氏法言疏證序，言：“‘子雲易主京氏，書主歐陽，詩主轅固、申公，春秋主公羊’一大段，宜采入此文‘無所不解’之下。”嘗聞先代輶軒之使奏籍之書，皆藏于周秦之室。及其破也，遺棄無見之者。獨蜀人有嚴君平、臨邛林閭翁孺者，深好訓詁，猶見輶軒之使所奏言。翁孺與雄外家牽連之親，又君平過誤，有以私遇少而與雄也。君平財有千言耳，翁孺梗概之法略有。翁孺往數歲死，婦蜀郡掌氏子，無子而去。而雄始能草文，先作縣邸銘、玉佴頌、階闥銘及成都城四隅銘。”

漢書王貢兩龔鮑傳序云：“谷口有鄭子真，蜀有嚴君平，楊雄少時從遊學。及雄著書，言當世士，稱此二人。”案以上三則皆楊子少時事。少者，未成人之辭。（見左傳隱元年疏）姑輯此年下，亦十五志學之意也。

建昭元年癸未　　　十六歲

建昭二年甲申　　　十七歲

建昭三年乙酉　　　十八歲

建昭四年丙戌　　　十九歲

建昭五年丁亥　　二十歲

竟寧元年戊子　　二十一歲

漢書元帝紀："竟寧元年春正月，匈奴虖韓邪單于來朝，詔曰：匈奴郅支單于背叛禮義，既伏其辜。虖韓邪單于不忘恩德，鄉禮義，復修朝賀之禮，願保塞傳之無窮，邊垂長無兵革之事，其改元爲竟寧。"案竟與境古字同。竟寧，謂邊境安寧也。

自序曰："爲人簡易佚蕩，案佚蕩，猶倜儻。口吃不能劇談，師古曰：劇，疾也。默而好深湛之思。師古曰：湛讀曰沈。清靜亡爲，少耆欲。亡，無也。師古曰：耆讀曰嗜。不汲汲於富貴，不戚戚於貧賤，不修廉隅，以徼名當世。師古曰：徼，要也。案徼，求也。家產不過十金，乏無儋石之儲，晏如也。自有大度，非聖哲之書不好也。非其意，雖富貴不事也。顧嘗好辭賦。"案此節事在何時，不可考，姑隸之弱冠以後。

成帝建始元年己丑　　二十二歲

建始二年庚寅　　二十三歲

建始三年辛卯　　二十四歲

建始四年壬辰　　二十五歲

河平元年癸巳　　二十六歲

漢書成帝紀："河平元年春三月，詔曰：河決東郡，流漂二州，校尉王延世堤塞輒平，其改元爲河平。"

河平二年甲午　　二十七歲

河平三年乙未　　二十八歲

河平四年丙申　　二十九歲

陽朔元年丁酉　　三十歲

漢書成帝紀："河平四年，山陽火生石中，改元爲陽朔。"師古曰：朔，始也。以火生石中，言陽氣之始。

自序曰："先是時，蜀有司馬相如，作賦甚弘麗溫雅，雄心壯之。每作賦，常擬之以爲式。又怪屈原文過相如，至不容，王先謙曰：不爲世所容。作離騷自投江而死，悲其文，讀之未嘗不流涕也。以爲君子得時則大行，不得時則龍蛇，遇不遇時也，何必湛身哉？乃作書，往往摭離騷文而反之。自岷山投諸江流以弔屈原，名曰反離騷。又旁離騷作重一篇，名曰廣騷。又旁惜誦以下至懷沙一卷，名曰畔牢愁。畔牢愁、廣騷文多不載，獨載反離騷。"案投書弔屈及作畔牢愁、廣騷文，必在來京師以前。反騷文云："漢十世之陽朔兮，招搖紀於周正。"晉灼曰："成帝八年乃稱陽朔。"蘇林曰："言以此時弔屈原也。"是反騷當作於是年，今隸於此。

陽朔二年戊戌　　　三十一歲

陽朔三年己亥　　　三十二歲

漢書百官公卿表："陽朔三年九月甲子，御史大夫王音爲大司馬車騎將軍。"

嚴可均輯全漢文卷五十一。楊雄小傳曰："陽朔中，大司馬王音召爲門下史。"案此事當在陽朔三年九月以後，永始二年正月以前，不必定在陽朔中也。未知嚴氏何據。

陽朔四年庚子　　　三十三歲

鴻嘉元年辛丑　　　三十四歲

鴻嘉二年壬寅　　　三十五歲

鴻嘉三年癸卯　　　三十六歲

鴻嘉四年甲辰　　　三十七歲

永始元年乙巳　　　三十八歲

漢書楊雄傳贊曰："初，雄年四十餘，自蜀來，至游京師。大司馬車騎將軍王音奇其文雅，召以爲門下史，薦雄待詔。"錢大昕曰："雄以天鳳五年卒，年七十一，則成帝永始四年年始四十有一。而王音之薨乃在永始二年正月，使果爲音所薦，則游京師之年尚未盈四十也。"周壽昌曰："據漢書，雄卒於莽之天鳳五年戊寅，年七十一，則雄生適當宣帝甘露元年戊辰。至成帝即位，甫二十二歲。陽朔三年己亥，王音始拜大司馬車騎將軍，雄年三十二。永始二年丙午音薨，雄年三十九。與漢書所云四十餘自蜀來游京師，爲王音門下史語不合。案古四字作三，傳寫時由三字誤加一畫，應改正作三十餘始合。自三誤作三，後人遂謂班史云七十一歲卒爲不可信，因將雄卒年缺之。焦竑則謂雄至京師見成帝，年四十餘矣。自成帝建始改元，至莽天鳳五年，計五十二歲。以五十二合四十餘，已將近百年，與所謂七十一歲者牴牾。何焯則云：雄生在宣帝甘露元年，至成帝永始三年爲四十歲。班書贊中言年四十餘自蜀游京師，王音薦爲待詔，甘泉賦爲四年所上，則又未將王音拜大司馬及薨年一考之也。"焌案，錢、周二説皆謂四十當作三十，是也。或謂四十不誤，而疑王音爲王商或王根之誤。考漢書百官公卿表元延元年正月壬戌，成都侯王商復爲大司馬衛將軍，十二月乙未，遷爲大司馬大將軍，辛亥薨。庚申，光禄勳王根爲大司馬票騎將軍，至綏和元年七月甲寅免。此説與雄年四十餘來游京師固合，而王商乃衛將軍，後遷大將軍，王根乃票騎將軍，皆與傳贊所稱車騎將軍不合。故無取焉。

永始二年丙午　　　三十九歲

漢書成帝紀："永始二年春正月己丑，大司馬車騎將軍王音薨。"案王音薦雄待詔當在是年以前。

永始三年丁未　　　四十歲

七略曰："甘泉賦，永始三年正月，待詔臣雄上。"文選甘泉賦注善曰："漢書永始四年正月，行幸甘泉。七略曰：'甘泉賦，永始三年正月，待詔臣雄上。'漢書三年無幸甘泉之文，疑七略誤也。"焌案，李善據漢書本紀糾正七略之誤，其説至確。詳見下文。

漢書成帝紀："永始三年冬十月庚辰，皇太后詔有司復甘泉、泰時、汾陰、后土、雍、五時、陳倉、陳寶祠。"焌案：成帝紀建始元年十二月，作長安南北郊，罷甘泉、汾陰祠。蓋自成帝己丑即位以來，至永始三年丁未，不祀甘泉、汾陰者，已十有九年矣。後以上無繼嗣，故皇太后始詔有司復甘泉、泰時、汾陰、后土如故。然是年正月必無郊祀甘泉、太時之事。則楊子之甘泉賦安得爲是年正月所上乎？七略之誤不待辨矣。

　　七略曰："羽獵賦，永始三年十二月上。"文選羽獵賦、長楊賦注引，燧案，漢書成帝紀永始三年亦無校獵之文。七略誤也。

永始四年戊申　　　四十一歲

　　自序曰："孝成帝時，客有薦雄文似相如者。上方郊祀甘泉、泰畤、汾陰、后土以求繼嗣，召雄待詔承明之庭。"師古曰："承明殿在未央宮。"劉良曰："客則楊莊也。雄文則綿竹頌也。"李善曰："雄答劉歆書曰：雄作成都城四隅銘，蜀人有楊壯者，爲郎，誦之於成帝，以爲似相如。雄遂以此得外見。"善又曰："諸以材術見知，直於承明，待詔即見。故曰待詔焉。"燧案，方者，始也。是歲始郊泰畤、祠后土。

　　答劉歆書曰："雄先作縣邸銘、王佴頌、階闥銘及成都城四隅銘。蜀人有楊莊者，爲郎，誦之於成帝。成帝好之，以爲似相如，雄遂以此得外見。"古文苑章樵注引文選李周翰注，漢書云："子雲嘗作縣竹頌。成帝時，直宿楊莊誦此文。成帝曰：'此似相如之文。'莊曰：'非也。此臣邑人楊子雲。'帝即召見，拜爲黃門侍郎。"案縣竹，蜀之北縣。頌即銘也。今漢書無此文。楊莊，華陽國志作尚書郎楊壯，蓋避漢明帝諱改也。一統志云："縣竹故城今德陽縣北。"是漢之縣竹在成都城之東北隅。楊子所作縣竹頌疑即成都城四隅銘之一。又案，此書言雄之得見成帝，由於楊莊之薦。傳贊則言王音薦雄待詔。蓋成帝之知楊子，實由楊莊荐其文似相如。時楊子尚爲王音門下史，王音雖薦其待詔，而成帝尚未召見。王音卒後，始由楊莊之薦遂得召見。是由待詔在先，故得即時召見也。

　　漢書成帝紀："永始四年春正月，行幸甘泉，郊泰畤，神光降集紫殿。三月行幸河東，祠后土。"文選甘泉賦注引漢書："永始四年正月，行幸甘泉。"是李善以甘泉賦爲此年所上也。何焯、朱予培之校文選，周壽昌之校漢書，皆同此說。燧意不然。案楊子自序於甘泉賦後序云："又是時趙昭儀方大幸，每上甘泉常法從。"曰每，曰常，則趙昭儀之從幸甘泉，必非初次。今考成帝於永始三年冬十月復甘泉、泰畤之祀。永始四年春正月，初次行幸甘泉。而楊子則謂每上甘泉常法從，與帝紀不合。

是甘泉賦非此年所上明矣。

元延元年己酉　　四十二歲

漢書成帝紀："元延元年秋七月，詔曰：'乃者日蝕星隕，謫見於天，大異重仍。在位默然，罕有忠言。今孛星見於東井，朕甚懼焉。公卿大夫、博士、議郎，其各悉心，惟思變意，明以經對，無有所諱。與内郡國舉方正能直言極諫者各一人，北邊二十二郡舉勇猛知兵法者各一人。'"案詔内郡國及北邊郡所舉之人，疑即楊子答劉歆書所謂"天下上計孝廉及内郡衛率（率一作卒）會者"是也。

元延二年庚戌　　四十三歲

漢書成帝紀："元延二年案四庫全書楊子雲集提要謂漢書成帝紀載行幸甘泉、行幸長楊宫並在元延元年己酉，大誤。春正月，行幸甘泉，郊泰畤。三月，行幸河東，祠后土。冬，行幸長楊宫，從胡客大校獵。"焌案，從讀曰縱，縱使之地。校獵即孟子萬章篇之獵較。趙岐注云："獵較者，田獵相較奪禽獸，得以之祭，時俗所尚，以爲吉祥。"案校、較古字通。

自序曰："正月，從上甘泉，還奏甘泉賦以風。甘泉本因秦離宫，既奢泰，而武帝復增通天、高光、迎風，宫外近則洪厓、旁皇、儲胥、弩陆，遠則石關、封巒、枝鵲、露寒、棠棃、師得，師古曰：棠棃宫在甘泉苑垣外，師得宫在櫟陽界，其餘皆甘泉苑垣内之宫觀也。遊觀屈奇瑰瑋，非木摩而不彫，牆塗而不畫。周宣所考，般庚所遷，夏卑宫室，唐虞採橡，三等之制也。師古曰：小雅斯干詩序曰：'宣王考室也。'考謂成也。般庚，殷王名，遷謂遷都亳也。採音采，柞木也。三等，土堨三等，言不過也。且爲其已久矣，非成帝所造。欲諫則非時，欲默則不能已，故遂推而隆之，乃上比於帝室紫宫。師古曰：帝謂天也。案謂天帝紫微之宫。若曰此非人力之所能，黨鬼神可也。案黨與倘同。又是時趙昭儀方大幸，每上甘泉，常法從。師古曰：從法駕也。在屬車間豹尾中。服虔曰：大駕屬車八十一乘，作三行，大夫

御史乘之。最後一乘爲豹尾，豹尾以前，皆爲省中。故雄聊盛言車衆，
參麗之駕，非所以感動天地，逆釐三神。又言‘屏玉女、劫虙妃’，
以微戒齋肅之事。賦成奏之，天子異焉。其三月，將祭后土，上
乃帥羣臣橫大河，湊汾陰。師古曰：橫，橫度也。湊，趣也。既祭，行
遊介山，回安邑，師古曰：回謂繞過之。顧龍門，覽鹽池，師古曰：龍門
山在今蒲州龍門縣北，鹽池在今虞州安邑縣南。登歷觀，師古曰：歷山上
有觀也。案歷山在今蒲州府永濟縣東南三十里。陟西岳以望八荒，迹
殷周之虛，眇然以思唐虞之風。雄以爲臨川羨魚不如歸而結罔，
還，上河東賦以勸。案勸猶諷也。其十二月羽獵，雄從。以爲昔
在二帝三王，宮館臺榭沼池苑囿林陸藪澤，財足以奉郊廟，御賓
客，充庖廚而已，師古曰：財讀與纔同。不奪百姓膏腴穀土桑柘之
地。女有餘布，男有餘粟，國家殷富，上下交足，故甘露零其庭，
醴泉流其唐，應劭曰：爾雅廟中路謂之唐。鳳皇巢其樹，黃龍游其
沼，麒麟臻其囿，神爵棲其林。昔者禹任益虞而上下和，屮木茂；
師古曰：益，臣名，任以爲虞。虞，主山澤之官也。屮，古草字。成湯好
田，而天下用足；文王囿百里，民以爲尚小；齊宣王囿四十里，民
以爲大。裕民之與奪民也。武帝廣開上林，南至宜春、鼎胡、御
宿、昆吾，宜春、鼎胡，皆宮名，御宿、昆吾，皆地名。旁南山而至長楊、
五柞，皆宮名。北繞黃山，宮名。瀕渭而東，周袤數百里，師古曰：
袤，長也。穿昆明池象滇河。瓚曰：西南夷有昆明國，又有滇池，故作昆
明池以象之，以習水戰。營建章、鳳闕、神明、馺娑，李善曰：神明，臺
名。孟康曰：馺娑，殿名。漸臺、泰液師古曰：漸臺在泰液池中。象海水
周流方丈、瀛洲、蓬萊。服虔曰：海中三山名，象，法效之。游觀侈靡，
窮妙極麗。雖頗割其三垂以瞻齊民，師古曰：瞻，給也。王先謙曰：
垂，邊也。然至羽獵甲車戎馬器械儲偫禁禦所營，尚泰奢麗誇詡，
非堯、舜、成湯、文王三驅之意也。宋祁曰：三驅者，三面驅之，闕其一
面，使有可去之道而不忍盡物，蓋先王之仁心也。禮所謂天子不合圍者

也。又恐後世復修前好，不折中以泉臺，服虔曰：魯莊公樂泉臺，非禮也，至文公毀之。公羊譏云：先祖爲之而毀之，不如勿居而已。今楊雄以宮觀之盛，非成帝所造，勿修而已，當以泉臺折中也。故聊因校獵賦以風。"

桓子新論曰：依嚴輯本，下同。"余少時見楊子雲之麗文高論，不自量年少新進，而猥欲逮及。嘗激一事而作小賦，用精思太劇，而立感動發病，彌日瘳。子雲亦言：成帝時，趙昭儀方大幸，每上甘泉，詔令作賦，爲之卒暴。思精苦，賦成，遂困倦小臥，夢其五臟出在地，以手收而内之。及覺，喘悸大少氣，病一歲。北堂書鈔一百二作'病發一年而死'。文選甘泉賦注作'明日遂卒'。御覽三百九十三作'一年卒'，三百九十九及七百三十九作'病一歲卒'。皆誤。由此言之，盡思慮傷精神也。"

本傳贊曰："王音薦雄待詔。歲餘，奏羽獵賦，除爲郎，給事黃門，與王莽、劉歆並。"焌案，楊子之待詔，其先由王音之薦。至成帝召見，則實由楊莊之薦也。王音之薦必在永始二年春以前，楊莊之薦當在永始三四年間，與"歲餘，奏羽獵賦"始合。

桓子新論曰："譚謂楊子曰：君之爲黃門郎，居殿中，數見輿輦、玉蚤、華芝及鳳皇、三蓋之屬，皆玄黃五色，飾以金玉、翠羽、珠絡、錦繡、茵席者也。"

漢書趙充國傳曰："初，充國以功德與霍光等列，畫未央宮。成帝時，西羌嘗有警。上思將帥之臣，追美充國，乃召黃門郎楊雄即充國圖畫而頌之。"頌在文集。顏注曰：即，就也。就於畫側書頌也。

元延三年辛亥　　　　四十四歲

自序曰："明年，李善曰：明年，謂作羽獵賦之明年，即校獵之年也。班欲序叙作賦之明年。漢書成帝紀曰：元延二年冬，幸長楊宮，縱胡客大校獵是也。七略曰：羽獵賦，永始三年十二月上。然永始三年去校獵之前首尾四載,謂之明年,疑班固誤也。又七略曰:長楊賦,綏和元年上。綏和在校獵後四歲。無容元延二年校獵,綏和元年賦。又疑七略誤。資治通鑑載元延三年冬,行幸長楊宮,從胡客大校獵。考異云:楊雄祀甘泉、河東之歲十二月羽獵,雄上校獵賦。明年,從上射熊館,還上長楊賦。然則從胡客校獵當在三年。紀因去年冬有羽獵事,致此誤耳。'錢大昕曰:'本傳皆取子雲自序,與本紀敘事多相應。如上文云:正月從上甘泉,即紀所書元延二年正月,行幸甘泉,郊泰畤也。云其三月祭后土,上乃帥羣臣橫大河,湊汾陰,即紀所書三月,行幸河東,祠后土也。云其十二月羽獵,即紀所書冬,行幸長楊宮,從胡客大校獵也。此年秋,復幸長楊,射熊館,則本紀無之。蓋行幸近郊射獵,但書最後一次,餘不盡書耳。惟二年校獵,無從胡客事。至次年(案即元延三年)乃有之,并兩事爲一,則紀失之也。戴氏震以本紀元延三年無長楊校獵事,斷爲傳誤,不知羽獵、長楊二賦原非一時所作。羽獵在元延二年之冬,長楊則三年之秋。子雲自序,必不誤也。'煥案七略誤。胡、錢二説是也。上將大誇胡人以多禽獸。秋,命右扶風發民入南山,西自褒斜,東至弘農,南敺漢中,張羅罔罝罘,捕熊羆豪豬虎豹狖玃狐菟麋鹿,載以檻車,輸長楊射熊館。以罔爲周阹,從禽獸其中,案從讀曰縱,放縱也。令胡人手搏之,自取其獲。上親臨觀焉。是時,農民不得收斂。雄從至射熊館,還上長楊賦以風。"

答劉歆書曰:"雄爲郎之歲,自奏少不得學,而心好沈博絶麗之文,願不受三歲之奉,且休脱直事之繇,得肆心廣意,以自克就。有詔可,不奪奉。令尚書賜筆墨錢六萬,得觀書於石室。案以上皆元延二年之事。如是後一歲,作繡補靈節龍骨之銘,詩三章,案銘、詩今亡佚。成帝好之,遂得盡意。故天下上計孝廉及内郡衛率率一作卒。會者,雄常把三寸弱翰,齎油素四尺,以問其異語,歸即以鉛摘次之於槧。二十七歲於今矣。"案此答書當作於天鳳三四年間。古文苑載此書,章樵注云:計雄是時年近七十。其説是也。由天鳳四年丁丑,上溯至本年辛亥,適合二十七年,正楊子爲郎之後一歲。

然則楊子方言蓋創始於是年矣。

元延四年壬子　　　四十五歲

漢書游俠陳遵傳曰："先是，黃門郎楊雄作酒箴以諷諫成帝。其文爲酒客難法度士，譬之於物。遵大喜之。"案酒箴，北堂書鈔百四十八引作都酒賦。都酒，酒器也，依文當作都酒賦，互見文集。

劉向別録曰：御覽三百八十五引。"楊信字子烏。案烏爲信之小字。或疑烏卒九歲，不得有字，誤也。雄第二子，幼而聰慧。雄算玄經不會，子烏令作九數而得之。雄又擬易羝羊觸藩，彌日不就。子烏曰：大人何不曰荷戟入榛？"案劉向卒於成帝綏和元二年間，而別録中載楊烏之事，則楊烏之卒當在是年，且可推知楊子之太玄蓋創始於觀書石室之時矣。

桓子新論曰：御覽五百五十六引。"楊子雲爲郎，居長安，素貧。比歲，亡其兩男，哀痛之，皆持歸葬於蜀，以此困乏。子雲原引作雄，從嚴校改。察達聖道，明於死生，宜不下季札。然而慕怨死子，不能以義割恩，自令多費，而至困貧。"案楊子長子之名字不詳。云"比歲"者，蓋在元延三四年間。

法言問神篇曰："育而不苗者，吾家之童烏乎！九齡而與我玄文。"

華陽國志序志篇曰："文學神童楊烏，雄子。七歲與父玄文，九歲卒。"

綏和元年癸丑　　　四十六歲

七略曰："長楊賦，綏和元年上。"案此劉歆誤記，辨見上文。沈欽韓曰：七略當時文不當有失，或雄自序止據奏御之日，秘書典校則憑寫進之年，故參差先後也。

綏和二年甲寅　　　四十七歲

漢書哀帝紀曰："綏和二年三月，成帝崩。四月丙午，太子即

皇帝位。封舅丁明爲陽安侯,舅子滿爲平周侯,皇后父傅晏爲孔
鄉侯。"外戚傳曰:定陶丁姬,哀帝母也。河平四年生哀帝。丁姬爲帝太
后,兩兄忠、明。明以帝舅封陽安侯。忠蚤死,封忠子滿爲平周侯。又曰:
孝哀傅皇后,定陶太后從弟子也。哀帝爲定陶王時,傅太后欲重親,取以
配王。王入爲漢太子,傅氏女爲妃。哀帝即位,成帝大行尚在前殿,而傅
太后封傅妃父晏爲孔鄉侯,與帝舅陽安侯,丁明同日俱封。晏封後月餘,
傅妃立爲皇后。傅氏既盛,晏最尊重。

哀帝建平元年乙卯　　　四十八歲

本傳贊曰:"哀帝之初,又與董賢同官。"

董賢傳曰:"賢寵愛日甚,爲駙馬都尉侍中,出則參乘,入御
左右。旬月間賞賜累巨萬,貴震朝廷。"案百官公卿表上云:"奉車都
尉下有駙馬都尉,有侍中,有給事黃門。"時楊子以侍郎給事黃門。傳贊云
"與董賢同官"者,謂同官署,非謂其職位與賢同也。

建平二年丙辰　　　四十九歲

漢書五行志中之下。曰:"哀帝建平二年四月乙亥朔,錢大昭
曰:公卿表作乙未。御史大夫朱博爲丞相,少府趙玄爲御史大夫。
臨延登受策,師古曰:延入而登殿也。漢舊儀云:丞相、御史大夫初拜皇
帝,延登親詔也。王念孫曰:世說新語言語篇注引此作'臨拜延登受策',
今本脫'拜'字。有大聲如鐘鳴,殿中郎吏陛者皆聞焉。師古曰:陛
者謂執兵列於陛側者。上以問黃門侍郎楊雄、李尋,尋對曰:'洪範
所謂鼓妖者也。師法以爲人君不聰,爲衆所惑,空名得進,則有
聲無形,不知所從生。其傳曰:歲月日之中,則正卿受之。今以
四月日加辰巳有異,是爲中焉。正卿,謂執政大臣也。宜退
丞相、御史,以應天變。然雖不退,不出期年,其人自蒙其咎。'
楊雄亦以爲鼓妖、聽失之象也。朱博爲人強毅多權謀,宜將不
宜相,恐有凶惡亟疾之怒。八月,博、玄坐爲姦謀,博自殺,玄
減死論。"

建平三年丁巳　　五十歲

建平四年戊午　　五十一歲

漢書匈奴傳下曰：“建平四年，單于上書願朝。五年，時哀帝
被疾。或言匈奴從上游來厭人。服虔曰：游猶流也。河水從西北來，
故曰上游也。師古曰：上游亦總謂地形耳，不必係於河水也。案厭人，謂
以魔術厭勝人也。自黃龍、竟寧時，單于朝，中國輒有大故，師古曰：
大故謂國之大喪。上由是難之，以問公卿，亦以爲虛費府帑，可且
勿許。單于使辭去，未發，黃門郎楊雄上書諫。書在文集。書奏，
天子寤焉。召還匈奴使者，更報單于書而許之。賜雄帛五十匹，
黃金十斤。單于未發，會病，復遣使願朝明年。故事，單于朝，從
名王以下及從者二百餘人。單于又上書言：‘蒙天子神靈，人民
盛壯，願從五百人入朝，以明天子盛德。’上皆許之。”

元壽元年己未　　五十二歲

漢書百官公卿表下曰：“元壽元年十二月庚子，侍中駙馬都
尉董賢爲大司馬衛將軍。”

自序曰：“哀帝時，丁、傅、董賢用事，諸附離之者，或起家至
二千石。時雄方草太玄，有以自守，泊如也。或嘲雄以玄尚白，
而雄解之，號曰解嘲。”辭在文集。案丁、傅、董賢用事在建平、元壽之
間，可知，太玄五千文必成於是時。其解嘲、解難、太玄賦，亦當爲是時所
作。後漢書張衡傳李賢注云：“子雲當哀帝時著太玄經。”是也。

元壽二年庚申　　五十三歲

漢書平帝紀曰：“元壽二年六月，哀帝崩。太皇太后詔曰：
‘大司馬賢年少，不合衆心。其上印綬，罷。’賢即日自殺。新都
侯王莽爲大司馬，領尚書事。帝年九歲，太皇太后臨朝，大司馬
莽秉政。百官總己，以聽於莽。”

平帝元始年辛酉　　五十四歲

漢書平帝紀曰：“元始元年，羣臣奏言大司馬莽功德比周公，

賜號安漢公。案法言孝至篇云:周公以來,未有漢公之懿也。勤勞則過於阿衡。楊子法言成於新莽始建國時,然尚稱曰漢公,比以阿衡,其意大可見矣。二月置羲和官,秩二千石。"案法言重黎篇有"羲近重,黎近和"之文。

元始二年壬戌　　　五十五歲

元始三年癸亥　　　五十六歲

漢書平帝紀曰:"三年夏,安漢公奏車服制度,吏民養生、送終、嫁娶、奴婢、田宅、器械之品。立官稷及學官。郡國曰學,縣、道、邑侯國曰校,校、學置經師一人。鄉曰庠,聚曰序,庠、序置孝經師一人。"案法言孝至篇云:"學校以教之。"又云:"興服以表之。"即此所云奏車服制度及立學校、庠序之事也。

元始四年甲子　　　五十七歲

漢書王莽傳曰:"是歲,莽奏起明堂、辟雍、靈臺,平帝紀元始四年,安漢公奏立明堂、辟雍。爲學者築舍萬區,作市、常滿倉,制度甚盛。立樂經,益博士員,經各五人。徵天下通一蓺教授十一人以上,及有逸禮、古書、毛詩、周官、爾雅、天文、圖讖、鍾律、月令、兵法、史篇師古曰:周宣王太史史籀所作大篆書也。文字,通知其意者,皆詣公車,網羅天下異能之士。至者前後千數,皆令記說廷中,將令正乖謬、壹異說云。"案劇秦美新云:"明堂、雍臺,壯觀也。"法言孝至篇云:"辟雍以本之。"又云:"禮樂以容之。"即此所云起明堂、辟雍、靈臺,及立樂經,徵逸禮之事也。

元始五年乙丑　　　五十八歲

漢書平帝紀曰:"元始五年,徵天下通知逸經、古記、天文、曆算、鍾律、小學、史篇、方術、本草,及以五經、論語、孝經、爾雅教授者,在所爲駕一封軺傳,遣詣京師。至者數千人。"案此與莽傳年歲不同者,蓋徵詔在元始四年,其至京師則在五年也。

漢書藝文志曰:"至元始中,徵天下通小學者以百數,各令記字於庭中。楊雄取其有用者以作訓纂篇，順續蒼頡，又易蒼頡中重複之字，凡八十九章。”

　　許慎説文解字叙曰：“孝平皇帝時，徵禮等百餘人，叙又云：‘沛人爰禮。’案説文亏部平下引爰禮説。平紀云：數千人。許云百餘人者，許但就通知小學、史篇者言也。令説文字未央廷中，以禮爲小學元士。黄門侍郎楊雄采以作訓纂篇。”案此篇亡佚，余據馬國翰輯本爲訓纂篇集釋一卷。

　　本傳贊曰：“當成、哀、平間，莽、賢皆爲三公，權傾人主，所薦莫不拔擢，而雄三世不能徙官。”案班氏此語，言楊子不附離莽、賢以要薦擢也，故歷仕成、哀、平三世，仍不過黄門侍郎耳。

　　漢書平帝紀曰：“冬十二月丙午，漢紀作丙子。帝崩於未央宫。”

居攝元年丙寅　　　五十九歲

　　荀悦漢紀曰：“莽遂謀爲居攝，以周公故事，皆如天子之制。明年，改元爲居攝元年。居攝元年春二月，王莽傳云：三月己丑。立嬰爲皇太子，號曰孺子。案嬰，宣帝玄孫也。五月甲辰，莽稱假皇帝。”

居攝二年丁卯　　　六十歲

居攝三年戊辰　　　六十一歲

　　王莽傳曰：“以居攝三年爲初始元年。十一月戊辰，莽即真天子位，定有天下之號曰新。以十二月朔癸酉爲始建國元年正月之朔。”

新始建國元年己巳　　　六十二歲

　　王莽傳曰：“始建國元年，莽乃策命孺子曰：昔皇天右乃太祖，歷世十二，享國二百一十載。”

　　法言孝至篇曰：“漢興二百一十載而中天，其庶矣乎！”案漢書高帝紀：漢五年，漢王即皇帝位。自高帝五年己亥，計至居攝三年戊辰，適足二百一十年。是年莽策云:享國二百一十載。法言最後之一章亦云:漢興二百一十載。則揚子法言必告成於是年矣。汪氏法言疏證十三云:楊君自序,歷述生平著書,惟法言爲後,明此書實爲晚年之作。其成書年月雖無可考,而重黎篇有"羲近重、黎近和"之文,孝至篇有"復井刑,勉人役"之語。考莽置羲和、制井田及禁民買賣奴婢,均於始建國元年事,則法言之成必在莽建号改元以後無疑。焌今案,是年莽之策命及揚子法言皆云二百一十載,則法言之成於是年,更無可疑矣。

王莽傳曰:"建國元年秋,遣五威將軍王奇等十二人班符命四十二篇於天下。大歸言莽當代漢有天下云。"案劇秦美新曰:其異物殊怪,存乎五威將帥,班乎天下者,四十有八章。是此文必爲是年秋後之作。

本傳贊曰:"及莽篡位,談說之士用符命稱功德、獲封爵者甚衆。雄不復侯。以耆老久次,轉爲大夫。恬於勢利如是。"

文選劇秦美新曰:"諸吏李善注:漢書曰:左右曹諸吏皆加官,所加或列侯、將軍、卿大夫。中散大夫案續漢百官志云:中散大夫秩六百石。考漢書蕭望之傳,蕭由爲中散大夫。是此官本漢舊制,非莽所置比二千石之中大夫也。揚子之由黃門侍郎轉爲中散大夫,乃以耆老久次,非以作符命也。觀此署銜知之。隋書經籍志載漢太中大夫楊雄集五卷,是誤以中散大夫爲太中大夫也。臣雄稽首再拜,上封事皇帝陛下:'臣雄經術淺薄,行能無異,數蒙渥恩,拔擢倫比,與羣賢並,愧無以稱職。'"

始建國二年庚午　　　六十三歲

本傳贊曰:"王莽時,案據王莽傳,流棻放尋事在始建國二年冬十二月。劉歆、甄豐皆爲上公。莽既以符命自立,即位之後,欲絕其原,以神前事,而豐子尋、歆子棻復獻之。莽誅豐父子,投棻四裔。辭所連及,便收不請。時雄校書天禄閣上,文選兩都賦注引三輔故事曰:"石渠閣在大秘殿北以藏祕書,天禄閣在大殿北以閣祕書。"案揚子自爲郎之後,觀書石渠,迄於是歲,凡十九年,雖轉爲大夫,而仍校書天禄閣上。班氏謂其恬於勢利,信然。治獄使者來,欲收雄。雄恐不能自免，乃從閣上自投下，幾死。莽曰：'雄素不與事，何故在此?'師古曰："與讀曰豫。"王先謙曰："言何故在獻符命事中得相連及。"間請問其故，師古曰："使人密問之。"乃劉棻嘗從雄學作奇字，雄不知情。有詔勿問。然京師爲之語曰：'惟寂寞，自投閣；爰清靜，作符命。'"師古曰："以雄解嘲之言譏之也。今流俗本云：'惟寂惟寞，自投於閣；爰清爰靜，作符作命。'"沈欽韓曰："作符命，指劇秦美新之文。"案文選列此文於符命類，沈説是也。

始建國三年辛未　　六十四歲

始建國四年壬申　　六十五歲

本傳贊曰："雄以病免，復召爲大夫。案以病免官當在投閣幾死之後，劇秦美新云："臣嘗有顚眴病"是也。復召爲大夫當在作元后誄以前，故隷於是年。家素貧，耆酒，人希至其門。時有好事者載酒餚從遊學。而鉅鹿侯芭嘗從雄居，受其太玄、法言焉。劉歆亦嘗觀之，謂雄曰：'空自苦！今學者有利禄，然尚不能明易，又如玄何？吾恐後人用覆醬瓿也。'雄笑而不應。"

始建國五年癸酉　　六十六歲

漢書元后傳："孝元皇后，王莽之姑也。莽篡漢，國號新，更命太皇太后爲新室文母。太后年八十四，建國五年二月癸丑崩。三月乙酉，合葬渭陵。"王莽傳云：葬渭陵，與元帝合，而溝絶之。莽詔大夫楊雄作誄曰：'太陰之精，沙麓之靈，作合於漢，配元生成。'著其協於元成沙麓。太陰精者，謂夢月也。元后誄見文集。

王莽傳曰：明年，改元曰天鳳。

天鳳元年甲戌　　六十七歲

天鳳二年乙亥　　六十八歲

天鳳三年丙子　　六十九歲

天鳳四年丁丑　　七十歲

方言卷首曰："劉子駿與雄書，從取方言，楊雄答劉歆書。"戴震曰:劉歆遺雄書,求方言,應在天鳳三四年之間。古文苑章樵注:計雄是時近七十。其説是也。互見前元延三年譜下。書見文集,劉書附。又案方言乃楊子未成之書,故劉歆七略不載,班志亦無其目。

天鳳五年戊寅　　　七十一歲

楊雄家牒曰:藝文類聚四十、御覽五百五十八引。"子雲以甘露元年生,以天鳳五年卒,葬安陵阪上。長安志引作"詔陪葬安陵阪上"。案安陵,漢惠帝陵。漢置安陵縣,屬右扶風郡,在今陝西咸陽縣東北二十里。沛郡桓君山、平陵如子禮、鉅鹿侯芭共爲治喪。諸公遣世子、朝臣、郎吏、行事者會送。桓君山爲斂賻,起祠堂;侯芭負土作墳,號曰玄冢。"文選墓誌注引七略曰:"楊雄卒,弟子侯芭負土作墳,號曰楊冢。"

本傳贊曰:"年七十一,天鳳五年卒。侯芭爲起墳,喪之三年。時大司空王邑、納言嚴尤聞雄死,謂桓譚曰:'子嘗稱楊雄書,豈能傳於後世乎?'譚曰:'必傳。顧君與譚不及見也。凡人賤近而貴遠,親見楊子雲禄位容貌不能動人,故輕其書。昔老聃著虛無之言兩篇,案指道德經上、下篇。薄仁義,非禮學。然後世好之者,尚以爲過於五經。自漢文景之君及司馬遷皆有是言。今楊子之書文義至深,而論不詭於聖人。若使遭遇時君,更閲賢知,爲所稱善,則必度越諸子矣。'諸儒或譏以爲雄非聖人而作經,猶春秋吳楚之君僭號稱王,蓋誅絶之罪也。自雄之没至今四十餘年,其法言大行,而玄終不顯,然篇籍具存。"

漢書叙傳叙曰:"淵哉若人,實好斯文,初擬相如,獻賦黄門,輟而覃思,草法纂玄,斟酌六經,放易象論。放,倣也,謂倣易象作太玄,倣論語作法言也。潛於篇籍,以章厥身。述楊雄傳第五十七。"

楊子師友徵略

莊遵字君平,蜀郡成都人

法言問明篇曰:"楚兩龔之絜,其清矣乎？蜀莊沈冥,蜀莊之才之珍也。不作苟見,不治苟得,久幽而不改其操,雖隨、和何以加諸？舉茲以旃,不亦寶乎?"吳祕注云:"莊遵字君平。漢書王貢兩龔鮑傳引此作蜀嚴湛冥。"戴震曰:"嚴遵即莊遵。漢顯宗孝明皇帝諱莊,始改嚴。"是也。華陽國志序志云:"高尚逸民嚴遵,字君平。"互見年讚①十五歲條下。

漢書王貢兩龔鮑傳曰:"其後谷口有鄭子真,蜀有嚴君平,皆修身自保,非其服弗服,非其食弗食。成帝時,元舅大將軍王鳳以禮聘子真,子真遂不詘而終。君平卜筮於成都市,以爲:'卜筮

———————

① 編注:指本書楊子雲年譜章,下同。

者賤業，而可以惠衆人。有邪惡非正之問，則依蓍龜爲言利害。與人子言依於孝，與人弟言依於順，與人臣言依於忠，各因埶導之以善。從吾言者，已過半矣。'裁日閲數人，裁與纔同，僅也。閲，歷也。得百錢足自養，則閉肆下簾而授老子。博覽無不通。依老子、嚴周之指，著書十餘萬言。莊周亦避諱改嚴周。君平著道德指歸十一卷，在祕册彙函本内。楊雄少時從游學，已而仕京師顯名，數爲朝廷在位賢者稱君平德。杜陵李彊素善雄，久之爲益州牧，喜謂雄曰：'吾真得嚴君平矣。'雄曰：'君備禮以待之，彼人可見而不可得詘也。'彊心以爲不然。及至蜀，致禮與相見，卒不敢言以爲從事，乃歎曰：'楊子雲誠知人。'君平年九十餘，遂以其業終。蜀人愛敬，至今稱焉。及雄著書，言當世士，稱此二人。"

皇甫謐高士傳曰："嚴遵字君平，蜀人也。隱居不仕，楊雄少從之遊，屢稱其德。王鳳請交不許。蜀有富人羅冲者，問君平曰：'君何以不仕？'君平曰：'無以自發。'冲爲君平具車馬衣糧。君平曰：'吾病耳，非不足也。我有餘而子不足，奈何以不足奉有餘。'冲曰：'吾有萬金，子無儋石，乃云有餘，不亦謬乎？'君平曰：'不然。我前宿子家，人定而役未息。晝夜汲汲，未嘗有足。今我以卜爲業，不下床而錢自至，猶餘數百，塵埃厚寸，不知所用。此非我有餘而子不足邪？'冲大慙。君平嘆曰：'益我貨者損我神，生我名者殺我身，故不仕也。'時人服之。"

林閭翁孺　蜀郡臨邛人

答劉歆書曰："獨蜀人有嚴君平、臨邛林閭翁孺者，深好訓詁，猶見輶軒之使所奏言。翁孺與雄外家牽連之親，又君平過誤，有以私遇少而與雄也。君平才有千言耳，翁孺梗槪之法略有。翁孺往數歲死，婦蜀郡掌氏子，無子而去。"

廣韻九魚曰："林閭氏出自嬴姓。文字志云：後漢有蜀郡林閭翁孺，博學善書。"案鄭樵通志氏族略云："林閭氏，嬴姓，蜀郡林閭翁孺，博學能文。見文章志。"此即本廣韻而字句小異。林閭乃前漢人。廣韻云後漢亦誤。

華陽國志曰："林閭字公孺，臨邛人。楊雄師之。見方言。"又曰："林翁孺訓詁玄遠。"案云"見方言"者，謂方言卷首所載之答劉歆書也。戴震曰："云林翁孺，似又以爲林姓閭名。據答劉歆書，林閭定是複姓。"案戴説是也。公、翁聲同字通，不爲異。

李弘字仲元，蜀郡成都人

法言淵騫篇曰："或問：'子，蜀人也，請人。'曰：'有李仲元者，人也。''其爲人也，奈何？'曰：'不屈其意，不累其身。'曰：'是夷、惠之徒與？'曰：'不夷不惠，可否之間也。''如是，則奚名之不彰也？'曰：'無仲尼，則西山之餓夫與東國之絀臣惡乎聞？'曰：'王陽、貢禹遇仲尼乎？'曰：'明星皓皓，華藻之力也與？'曰：'若是，則奚爲不自高？'曰：'皓皓者，己也；引而高之者，天也。子欲自高邪？仲元，世之師也。見其貌者，肅如也；聞其言者，愀如也；觀其行者，穆如也。案據此知楊子嘗以李仲元爲師。鄲聞以德絀人矣，未聞以德絀於人也。仲元，畏人也。'""鄲"一本作"但"，古字通。畏人，言可敬畏之人也。

高士傳曰："李弘字仲元，蜀人也。居成都，里中化之。斑白不負擔，男女不錯行。弘嘗被召爲縣令，鄉人共送之。仲元無心就行，因共酣飲，月餘不去。刺史使人喻之。仲元遂遊奔不之官。惟楊雄重之曰：'不夷不惠，居于可否之間。'"

華陽國志先賢士女總贊曰："李弘字仲元，成都人。少讀五經，不爲章句。處陋巷，淬厲金石之志。威儀容止，邦家師之。

以德行爲郡功曹，一月而去。子贅以見辱殺人。太守曰：‘賢者之子，必不殺人。’放之。贅自以枉語家人。弘遣亡命。太守怒，讓弘。弘對曰：‘贅爲殺人之賊，明府私弘枉法。君子不誘而誅也。石碏殺厚，春秋譏之。孔子稱父子相隱，直在其中。弘實遣贅。’太守無以詰也。州命從事常以公正諫諍爲志。”

鄭樸字子真，漢中郡褒中人

法言問神篇曰：“谷口鄭子真，漢書列傳顏注引三輔決録云：‘子真名樸。’高士傳中云：‘鄭樸字子真。’不屈其志而耕乎巖石之下，名振於京師。”文選西都賦注引梁州記曰：“萬石城沂漢上七里有褒斜谷，南口曰褒，北口曰斜。長四百七十里。”案郑子真，褒中人，見華陽國志。褒中縣屬漢中郡。見漢書地理志。楊子稱曰谷口鄭子真者，以其家在褒谷之口也。褒谷在今陝西漢中府褒城縣北十里。褒中故城在褒中縣東南十里。見洪亮吉乾隆志。近人王氏漢書補注，元和汪氏法言疏證皆以谷口爲左馮翊之谷口縣，誤矣。

華陽國志漢中士女志曰：“鄭子真，褒中人也。玄靜守道，履至德之行，乃其人也。教曰：‘忠孝愛敬，天下之至行；神中五徵，帝王之要道也。’成帝元舅大將軍王鳳備禮聘之，不應。家谷口，世號谷口子真。亡，漢中與立祠。”

皇甫謐高士傳中曰：“鄭樸字子真，谷口人也。修道靜默，世服其清高。成帝時，元舅大將軍王鳳以禮聘之，遂不屈。楊雄盛稱其德曰：‘谷口鄭子真耕於巖石之下，名振京師。馮翊人刻石祠之，至今不絕。’”焌案，常璩云：“漢中爲立祠。”皇甫謐云：“馮翊人刻石祠之。”蓋子真本漢中人，而以名震京師，故漢中、馮翊皆爲立祠。或據此以谷口爲馮翊之縣，誤矣。

班嗣樓煩人,居長安

漢書敘傳曰:"穉生彪。彪字叔皮,案即班孟堅之父。幼與從兄嗣共遊學。家有賜書,內足於財,好古之士自遠方至,父黨楊子雲以下莫不造門。嗣雖修儒學,然貴老嚴之術。"

嵇康聖賢高士傳曰:太平御覽卷四百一十。"班嗣,樓煩人也。世在京師,家有賜書,內足於財,父黨楊子雲已卜莫不造門。好老莊之道,不屑榮宦。"末二句御覽卷五百一十引。燧案嵇傳即本班之敘傳。惟詳敘傳文義,"家有賜書"以下六句,似屬班彪言,而嵇傳則屬之班嗣。考敘傳云:叔皮"年二十,遭王莽敗,世祖即位於冀州"。案王莽敗,光武即位時,楊子卒已八年。則楊子在時,班彪之年不過十二三,楊子未必爲彪造門相訪也。且敘傳又云:"班斿博學有俊材,……與劉向校秘書。每奏事,斿以選受詔進讀羣書,上器其能,賜以秘書之副。時書不布,自東平思王以叔父求太史公、諸子書,大將軍白不許。語在東平王傳。斿亦早卒,有子曰嗣,顯名當世。"然則"家有賜書"云云,乃指班嗣言,非指班彪言。敘傳詞不別白耳。觀傳載桓君山從班嗣借莊子,而班嗣報書不肯借與,知賜書爲嗣所獨有。楊子之與嗣遊,不獨取其高尚,蓋亦讀其賜書也。

王音魏郡元城人

嚴可均輯漢人小傳曰:"音,王禁弟長樂尉弘之子。初爲侍中中郎將。河平中遷太僕,陽朔中拜御史大夫,代王鳳爲大司馬車騎將軍,封安陽侯。永始二年卒,謚曰敬侯。"案楊子初至京師,王音奇其文雅,召以爲門下史,薦待詔。詳年譜。

楊莊蜀郡成都人

華陽國志曰:"尚書郎楊壯,成都人。見楊子方言。"又曰:

“其次楊壯、何顯得意之徒恂恂焉。”戴震曰：莊之爲壯，蓋避諱所改。其曰見楊子方言者，即指方言卷首答劉歆書。詳見年譜永始四年下。莊與楊子同邑爲郎時，誦楊子文於成帝，以爲似相如。帝即召見。

劉向 字子政，漢書有傳

嚴輯小傳曰：“向字子政，初名更生，楚元王交玄孫。地節中，爲輦郎。神爵初，擢諫大夫。後坐罪，贖減死。拜郎中，給事黄門，遷散騎諫大夫給事中。元帝即位，擢爲宗正。以忤弘恭石顯下獄。尋爲郎中，復下獄，免爲庶人。成帝即位，召拜中郎，領護三輔都水，遷光禄大夫、中壘校尉。綏和中卒，年七十二。有尚書洪範五行傳論十一卷，五經通義九卷，五經要義五卷，世説二卷，七略別録二十卷，案諸書皆佚，近人有輯佚本。列女傳十五卷，列仙傳三卷，新序三十卷，説苑二十卷，集六卷。”案楊子答劉歆書所稱都水君即謂歆父向也。

劉歆 附父向傳

嚴輯小傳曰：“歆字子駿，向子，後改名秀，字穎叔。成帝初，待詔宦者，署爲黄門郎。綏和中，爲中壘校尉。哀帝即位，進侍中太中大夫，遷騎都尉奉車光禄大夫，出爲河内太守，徙守五原，轉涿郡。以病免，起爲安定屬國都尉。平帝時，爲右曹太中大夫，遷中壘校尉。王莽居攝，以爲羲和，封紅休侯，歷少阿、京兆尹。及莽篡位，以爲國師，封嘉新公。地皇末，謀劫莽降漢，事泄自殺。有列女傳頌一卷，七略七卷，三統曆法三卷，集五卷。”

范逡字及，爵里待考

本傳贊曰：“用心於內，不求於外，於時人皆忽之。唯劉歆及范逡敬焉，而桓譚以爲絶倫。”

桓譚字君山，沛國相縣人

嚴輯小傳曰：“譚字君山，沛國相人。成帝時，爲奉車郎。莽時，爲諫大夫，遷掌樂大夫。更始即位，召拜太中大夫。建武初，徵待詔，上書忤旨，不用，後拜議郎給事中。出爲六安郡丞，道病卒。年七十餘。有桓子新論十七卷，集五卷。”案新論已佚，嚴氏輯本甚詳備。

後漢書桓譚傳曰：“譚以父任爲郎，因好音律，善鼓琴。博學多通，徧習五經，皆詁訓大義，不爲章句。能文章，尤好古學，數從劉歆、楊雄辯析疑異。”案桓子與楊子辯論，多見新論中。

張竦字伯松，河東平陽人，居杜陵

漢書張敞傳曰：“敞三子，官皆至都尉。敞孫竦，王莽時至郡守，封侯。博學文雅過於敞，然政事不及也。”案敞事互詳下引陳遵傳。

又杜鄴傳曰：“鄴從張吉學。吉子竦又幼孤，從鄴學問，亦著於世，尤長小學。”

答劉歆書曰：“張伯松不好雄賦頌之文，然亦有以奇之，常爲雄道，言其父及其先君喜典訓，屬雄以此篇目，頗示其成者。伯松曰：‘是懸諸日月不刊之書也。’又言恐雄爲太玄經，猶鼠坻之與牛場也，如其用，則實五稼，飽邦民，否則爲牴糞，棄之於道矣。而雄般之。"案般，樂也，詳見文集。

陳遵字孟公，杜陵人

漢書陳遵傳："遵少孤，與張竦伯松俱爲京兆史。竦博學通達，以廉儉自守，而遵放縱不拘。操行相異，然相親友。哀帝之末，俱著名字，爲後進冠。……大司徒馬宮大儒優士，又重遵……，乃舉遵補郁夷令。久之，自免去。後爲校尉，擊賊有功，封嘉威侯。……王莽素奇遵材，在位多稱譽者，繇是起爲河南太守。……數月免。……久之，復爲九江及河內都尉，凡三爲二千石。而張竦亦至丹陽太守，封淑德侯。後俱免官，以列侯歸長安。竦居貧無賓客，時時好事者從之質疑問事，論道經書而已。而遵晝夜呼號，車騎滿門，酒肉相屬。先是，黃門郎楊雄作酒箴以諷諫成帝，其文爲酒客難法度士，譬之於物。遵大喜之，常謂張竦：'吾與爾猶是矣。足下諷誦經書，苦身自約，不敢差跌，而我放意自恣，浮沉俗間。官爵功名，不減於子，而差獨樂，顧不優邪？'竦曰：'人各有性，長短自裁，子欲爲我亦不能，吾而效子亦敗矣。雖然，學我者易持，效子者難將，吾常道也。'及王莽敗，二人俱客於池陽，竦爲賊兵所殺。更始至長安，大臣薦遵爲大司馬護軍，與歸德侯劉颯俱使匈奴。單于欲脅詘遵，遵陳利害，爲言曲直，單于大奇之，遣還。會更始敗，遵留朔方，爲賊所敗，時醉見殺。"

王　邑

嚴輯小傳曰："邑，王鳳第五弟商之次子。莽攝政，累遷至步

兵將軍,封成都侯。及莽簒位,以爲大司空,封隆新公。昆陽敗,
還爲大司馬,戰死漸臺下。"

莊尤 字伯石

桓子新論曰:後漢書光武紀李注。"莊尤字伯石。"案漢書作嚴
尤,亦避明帝諱改也。王邑、嚴尤亦曾讀楊子書,見年譜。

嚴輯小傳曰:"嚴尤字伯石。始建國時,爲討穢將軍,封武建
伯。天鳳中,代陳茂爲大司馬,免。後爲納言大將軍。莽誅,走
汝南,降於劉聖,漢紀作"望"。拜大司馬。聖敗,並死。"

如子禮 平陵人

桓子新論曰:元和姓纂漁韻引。"通人如子禮。"案如君曾與桓
譚、侯芭爲楊子治喪,見年譜。

李彊 杜陵人

漢書王貢兩龔鮑傳曰:"杜陵李彊素善雄。久之,爲益州
牧。"詳見前莊遵下。

劉棻

案棻,劉歆子,王莽始建國時,封隆威侯,爲侍中東通靈將、
五司大夫。沈欽韓曰:東通靈將,蓋五威將職東方者,五司大夫即莽傳所
置司恭、司從、司明、司聰、司中大夫也,此似五斗米道符籙中結銜,莽之妖
妄,其事當然。劉奉世曰:東通將、五司大夫疑其偽,蓋未審也。嘗從楊

子學作奇字。因甄尋作符命，莽怒捕尋，辭連及棻，戮死。參王莽傳中，楊雄傳下。

田儀 蜀郡成都人

方言卷首答劉歆書曰："雄叩頭。賜命謹至，又告以田儀事，事窮竟白，案顯出，甚厚，甚厚。田儀與雄同鄉里，幼稚爲鄰，長艾相更，古文苑作愛。視覷動精采，似不爲非者，故舉至日，雄之任也。不意淫踪暴於官朝，令舉者懷赧而低眉，任者含聲而宛舌。知人之德，堯猶病諸，雄何慚焉！叩頭，叩頭。"

侯芭 字鋪子，巨鹿人。

本傳贊曰："雄以病免，復召爲大夫。家素貧，耆酒，人希至其門。時有好事者載酒肴從遊學，而巨鹿侯芭常從雄居，受其太玄、法言焉。"楊雄家牒曰："子雲以天鳳五年卒，葬安陵阪上。安陵，漢惠帝陵。沛郡桓君山、平陵如子禮、巨鹿侯芭共爲治喪。侯芭負土作墳，號曰玄冢。"文選墓誌注引七略曰："楊雄卒，弟子侯芭負土作墳，號曰楊冢。"

附　　　錄

漢魏叢書飛燕外傳自序曰："伶玄字子于，潞水人。學無不通，知音，善屬文，簡率尚真樸，無所矜式。楊雄獨知之。然雄貪名矯激，子于謝不與交。雄深慊毀之。子于由司空小吏歷三署刺守州郡，爲淮南相，人有風情。哀帝時，子于老休，買妾樊通德，頗能言趙飛燕姊弟故事。"又曰："於是撰趙后別傳。子于爲河東都尉，班躅爲決曹，得幸太守，多所取受。子于召躅數其罪而捽辱之。躅從兄子彪續司馬史記，絀子于，無所收録。"案四庫全書小説家類存目，極辯飛燕外傳爲後人僞造。是也。嚴可均曰："此傳，隋、唐不著録，晁公武讀書志始有之，疑是唐人依託。"焌案，外傳之僞，固不待辨，即其自序論之，前漢哀帝時，子于老休，其年必已近七十，而班彪之卒，在後漢光武建武三十年，上距哀帝崩時幾五十年。子于如及見班彪所作之漢書，則其壽當在百二十歲外矣。不然，何以知彪續史記不收子于乎？且其敘云："楊雄獨知之。"是引楊子以自重，又以楊子書無伶玄之名，故又云"子于以雄貪名矯激，謝不與交。雄深慊毀之"等語。又以漢書亦無伶玄，故又造"捽辱班躅，致彪不收録"語。其作僞而欲取信於後人，尤顯然也。

外一種

琳琅山館文集

前　言

三十年代初,余方及冠,負笈麓山湖南大學,習中國文學。授諸子學說者,爲善化羅師庶丹先生。先生名焌,字庶丹,世居長沙河西望城坡,後遷排山,人稱排山先生。清末壬寅舉人。先生治經史,工詩文。少有大志,胸懷邦國。痛清室之衰頹,思救國之義舉。毅然投身革命,南走粤,倡法政,嘗參與同盟會活動,在黃花崗之役中,倖免於難。辛亥鼎革之後,一度返湘,佐理省議政務。爲人耿介,不鶩時流,終未能展其懷抱。晚年都講湖大,著有諸子學述講義,以授生徒。究極精微,爲世所重。1935 年,上海商務印書館覓稿付梓行世。李師肖聃曾爲之序,力贊其"言必有徵,博而不陵"。1932 年,先生以疾終於長沙,楊遇夫先生哭之曰:"君死而余欲求一博學通識如君者,殆不可復得。"先生學識淵博,著述等身,治學嚴謹,誨人不倦,志行高雅,士林推重,已於李、楊兩師序言①中

---

① 　編注:李、楊二序載諸子學述附録,華東師範大學出版社,2008。

見其大略矣。

　　李師肖聃後先生二十年，亦已作古。六十年來，木鐸寢聲，微言久絕，每懷師德，仰企彌殷。年前望城文史徵稿於余，曾撰有湘上儒林憶二師小文以懷念之。庚午仲冬，先生次女書慎學長以古稀高齡，遠涉重湖，自漢上來長訪舊，攜有於劫餘灰中珍藏乃翁琳琅山館詩文聯遺稿見示。浣手捧讀，如親謦欬。適政協長沙市郊區委員會文史資料研究委員會徵集鄉賢遺著，昭示後學，囑爲整理，以付鉛槧。* 嗟夫！時光流逝，舊夢依稀，垂老無成，師恩深負。鴻文鉅帙，日月同光，游夏後生，豈敢妄加評騭？略綴數語以實卷首，未能揚先生令德於萬一也。

　　庚午歲暮，門人長沙黃曾甫謹識於湖南大學校友會。

---

* 编注：此次整理成果，於 1991 年作爲長沙郊區文史增刊付行。其後，羅書慎先生經過多方搜集、整理，又輯得羅焌先生遺作十餘篇。今次出版，爲便於讀者翻檢，將新增之作附入原稿中，並於其上作"**"標識以示區別。

目　録

三、策論義賦………………………………… 388

（一）策

4. 學堂之設，其旨有三，所以陶鑄國民，造成人才，振
   興實業。國民不能自立，必立學以教之，使皆有善
   良之德，忠愛之心，自養之技能，必需之智識，蓋東
   西各國所同，日本則尤注重尚武之精神，此陶鑄國
   民之教育也。講求政治、法律、理財、外交諸專門，

(三) 義

一、詩　詞

放歌和友人韻　　　1904 年

聽我歌，聽我歌，我歌今與君如何？酒酣拔劍倚天外，奇才偶挫非蹉跎。倖得崑山一片玉，肯與頑石相蹉磨，兩鳥嚶鳴自有樂，何用別尋安樂窩？功名富貴皆寂寞，文章萬古流江河。有時投筆看天下，四方環鎮青山多。我欲移山學愚老，誇娥二子相經過。何當振策直到衡南最高處，與君同聽薰風歌。

園中即事(次友人韻)

閒園青竹總青條，一撫瑤琴月色饒。聽罷高山流水曲，不知城市有喧囂。

蘭成身世最蕭條，擬賦閒居寄興饒。近市若同齊晏子，何須更宅避塵囂。

千樹桃花萬柳條，結廬人境興偏饒。綠墀青瑣今何在？莫向遺宮問隗囂。

草連芳徑兩三條，細雨纔過色轉饒。誰學老農耕綠野，身棲畎畝志囂囂。

詠懷古跡(用友人韻)

高臺未唱大風歌，已使強王喚奈何。逐鹿中原秦地盡，聞鷄垓下楚人多。英雄不愧千夫長，事業翻同一劍磨。今日成名誇豎子，空登廣武嘆蹉跎。

草廬曾作碩人迂，龍臥池中水不波。書讀十年堪將相，圖懸四壁盡山河。南陽未出三分定，春睡初酣一夢過。莫謂英雄論成敗，雲宵萬古有誰何？

和　友　人　韻

閬仙才思本遲遲，半日吟成一闋詞。談墨翻疑片雲黑，飄來微雨欲催詩。

琳琅有愧晉君章，作婿神仙非所望。若去天臺共遊玩，桃花祇認舊劉郎。

丈夫原不受人憐，廊廟江湖盡坦然。踏著雲梯上天去，霓裳同詠大羅仙。

富貴因人達士羞，莫緣飄泊動牢愁。乘風破浪有時會，直掛蒲黃萬里流。

出吳淞口

八月朔日秋風高，飛輪出山冲波濤。青山兩岸夾船走，白雲一片連天遙。回頭已越寶山界，轉瞬又看錢塘潮。此行觀海我云樂，高堂二老心搖搖。

浮江漂海二律

生乎獨立高山高，慣聞瀑布聽松濤。長嘯一聲呼去去，孤行萬里何遙遙。梅開東粵少霜雪，萍飄南海多風潮。青雲有志且莫墜，要張鵬翼搏扶搖。

誰歟健者乘長風，輪船走海將毋同。煙氣騰霄黯烏兔，雷聲鼓浪驚蛟龍。汪洋一望地皆水，穹窿四下天如弓。英、法、美、德在何處？方針遙指東溟東。

題畫　鏡上紅梅

一枝梅樹影橫斜，疑是孤山處士家。縱把湘簾高捲起，西風不落鏡中花。

誰爲癯仙點鬢鴉，倚窗閒坐醉流霞。兒童不識丹青畫，隔著玻璃要摘花。

題畫二首　　　　1905年

一、晨興半炷名香圖

宵分拔劍起，披衣坐南軒。天雞膠膠鳴，扶桑湧朝暾。昨夜爇名香，今朝爐尚溫。持劍撥殘灰，香氣時氤氳。猛憶<u>中原</u>事，蒼黃天地昏。睡獅尚未醒，揖盜常開門。安得還魂香，薰回<u>中國</u>魂。

二、撫琴聽者知音圖

攜琴訪幽人，相對生長嘆。問君何獨然？高歌行路難。昔曾從<u>成連</u>，移情山海間。一彈來薰風，再彈增暮寒。流水兮湯湯，高山兮盤盤。古調間新聲，聽者幾忘餐。今世無知音，抱琴不肯彈。

雪美人（和楊薰生韻）

白戰無聲號令嚴，花飛六出覆茅檐。自從黃土搏人後，更把紅閨韻事添。<u>天女</u>化身輕玉燕，<u>息嬀</u>無語鎖金蟾。與君一握纖纖手，寒氣森然透指尖。

即空即色即華嚴，姑射神人降畫檐。微步凌波羅襪解，纖腰經雨帶圍添。晴朝怕著黃棉襖，月夜宜偕白玉蟾。只有冬心在懷抱，絕無春恨上眉尖。

前題（寄內子楊傑）

美人顏色本莊嚴，爲折冰花插帽檐。寒夜無眠修竹倚，熏香不斷小梅添。步虛曾化雲中鶴，耐冷還同月裡蟾。萬里歸來共攜手，那嫌寒沁玉尖尖。

體態溫柔性格嚴，梅花相對笑巡檐。心如止水無波起，首若飛蓬任雨添。晨起披裘三寸雪，晚妝臨鏡一輪蟾。畫眉我亦<u>張京兆</u>，無限深情寄筆尖。

和李筠石(著猷)

少小馳名翰墨場,爾時意氣亦飛揚。頻年作客渾如夢,並世多才不敢狂。乞得瓊漿供我醉,壓成金線爲人忙。此身賸有崚嶒骨,羞向朱門引領望。

長沙懷古(用杜工部韻)

秋雨秋風動桂林,瀟湘江上氣森森。那堪波浪淘千古,徒使英雄惜寸陰。叢竹隱含思婦淚,卷葹不死逐臣心。美人香草情無限,忍向高樓聽暮砧。

大江東去日西斜,孤蘖南來感歲華。游子幾時歸故國,奇材何事作浮槎。思君曲苦湘妃瑟,戀母聲悲蔡女笳。閒向定王臺上望,西風開遍蓼園花。

江山無恙對斜暉,晉代衣冠久式微。古洞尚疑蛟獨臥,空亭不見鶴雙飛。殲除妖孽蒼生幸,奠定中原素志違。何若羃梨方外客,至今霖雨稻粱肥。

世事茫茫一局棋,馬王宮殿使人悲。滔滔碧浪流終古,隱隱青山似舊時。消夏池邊芳草歇,會春園裡落花遲。生存華屋歸何處?疑塚三千枉費思。

第一神碑鎮麓山,鸞漂鳳泊出人間。滿亭紅葉亂鋪地,萬古白雲長閉關。不載夏書終缺恨,空尋禹跡上屺顏。笑他北海稱三絶,安得奇文與此班。

楊柳蕭蕭古渡頭,朱、張遺跡已千秋。兩賢道學惟循性,七種人情不說愁。亭外捲雲招老鶴,舫中聽雨起浮鷗。源流總屬濂溪水,不盡餘波繞橘洲。

將軍戰敗已無功,獨有推官死賊中。忠烈祠前留浩氣,理靈坡上拜雄風。魂歸華表天皆黑,血濺平蕪地尚紅。更有凌、陳諸義士,不從張逆願從翁。

登山臨水自逶迤,秋草萋萋滿澤陂。九畹蘭芳誰作珮,六朝松古已無枝。登高望遠三湘闊,呵壁尋圖八景移。一曲高歌攄蓄念,江乾黃竹尚垂垂。

和陳阜菣(阮)秋海棠十二律(次原韻) 1907 年

八月霜嚴春尚酣,紅妝背日掠疏鬟。容華婀娜憐蘇小,鬥韻清新勝柳恢。好夢易醒愁未解,芳心獨抱面何慚。自從沉醉東風後,冷暖情懷兩熟諳。

啼笑俱非但涅齰,何來鵲報語呫諵。前生貯汝阿嬌屋,抵死憐卿老學庵。草長西園迷粉蝶,香霏東閣鬩書蟫。秋花更比春花艷,多少詩人受黬闇。

花覆茅檐竹隱庵,捲簾相對影僋僋。茱萸節候將重九,豆蔻年華已十三。血染猩痕隨淚墮,風傳鯉信背人探。自開自落真腸斷,獨立閒階揜翠襜。

雨苦風酸露不甘,柔情脈脈向誰譚。輕搖羽扇難棲鳳,倒鞢朱絲自縛蠶。蓮子心枯房獨守,菱花影瘦鏡羞涵。海南萬里相思酷,遺卻雙珠玳瑁簪。

愛花如命勝貪婪,宜佐黃花薦酒甔。四象環生符太極,兩行珠墮現優曇。心參佛果藏金粟,名側仙班佩玉簪。若使移根鄰上苑,五侯驄馬自趁趨。

爐煙一縷散馦馦,乞藉秋陰奏玉函。白帝恩深春浩蕩,真妃睡起鬢鬖鬖。蜜杯著色添宮粉,猿洞流香帶嶺嵐。願絕塵緣受攀折,任人挑上賣花擔。

垂絲無力輓征驂，士也悲秋女也戕。金屋落成香氣洩，瑤池
宴罷醉容酡。渡來桃葉搖雙槳，採得蘋花貯滿籃。猶把高枝迎
御輦，寶兒生性太嬌憨。

寄身香國樂狁狁，蕩子無情鷺羽毿。蒲葀含茞堪結友，芷蘭
紉佩不宜男。紅顏嬌似康成婢，紫氣濃如太史儋。嶺上早梅應
聘汝，歡苗愛葉綠毿毿。

為勤花事日驂驔，花縱無言亦點頷。仙桂分香探月窟，古藤
滋蔓試霜鐔。煙凝碧血千秋恨，露滴紅心兩淚含。臭向西風怨
搖落，芙蓉猶在水中潯。

高燒銀燭照松龕，玉版禪機面壁參。勁草疾風支晚節，名花
傾國共清談。羞稱侍婢依籬菊，欲覓歡奴種海柑。杜老吟秋猶
擱筆，翩翩作者問誰堪。

錦江春滿玉容澹，生不同時怨葛覃。落葉哀蟬聲正苦，看花
走馬樂猶狁。侍兒嬌慣朝慵起，蕩婦愁多夜夢喃。一自鍾王題
詠後，秋芳獨佔百花潭。

楚材何地不楩楠，室盡芝蘭草盡甘。椿樹亦悲彭祖夭，蕨薇
猶笑伯夷貪。忘憂萱種高堂北，遺愛棠留召國南。花底客卿無
個事，自摩秋色寫雲藍。

附記：陳君阜蓀，湘潭人，王湘綺之弟子，與余同出黔南夏同
和用卿師門下。舊作秋海棠詩十二律，限用十三覃韻。丁未至
粵，錄呈用師，師嘆為難得。余對曰：“是亦易易耳。”陳怫然曰：
“君能用此險韻作四律乎？”曰：“能遲我三日，當逐一依韻和之，
何乃四也！”陳曰：“果如約，某當報以百拜。”越三日，詩成，呈之
師。師朗誦畢，笑謂陳曰：“百拜禮太煩，報以三揖可也。”遂命酒
共酌。師及陳君並為點定十數字。今歲，夏師已歸道山，陳君又
久不相見。回念舊游，不勝感傷已！乙丑新秋，自志。

為此詩時，押韻取之佩文韻府。秋海棠故實則多取諸圖書

集成及廣羣芳譜。原有自注本,已遺失,再記。

和陳董堂(道華)贈碧西原韻爲葉競生(夏聲)作(四首)**
1907 年

天然出水玉芙蓉,不用黃金買畫工。
聞説當年初見世①,窺人小立宋牆東。

悵望伊人水一湄,葉書曾寄定情詞②。
如何別抱琵琶去,忘卻西欄露立時③。

雨覆雲翻幾變遷,揚州舊夢已成煙。
雲英重見猶相識,話到離情各黯然。

間向東園載酒過④,當筵還贈竹枝歌。
笑翁神似香山老,留別詩中憶妓多。

悲秋　悼秋瑾⑤

用杜甫秋興八首韻,與朱執信(大符)同作。
淡煙疏雨黯空林,爽氣西來萬木森。白草牽愁連塞外,黃花

---

① 日本少女初出侍宴者謂之初見世。
② 日本呼明信片曰葉書。
③ 聞碧西寄競生書中有"玉欄西畔露立多時"語。
④ 東園在廣州靖海門外,前對珠江。
⑤ 秋瑾(1879—1907),女,浙江紹興人。因刺殺恩銘被清政府捕殺,爲近代民主革命烈士。

和淚泣牆陰。飛霜已瘦梧桐影，向日猶懸葵藿心。驚醒深閨蝴蝶夢，女嬃初試搗衣砧。

西風吹度素馨斜，榮悴朝昏感舜華。斫地有聲頻拔劍，通天無路欲乘槎。思君曲苦湘妃瑟，戀母音悲蔡女笳。極目關山何限恨，淚珠應化斷腸花。

千門萬戶盼朝暉，耿耿星河曙色微。羣燕將雛皆北向，孤鴻和影獨南飛。菊芳蘭秀佳人遠，鳳泊鸞漂故國違。一棹秋風動歸思，蒓羹鱸膾止鮮肥。

國手爭先一著棋，南風不競使人悲。高擎仙掌難承露，淡掃蛾眉未入時。桔柚子低嗟任重，芙蓉花老怨開遲。潯陽商婦同淪落，對客輕彈琥珀思①。

不堪臨水更登山，獨立千巖萬壑間。白帝司權多殺氣，素娥耐冷出陽關。星橋渡鵲光銀漢，日影寒鴉惜玉顏。聞道上林秋獮罷，當塗猛獸尚班班。

西陸蟬聲嘆白頭，江湖落魄幾經秋。滿腔熱血三杯酒，七字哀吟萬斛愁②。華表千年應化鶴，泰山一擲付輕鷗。地球南北如翻復，會見春光滿亞洲。

欲憑人力奪天功，都付黃粱一夢中。蕩婦倡樓悲夜月，庶人窮巷動雌風。爲君置酒浮三白，聽我吹簫唱小紅。滄海苦填精衛石，何如江上信天翁③。

滿地荊榛路邐迤，悠悠行邁隔山陂。客來南浦歌三疊，人倚西樓笛一支。茅屋感成秋興賦，草堂新勒北山移。苦吟不覺詩魂瘦，搔首青天幕四垂。

---

① 琥珀思，係琵琶別名。
② 秋瑾就義前，在敵人準備的供詞上憤題"秋風秋雨愁煞人"七字。
③ 信天翁，鳥名。此處喻依附清王朝貪圖官祿的庸碌之徒。

舟泊香港 ^{**}　　　　1907 年

舟行香海暫停輪,四面峯巒擁若城。

上下三環電車走,東西兩口砲船橫。

龍山又隸英倫籍,馬路猶傳利亞名①。

五十年前一荒島,至今燈火萬家明。

和陳次澄、張益生等(並序)　　1908 年

　　陳次澄(海瀾)、張益生(通晋)自潮陽以其同人唱和詩見寄,
依韻和二律。

　　衆仙高詠聚瑤臺,風送潮音捲地來。雁字幾行秋色老,鷄鳴
四面楚歌哀。文章司馬多奇氣②,湖海元龍盡霸才③。我亦欣
然動詩興,不緣東閣早梅開。

　　法言典册在蘭臺,日見諸生負笈來。從政遺規馴鱷暴,齊民
要術輯鴻哀。士風羣向申商學,化雨培成管樂才。韓水韓山終
古在,天南文運又重開④。

和陳次澄、張益生等又一律 ^{**} 1908 年

萬方多難獨登臺,亞雨歐風撲面來。

心逐鳶飛誰馬援,人從虎化盡牛哀。

----

① 　香島南面九龍半島亦爲英人租借。香港有一大馬路,名維多利亞,其女主名也。
② 　謂益生。
③ 　謂陳氏諸君。
④ 　時益生主辦潮州法政教育。

老夫權作蠻夷長，小器翻稱天下才。

欲上青雲扣昌盍，問君恢眼幾時開。

感事寄次澄（用前韻）

誰築黃金百尺臺，欲彈長鋏喚歸來。問天屈子誰能對，斫地王郎且莫哀。與俗浮沉餘傲骨，受人憐惜亦庸才。不如把酒面場圃，吩咐野花隨意開。

贈別（並序）　　　1908年

吳英翰君在廣東法政學堂與焌同事編譯，相得甚歡。臨別無所贈，爰取小照贅以韻言。

巴陵吳子天下奇，肝膽照人山可移。別有清才人不識，桦湖文派梅村詩。拂衣徒步走南粵，同泛珠江看明月。珠江不若洞庭湖，留君不住匆匆別。與我同年同月生，爲君置酒結同庚。自慚痴長十三日，笑向君前稱小兒。我來粵東經五歲，一年三百六旬醉。但願樽中酒不空，安知世上功名貴。我有一言持贈君，人須求己毋求人。如君歸去自可樂，何用僕僕奔風塵？

寄內　　　1908年

新秋天氣小春時，睡起東窗日影移。

昨夜夢中曾見汝，曼聲吟我寄懷詩。

九日憶家　　　　　1912 年

　　一舉輒千里，徘徊思故林。高堂勞夢想，遊子發謳吟。秋晚黃花節，春暉碧草心。白雲山在望，回首涕霑襟。

　　客里逢佳節，思親更憶君。聯床曾聽雨，隔嶺獨看雲。叢桂留人住，孤鴻徹夜聞。加餐各努力，不用念離羣。

　　結縭經廿載，歡聚不多時。又是遠離別，渾如長渴飢。捲簾人影瘦，倚枕漏聲遲。何日成歸計，循陔共賦詩。

　　解憶珠江月，遙憐小定如。青燈勤問字，素手學抄書。遠志猶踰我，遺經合付渠。歌詩能上口，書此寄雙魚。

聞楊傑（叔珊）入培德女校習工科

　　婦德爲先後婦功，稍留餘力習言容。老親衣帛雛兒布，端賴纖纖汝手縫。

　　時樣西裝穩稱身，中華服色已更新①。願卿專意縫紉學，莫漫停針憶遠人。

　　海上孤鴻未得歸，秋高風急更南飛。地鄰熱帶無寒到②，不用殷勤遠寄衣。

　　萬里相貽錦一端，鴛鴦雙宿採文盤。憑君自製衷身服，待我歸時著與看。

---

① 　民國製服改從西式。
② 　時即將往海南島。

乘廣海艦往海南晨起有感

我本無愁客，胡爲白上頭？雲山千里夢，霜鬢一絲秋。屈指將强仕，因人作壯遊。乘桴何處去？含笑問沙鷗。

擬孤鴻海上來

孤鴻海上來，江天雪將暮。稻粱無所謀，直入山深處。幽棲春復秋，西風撼庭樹。山中難久留，又向南飛去。迢迢回雁峯，一擧輒飛度。南溟有奇甸，得路且先羞。何時復來賓，楊柳亂飛絮。念我同羣友，聚宿平沙渡。矯首望北方，蒼蒼隔煙霧。

和姜白石古樂府

裁書寄所歡，措詞防未安。夜闌更秉燭，將書往復看。少小各知名，仍須託良媒。莫似海南花，不逢春亦开。貽我同心果，檳榔①雜扶留。初嘗兩頰頳，對鏡還自羞。

登海南第一樓②

古來遷客此經過，我輩登臨感逝波。山擁瓊樓環北郭，泉浮金粟記東坡。祇緣君主專横甚，遂使名賢放逐多。今日遠遊非

---

① 粵俗定婚以檳榔爲禮。檳榔出海南，雜扶留藤，葉生。嚼之，汁如血，須吐去一口再嚼，乃不澀。初食兩頰發赤，昏如中酒。習久始慣。可闢瘴氣。
② 樓在瓊州府城北里許。上祀唐李德裕、宋李綱、趙鼎、李光、胡銓，故又名五公祠。左爲蘇公祠。又左有浮粟泉，水質清冽而味甘，云係蘇公雙泉之一。

謫宦，爲公慷慨發悲歌。

瓊州雜詩（用白石湖上寓居雜詠韻）

　　浮海東行欲到天，臺南臺北舊停船。此行又蒞珠崖郡，海外鴻泥豈偶然？

　　仙掌摩空萬仞山，五峯高處不勝寒。夏宜絕頂冬宜麓，我欲乘風自往還①。

　　四季曾無落葉時，秋風楊柳正依依。天公若布三冬景，可放楊花作雪飛。

　　菊黃時節早梅開，灼灼桃花紅滿階。可惜小園無隙地，不曾移得白蓮來②。

　　蕉葉蕉花貫四時，綠陰如水浸玻璃。此身原是無心物，勁節還同修竹枝③。

　　晴時溫暖雨時涼，單夾誰宜仔細商。漫道海南風土薄，此心安處即吾鄉④。

　　雜花生樹滿庭栽，野鳥依人飛上階。我愧東坡老居士，問渠今日爲誰來⑤？

———————————

① 五指山在瓊島中，黎人居焉。五峯參差常隱雲霧中，久晴或海雰淨盡時可見山頂。蒼白相間，蓋積雪也。道路險阻，人跡罕至。

② 宋李光云：“海南蓮花與菊梅相接，葉小而清香可愛。”余以陰曆十月中至瓊臺，園庭中菊花與桃梅已盛開。余欲配以盆蓮，使中原四季之花一時咸集。聞冬蓮惟儋州有之，惜乎遠莫能致也。

③ 時居舊瓊厓道署，窗前叢竹芭蕉，蒼翠欲滴，余題所居曰“竹節蕉心之室”。

④ 時已近大寒節，天晴只可著單衣，即陰雨而無颶風時，著夾衣二襲足矣。

⑤ 東坡居儋耳城南時，有五色雀來至庭下，坡翁舉酒祝曰：“若爲吾來，當再集也。”已而果然，乃爲賦五色雀詩。民國二年一月四日，有雀飛入余室中，同事徐楊香傳慰祖掩得之，其毛羽黃白黑三色相間，大如班鳩，喙長半寸而銳。詢之土人，亦不能舉其名。余效坡翁故事，祝而釋之，迄不再集。

第一樓頭謁五公，野花猶似舊時紅。可憐前代君臣義，多在翻雲覆雨中。

新教鸚鵡未能言，對語啁啾雜管絃①。歡自說情儂說恨，博山爐火水沉煙。

飄風靈雨杳冥冥，海上桅檣見一燈。汽笛數聲燈影渺，師船巡海過厓陵②。

步出東門望眼寬，分秧獲稻徧江乾。歸來檢校陰陽曆，始識今朝節大寒③。

木棉花落剌桐開，颯颯東風細雨來（藉二句）。藤笠蓋頭巾障面，女郎聯袂踏青回④。

爲巡砲壘過沙堤，入市沽春手自攜。牛背兒童歸去緩，亂鴉飛度夕陽西⑤。

終朝藉酒遣離愁，翻似抽刀斷水流。欲去尋山訪黎母，天空海闊夢悠悠⑥。

夢遊黎母吟

我行萬里乘桴浮，長風浩浩雲油油。雲端仙人豎五指，招我渡海來瓊州。瓊州島中有黎母，云是天上婺女下降人間遊。曾

---

① 有人自儋縣南豐市歸，贈余雌雄鸚鵡各一。余日以簡單語句教之，終不能言，惟二鳥相對啞啞而已。

② 瓊州原有砲艦一艘，以防海盜。近因厓縣陵水一帶海面不靖，令其連夜開往巡緝。

③ 瓊島二歲五熟，故大寒節時有打稻者、插秧者。

④ 鄉村遊女皆戴藤笠而障以青巾，云是蘇公相傳之遺俗也。

⑤ 初春偕同事諸人巡視海岸秀英砲臺，回馬沿沙堤至海口市購三星白蘭地酒數樽而歸，已薄暮矣。村民以畜牛多者爲富。飛禽惟鴉最多。

⑥ 黎母山一名光螺嶺，在定安縣西南三百八十里，山極高峻，歧黎環處其間。相傳雷破蛇卵，中一女子，居此山，誕生黎歧，遂爲黎母。又云婺女星常降此，故又名黎婆山。

隨媧皇斷鰲足，遂與禹跡分鴻溝。邇來歷歲不知幾萬億，巍然獨
立天南陬。穆滿八駿不能到，燕昭遣使無從求。漢家劉徹頗好
道，邊功僅屬邛離侯。我來思古情悠悠，化爲蝴蝶尋莊周。翩然
乘風振雙翼，直上五千七百八十餘尺之峰頭。黎母姍姍來，花冠
垂九旒。顧我粲然笑，斂手攜杖鳩。向我通殷勤，檳榔裹扶留。
飲我真一酒，甜如香粥稠。啖我波蘿蜜，大如車輪周。饌我以庶
羞，鰍鱔鯇鯉鱘鰉魷。樂我以黎謳，青雛綠鳳鳴啁啾。饌樂未及
已，邀我登瓊樓，沉香亭子最高處，珍珠簾捲珊瑚鉤。添酒重開
饌，烹羊魚肥牛。停杯投筯不忍食，舉目四顧生煩憂。東臺灣，
南琉球，西交趾，北廣州。屏藩數百萬方里，今乃東界倭人西與
歐。賸此南溟一奇甸，爲我中華鞏固黃金甌。豎儒不識天下計，
棄置珠厓如贅疣。今雖收入版圖內，亦只聽其自生自滅不復爲
之謀。生歧熟黎土著賓萌不相得，爭奪鬥殺尋仇讎。我欲治之
道無由，敢請黎母取我前筯籌。黎母向我言，善哉周爰諏。回憶
天地開闢初，人生大抵如猿猴。後聖制禮復作樂，有如銜轡羈騄
騮。自吾聚族居此島，飲食、衣服、言語、風俗不與中華侔。然而
此心此理無或異，實與天地烝民同一流。終身孝於母，遇事忠於
酋。約信刻箭杆，尚勇張弓鍭，獨不好智術，無虞無詐無相尤。
漢祖唐宗恣遠略，使我邊陲四境皆虔劉。更有暴民污吏與我爭
此土，不持玉帛持戈矛。姦民漁利復構煽，遂令黎村歧峒歌同
仇。稱兵犯順豈得已，一如窮鳥困獸逃置罘。或招以禮懷以德，
依然駿奔稽顙委質重譯輸供求。嗟我黎民子孫亦人類，同隨遠
祖黃帝來自軒轅邱。於變時雍自有道，我今告爾嘉謨猷。武力
服人不心服，惟有文德能懷柔。我聞媼言思悠悠，武則偃之文則
修。循是而行三十秋，德之流行如置郵。鑿山導海通車舟，歧黎
盡化爲生徒，青竹盡闢爲田疇。綜合瓊厓一十有三縣，族黨相救
州相周，無貴無賤無貧富，歡然聚首如朋儔。上無帥長下無使，

鬼無靈響人無愁。是時黎母爲我蘄介萬年壽,張樂設飲傾新篘。
誦我敷政何優優,祝我千祿百福遒。我乃狂歌舞且蹈,千鍾百觚
相獻酬。頹然高臥不知曙,起辭黎母行歸休。豁然酒醒開雙眸,
但聞窗外竹風蕉雨聲颼颼。

丙常生日寄懷(用白石壽樸翁詩韻)

花風廿四記芳年,感我連枝骨肉緣。擬作沉香山子賦①,只
慚文思不如前。

伏波祠題壁(並序)　　　1913 年

前漢路博德、後漢馬援,皆爲伏波將軍撫定珠厓郡,瓊人並
建祠祀之,至今不廢。案文選劉越石答盧諶詩,李注引漢武帝賜
故珠厓太守董廣詔曰:"伐叛柔服,文昭武烈。"今考之瓊志,詢之
瓊賢,無有稱述漢太守董廣者,殆文治不及武功之盛歟? 感而賦
此,就題詞壁。

　　覃都爭拜伏波祠,路馬將軍舊誓師。武烈文昭賢太守,無人
爲建去思碑。

和文昌靈右羣韻

浮生飄蕩託清流,南渡朱厓艤棹舟。法學仗君傳海嶠,奇書
容我藉荆州②。論交恍憶三生舊,感事同歌萬古愁。何用短衣

---

① 蘇子瞻居儋州時,於子由生日曾作沉香山子賦壽之。
② 靈君畢業廣東法政學堂,現長瓊山學校,校中頗多藏書。

隨李廣，百城坐擁亦王侯①。

還書和靈右羣韻

藏書許縱觀，客來不待速。一甌復一甌，新春酒初熟。自笑
誠迂儒，負此郝隆腹。食古不知味，馬肝甘於肉。目如強弩末，
弗克洞霧縠。餔糟啜其醨，還珠買其櫝。繼晷焚殘膏，熏香拾賸
馥。挾策而亡羊，恐效臧與穀。忽入琅環地，恨不十年讀。願同
歐陽生，受經濟南伏。假我未見書，蒼頭日攜簏。何以持贈君，
報之詩一束。

調吳仙樵次原韻

紛紛暮雪下江天，小聚南州繡水邊。欲藉先生修月斧，青天
碧海覓仙緣。

旅窗閒度可憐宵，賴有詩翁慰寂寥。美酒一杯歌一徧，不知
窗外月輪高。

鯤鵬萬里共逍遙，君是詩癲我酒豪。如此庸才亦從政，何論
天下盡滔滔。

心如機杼語如絲，獨織回文錦上詩。莫向俗人談別趣，不然
人定笑君癡。

留別瓊臺諸子

一紙官書逐電催，又攜琴劍出瓊臺。偶然數月留鴻爪，難得

---

① 北史李謐傳：“丈夫擁萬卷書，何假南面百城。”後人因謂藏書富者曰坐擁百城。

諸君悉駿才。送別直過亭十里，臨歧猶進酒三杯。珠厓說是多
情海①，果若多情我再來。

戲題帳簷　　　　1914 年

（澧縣周鐵梅爲漢壽吳仙樵畫帳簷一幅，戲題長句。）

老梅畫古松，持贈吳仙翁。仙翁囑我題詩補其空，我於畫學
殊蒙懂，而於畫意粗能通。今觀鐵梅居士之所作，知是化工非畫
工。上綴凌霄花幾莖，下開黃菊花幾重，中間枝柯交錯盤虯龍。
懸之絳帳前，謖謖生秋風。我觀此畫莫名妙，但知居士必有深意
存其中。松與梅是歲寒友，居士自況將毋同。黃花高隱即仙品，
丹花寄生如我躬。羨彼松菊各抱雪霜質，嗟爾凌霄依草附木真
宛童。幸非蔦與蘿，能作漫天紅。盤旋直上萬萬里，侵入玉皇大
帝靈霄宮，卑視五大夫，曾受暴主秦皇封。下窺隱逸士，埋頭暫
寄東籬東。參天不過二千尺，貼地只開三四叢。仰視凌霄在天
上，可能排雲馭氣來相從。仙翁顧我囅然笑，謂我推論非折衷。
同是一花一草一木耳，安用屑屑分雌雄？況乎畫意未必實如此，
管窺蠡測安能窮？我聞此語心忡忡，謂君不用相爭訌，還以質之
周鐵公。

題寸草吟(並序)　　　　1914 年

武陵陳棻白方枬。手抄其師桃源宋穎之士冕。寸草吟，屬余
點定。爲題一絕歸之。

新詩一卷寫天真，心戀餘暉寸草春。

---

① 相傳瓊海爲情海，凡曾遊瓊州者必重遊一二次。

欲訪桃源高隱士,知津賴有武陵人。

次鐵梅居士五十自述原韻

　　大地圓如珠,東西分兩半。吾身虱其間,望洋輒興嘆。浮海
天東南,飄若蓬梗斷。倦鳥知飛還,暫息清風翰。忽逢天門守,
強起渴睡漢。同舟渡灃浦,小住蘭江岸。此邦民氣新,棄惡有如
灌。車李存流風,文采猶彬煥。有人梅根冶,如古柳下鍛。接談
窮要眇,智識共交換。憐彼名利客,胸中積冰炭。說法度衆生,
滿坐天花散。閼逢攝提格,春月正朔旦。造謁君之廬,茶煙竹裡
爨。茶多詩思清,詞源亦澔瀚。從君藉奇書,君言特淒惋。湣灘
丁水厄,漂失已無算。獨抱阮籍懷,嬾答方朔難。長歌以詠志,
洋洋關睢亂。示我自述詩,知讀史傳贊。如君少壯日,天馬絶羈
絆。中歲頗好道,汪洋靡厓畔。三絶書畫詩,識者亦珍玩。辭章
尚奇古,典謨供點竄。桃李羅堂前,薪傳一以貫。水月楊清輝,
飲酒常在泮①。楚材多杞梓,爲國育楨幹。愛君好文禮。於道
可弗叛。嗟余善戲謔,出語無忌憚。相遇即相得,如君吾見罕。
把臂同入林,相期遊汗漫。

留別東莞陳鏡明　　　　1915 年

　　白雲隨意破空飛,飛度鰲峯暫息機。蔭有甘棠忘夏日,心餘
寸草惜春暉。多君範水模山筆,送我吟風弄月歸②。此後重尋
五羊石,故人情話更依依。

---

① 　時君爲高等小學校長,校址在水月林。
② 　時同客連江。陳君曾手摹連江圖見贈。

贈橋川時雄

　　東海有奇士，白名爲潛夫①。負笈遊中華，性本愛詩書。尚友古之人，寄懷五柳居。南尋武陵源，桃花今有無。陶公多寓言，慨然慕唐虞。世外開新村，無爲返古初。願與細論文，重來過我廬。

和程海年（璟光）驛柳（次張船山韻）1921 年

　　壯遊萬里趁新晴，青眼多情一笑迎。飛絮漫天殘雪影，柔條拂岸曉風聲。塵驅驥足馳官道，笛作龍吟滿洛城。此去陽關尋客舍，休教錯認漢家營②。

　　曾經柳汁染征衣，又駕驪駒獵一圍。綠葉成蔭堪避暑，青山如舊漫言歸。祇緣亂絮因風起，復見殘花滿路飛。回憶臨歧攀折處，故人情緒尚依依。

　　年華容易又秋陽，景物凄清似故鄉。抱葉蟬聲風送雨，過橋人跡露爲霜。疏林尚有藏烏處，古道新開戲馬場。莫向江潯怨搖落，天涯攜手且同行③。

　　記曾冬暮渡瓊州，夾道垂楊係別愁。今我來思仍作客，閱人多矣孰封侯？自憐憔悴如蓬轉，欲覓萍蹤逐水流。閒倚離亭驚歲晚，漁洋何事獨悲秋④。

---

① 橋川時雄別號醉軒潛夫，日本人，北京大學文科畢業。
② 余以九月中重遊粵東。
③ 時廣州新築馬路，兩旁皆種槐柳。
④ 民國元二之交，余曾遊瓊厓，迄今已近十年矣。

贈曾黼廷(昭聲)(並序)

　　曾黼廷被選爲吳川縣長,將之任,賦此贈之,即用其留別新會父老詩韻。

　　忙整征衣猛著鞭(藉句),又尋羊石舊因緣。飲君醇酒三星地①,贈我梅花十月天。重蒞新夷還惜別②,屈臨下邑爲籌邊③。憶民詩稿爭傳誦,似比香山白傅賢④。

　　故人尊酒又離亭,南指吳江兩度經。父老杖鳩迎舊尹⑤,兒童竹馬望芳型。雙輪到處祈甘雨,一路同聲頌福星。民意如斯須體貼,莫教輕易試青萍。

　　廣灣今不屬中華,還問硇洲與鰽沙⑥。虎豹食人猶未厭,鯨鯢跋浪更無涯。勸農早蓄三年谷,闢地先栽一縣花。留得甘棠餘蔭在,振振麟趾定於嗟。

　　人爲生存尚競爭,官民階級未能平。但求良吏勞心治,自見編民竭力耕。新立五權增鼎足,高歌一闋和琴聲。臨歧贈語君須記,不用呶呶敘別情。

遊上榕寺和齊樸農(璜)韻

　　聞尋古寺寄遊蹤,塔勢崢嶸疊九重。未獲登高窺百粵,且須

---

① 三星地爲西酒商標。
② 新會晉志爲新夷縣。
③ 吳川濱海爲二等縣。
④ 曾君前任開平、吳川、新會。去任時皆有留別詩,一時和者甚衆,均已分集印行。
⑤ 時粵中縣長皆由縣民選舉,吳川耆紳來省歡迎曾君者百數十人。
⑥ 硇洲在廣州灣之南,鰽砂在硇洲之西,原屬吳川轄地,後爲法國租借。

沽飲盡千鍾。菊花遲放色尤艷，榕樹補栽蔭正濃。回憶湘西麓山頂，無人培植六朝松①。

淨慧莊嚴久失蹤②，祇餘亭館一重重。遊人似織參禪座，塔影如錐入酒鍾。壁嵌唐碑文亦古，額題蘇字墨猶濃。飛來石虎昂然立，徧體茸茸長瓦松③。

答齊樸農

（樸農來寓同居，連和數律，仍用前韻答之。）

越王臺畔聚萍蹤，君是重遊我更重。臨我敝廬容一榻，酌君清酒盡三鍾。吟成七字聲相應，話到千秋興倍濃。且住爲佳待春暖，漫言歸去撫孤松。

附　　　　　　　　齊君和詩

乘暇同尋六祖蹤，人民非昔我來重。塔榕修補塵千刧，田海滄桑酒一鍾。莫羨遊人沽盡醉，須看古佛睡猶濃。不如歸去家園在，三徑毋荒菊與松。

達摩祇履去無蹤，路膴曹溪隔萬重。衣缽不傳空相在，江山幾刧始靈鐘。千年樹老何須補，一院香添覺太濃。欲向深山尋古刹，長邀明月對青松。

浮海樓船不定蹤，漓江粵嶺共遊重。逢君萬里離三月，飲我千觴醉一鍾。刧話家山嫌夜短，陳留徐榻轉情濃。千年樹木桑麻滿，媿欲言歸學種松。

---

① 寺中舊有六榕樹，相傳爲六祖手植，纍歷兵燹，無一存者。今之六榕爲後人所補栽者也。
② 梁時爲大莊嚴寺，唐時爲淨慧寺。
③ 寺有唐王勃記及後人重修碑記，皆刻石嵌於四壁。宋蘇軾曾題“六榕”二字，今塔上“六榕”二字猶蘇書也。池中有大石屹立，題曰“石虎”，蓋新移來者。

答程海年（並序）

程海年以其弟十發翁鹿川近稿並和詩見示，即以原韻答以一律。

君家明道與伊川，各霸文壇數十年。烈士壯心猶未已，詩翁豪氣更無前。閒情偶寄湖心月，近稿遙傳嶺外天。我亦生平好高詠，祇今愁上孝廉船。

曹說蓮先生七十壽詩①

十年重聚德星堂，南極增輝耀五羊。黎杖扶鳩開八秩，雲編闕蠹貯千倉。叢蘭有秀光風轉，弱線頻添愛日長。願折瑤華持獻壽，嶺頭新放早梅香。

和平山五十初度原韻　　1923 年

珠玉隨風落九天，楊雄自敘滿華箋。曾經伯玉知非日，更假宣尼學易年。文擬六朝參宋派，詩通三昧契唐賢。排山欲及平山峻，須藉秦皇遣石鞭。

爲求名酒始求官，叵耐官廚酒味酸。放棹且尋蘇小小，題詩常誚李端端。旁搜二酉藏書讀，恥學長庚挾策幹。尺素迢迢頻寄我，春華努力勸加餐。

嶺表歸來歷歲餘，同心千里悵離居。我方學詠師高適，君已狂歌陋接輿。驥子養成西極馬，龍孫將化北冥魚。慚余尚未知

---

① 說蓮先生爲曹伯陶受坤之父。

天命,偷作衙齋小秘書。

　　瑤池阿母即楊回[①],定摘蟠桃送酒來。上壽纔過百年半,壯
心原未十分灰。好邀客醉真豪士,不受人憐即霸才。一日一杯
思對飲,尚需三萬六千杯。

附錄一　　　　五十初度詩　　　平山

　　　　　　(癸亥四月五十初度偶成)

　　棗葉桑花四月天,公余有興擘吟箋。記從蓬矢懸門日,已居
蘭陵作令年。求是每防真理窠(余以求是顏其書齋,並鐫小章,
文曰求是,取河間獻王語也),知非合契古人賢。半生歲月銷何
處? 江上風帆馬上鞭。

　　冰署頭銜舊冷官,慣將豪氣冼儒酸。空懷謝草吟池畔(先
兄桂馨讀書過目成誦,下筆千言,甫冠即逝。舍弟科生性極聰
穎,又以病廢,思之黯然),敢說江花夢筆端。另眼也曾逢阮
籍,及身誰為表方幹。鑽研故紙嗟何益,脈望神仙字已餐。

　　身世茫茫永感餘,卅年曾未賦閒居。關河到處羈王粲,邱壑
何時隱幼輿。慷慨願屠燕市狗,遲回怕食武昌魚(去冬,有某公
曾招赴漢皋,今復敦促,未果行也)。兒曹幸有家緘至,為報諸孫
解讀書(現有孫五人,幼者不足二歲,餘已就學)。

　　倦鳥重從海岱回,飛鴻又逐五溪來。談時天寶多遺事(余每
喜談前清朝野故事),論世昆明有刼灰。寶篆依人留絕唱,刼超
入幕總庸才。河陽偶藉栽花縣,小集朋儔一舉杯(時易惠泉縣長
因公赴省,余為代行職務)。

附錄二　　　　答謝詩　　　平山

　　　　　　(答謝賜和五十初度詩,迭前韻兼柬排山)

　　沅芷湘蘭共楚天,興來重寫薛濤箋。詞人丁卯將成集,騷客

---

① 枕中經云:西王母姓楊名回。

庚寅自紀年。有酒便留親與醉,無財不損子孫賢。窮通夙守尼山訓,富貴能求肯執鞭。

　　讀律曾充議獄官,早將世味飫鹹酸。紅羊刧火經千變,蒼狗浮雲幻萬端。舊雨懷人情繾綣,新亭對酒淚闌干。壯遊回首西泠樂,飽看湖山秀可餐。

　　酉陽僑寄已年餘,賴有羣賢慰索居。白虎遺篇談典籍,青烏雜學說堪輿(余亦粗解葬經,喜談地理)。師門每媿羊公鶴(元和江建霞師、歷城吳緦丞師、濰縣柯鳳蓀師督學湖南時,均以遠到期之),食譜猶諳宋嫂魚(南宋時,杭州西湖有宋五嫂烹魚最美,至今湖上有此魚羹)。立雪傳家三十世,至今不廢納楹書(吾族爲龜山先生後裔,由閩而贛而湘,迄今已三十餘世,詩書遺澤,一脈相承,頗稱湘中著姓云)。

　　黃梅詞擅賀方回,多少珠璣次第來。身似征鴻無定所,心如老驥未全灰。唱酬偶試雕蟲技,博洽終慚吐鳳才。玉案金刀難報答,何時共進紫霞杯。

五十自述詩(之一)

　　癸亥十月,余亦五十初度,但小於平山半歲耳。再迭前韻,爲五十自述詩,兼柬平山。

　　不續離騷不問天,書懷自寫雁頭箋。初懸蓬矢剛重慶①,再踏槐花正壯年②。入幕每參高士坐,袒衣常得主人賢③。東南

---

① 余生後三日即先祖母五十三歲壽辰。又十餘日爲先父二十二歲初度。
② 癸卯、甲辰兩次赴禮部試。
③ 甲辰、乙巳間,嘗客陳德耀太守、朱喬生觀察、李直繩軍門幕府,皆處賓師之位。

大島閒遊徧,任我徐驅漫著鞭①。

　　天性疏狂不耐官,與人嗜好異鹹酸。精思絕學推楊子②,險韻新詩壓李端③。壇席名山談法政④,樓船橫海總師幹⑤。經文緯武尋常事,漫說書生衹索餐。

　　泛覽牙籤萬卷餘,精神常共古人居⑥。潛研内業搜齊管⑦,獨抱遺經繼魯輿⑧。算草九章量粟米⑨,筆花五色注蟲魚⑩。禮堂未定琳琅稿,叔夜年來嬾著書⑪。

　　溟海逍遙往復回,正觀無量壽如來⑫。曾聞燕士言生術⑬,

---

① 丙午夏,承岑雲階制軍命偕盧士考察臺灣政治,由臺北周歷臺南,閱二月回粵。壬子冬,承胡漢民都督命偕古、李諸君率師五營渡海平定瓊厓匪亂,余專司民政,曾派砲艦環瓊島巡視一周。

② 少讀蕭選,酷好子雲之文,因採嚴輯全漢文中楊雄數卷,更旁及其所著方言、法言、太玄、訓纂篇、琴清音各種,並加考證,輯爲楊子全書。

③ 詳和陳阜蓀阮秋海棠十二律附記。

④ 丙午以後,佐夏同和師創辦廣東法政學堂,並從師受法律及政治學。畢業後在校主講,編有法學通論、刑法講義、法政叢志等書。

⑤ 癸丑春在瓊臺,兼理瓊厓軍務。

⑥ 在廣東任教,前後六七年,校中藏書頗多,均按冊瀏覽一過。

⑦ 余讀管氏書,篤好内業一篇,以爲儒道二家身心性命之學皆基於是。爰仿阮文達曾子註釋例,爲内業註釋十五章。(編者注:内業註釋已收入諸子學述中。)

⑧ 五、六歲時,先父口授孝經,即能背誦。弱冠時,著有孝經鄭注集解附敍錄考證共二十卷。後見同邑皮鹿門孝經鄭注疏較余書爲簡要,遂未寫定。

⑨ 戊戌歲,獨習算學三閱月,至代數止。著有代數釋例九篇、四元玉鑒演代廿四卷等。

⑩ 業師張子雲授爾雅時,並郭璞注連讀之。余之留意故訓,實始於此。著有爾雅正字、爾雅本義疏證、爾雅郝疏補正、古訓纂、服虞通俗文義證等書。

⑪ 三十以前嘗自題書室曰湘中琳琅山館。所擬著書及已具草者三十餘種。出遊以後,茲事遂廢。近頗悔其少作,舊稿叢殘,無心重事編摩矣。庾子山詩云:"阮籍常思酒,嵇康嬾著書。"余愛之,曾倩友人書作堂聯。

⑫ 十數年來,余愛讀淨土經典及楞嚴圓覺等注疏。

⑬ 近歲校勘周易參同契闡幽,因涉及神仙家言,承友人齊君之教也。

已使齊巫見濕灰①。知命頗通君子學，攖寧小有聖人才②。閉門靜坐尋真樂，一卷經書一酒杯③。

五十自述詩(之二)

　　前用平山韻自述四律，專敘生平樂事，友人見之，以爲余生似絕未一罹憂患者，殊不然也。爰補述所歷，三迭前韻而詳注之。痛定追思，亦可謂險阻艱難備嘗之者已。

　　杞人何事日憂天，回首前塵淚滿箋。八十同胞三碩果④，九原大母廿餘年⑤。舜華易落偏憐女⑥，樾蔭難圓不象賢⑦。剩有稚龍雛鳳在，望渠飛舞尚須鞭⑧。

　　巷語街談出稗官，偶聞國故輒心酸。千年碧血嗟多士，三月黃花感百端①。脫屣逃威趨屋埆②，落帆蒙難度江乾③。歸裝

① 庚申、辛酉連遭父母喪，顏色憔悴，形容枯槁，有知醫者切余脈，謂必至乎大病，不敢下藥。今閱二年，尚無恙也。

② 粤人稱汪某爲聖人，余性拘謹，人亦戲以聖人呼之。辛酉秋重遊粤東，適夏同和師由贛南來粤，汪君及陳協之招飮於其家，余與陳漱清、古湘芹、廖仲愷、杜貢君、鄧仲元、鄒海濱咸集。酒酣，汪君舉杯屬余，余辭以不勝，古君矍然曰："聖人敬聖人酒，非飲不可。昔人云，兩賢不相阨，況兩聖乎?"于是合座大笑，各飲一杯。"攖寧聖人才"本莊子大宗師。前句"言生術"本列子說符篇，"見濕灰"本列子黃帝篇。

③ 廿六歲生日曾作數律，僅記斷句云："自誇生日先盤古，尚待來年學老蘇。嗜好只留三長物，舊書、醇酒、淡巴菇。"迄今二十餘年，結習如故，亦可笑也。(淡巴菇係英語 TOBACCO 音譯，意爲煙草。)

④ 余同胞兄弟姊妹八人，今倖存者惟余與丙弟及李氏妹三人而已。餘皆早夭。

⑤ 先祖母曾太君丁酉春卒，壽七十有六，迄今已二十有七年矣。

⑥ 庚子長女生，先母命呼爲舜兒，余因名之曰書華。能言時，授以詩歌，皆能背誦，識字且數百。壬寅八月中旬以急疾夭，時余正在棘闈中對策也。後以詩哭之，僅記斷句云："書華音與虛花似，深悔當年錯命名。"

⑦ 丁未内子攜次女書靜從余於粤，戊申秋舉一子，名曰書樾，字以蔭如，因其生於粤東，且以曲園望之也。不及半歲，遽以寒疾夭。

⑧ 現有二女一子，幼者僅五歲餘，須日課其讀書習字，教養之責殊非易易。

僅負東郊米，盡被猙猙惡虎餐④。

　湖海殘生虎口餘⑤，黃巾又擾野人居⑥。傷心折肋罹徵

---

① 辛亥三月二十九日，民黨轟擊廣東督署，死難烈士七十二人，叢葬廣州東門外黃花崗。每過崗前，不覺百感交集。時港滬各埠有以此役演爲新劇者，余見之輒爲流涕，蓋余亦此慘劇中倖免之一人也。

② 二十九日以前，余嘗與聞其事。是日午，余與校中同志徐楊慰祖等至督署照牆外，旋聞槍聲，間以沖鋒炸彈聲，曰："事作矣!"見一人長衣空手，倉皇自督署出，向司後街走。見余等，操粵語叱止之曰："事不諧矣，速逃速逃!"繼聞馬蹄聲、軍士步履聲緩緩自東街來；又聞有步履聲匆匆自西來，至照牆西偏止。隊中有人操普通語從容呼曰："莫打! 莫打中國同胞。"東隊寂無應聲。忽排槍一響，西隊有奔走聲。俄而復集，互發排槍一響，雙方皆退走，寂無人聲者，又歷二時許，惟見督署內外火光熊熊。余與徐楊君等謀曰："前街火逼不能行，盍緣民居屋頂至華寧里暫避乎?"皆曰然。乃捲衣跣足，越屋十餘棟。時已昏黑，而火光中猶見人影，兵警升屋放槍亂射，余等倖無一中彈者。適見華寧里某書院有人梯而望火，同行者四人中彼識其一，得藉梯而下，暫匿院中。有院中人自外扣門入者，詢以外間情況，不知其詳。但云："街上無一軍警，電燈如舊。君等欲歸寓，此其時也。"余等四人乃出華寧里分道回寓，街上別無行人，惟藩司署前尚有一賣湯餅者而已。余至天官里寓，扣門入，見堂前焚香秉燭，內子向余合掌誦佛號不置，蓋彼亦微聞余等今日之事也。是年暑假時，即親送內子及女兒回湘，仍獨身返粵，居法政學堂中。

③ 辛亥十月，武昌起義成功，廣州反正同志皆賴余留粵。而家中函電促歸。乃於十二月偕妹夫李筠石等先至上海，候武漢南北停戰期間沿漢回湘。然兩岸時聞槍聲，且有彈丸傷及船中旅客者。

④ 抵家十餘日，一夜，有匪徒二三十人破扉入，搜劫一空，倖未傷人耳。

⑤ 壬子復返粵，客瓊州，辦理瓊崖民政。癸丑復由瓊返粵，在省署長内務。都督兼民政長胡漢民爲袁世凱所忌，解職，由陳炯明繼任，即興師討袁。袁聞龍濟光率師攻粵。粵軍有内應者，發巨炮遙擊督署。余亦逃出，避粵友陳景堂家。陳家與龍軍爭奪城北觀音山，激戰兩晝夜，槍聲如連珠不絕。陳宅距山不半里，屋後窗鏡中流彈皆洞穿。席地而臥者歷三日，脫身乘廣九火車走香港。車抵九龍，海關已先得龍濟光電，請派警嚴查由廣至九之客。有形跡可疑者百數十人，皆驅至海關署，余亦與焉。稅司逐一詢問，分別去留。留者仍由原車送回廣州。最後至余，疑爲粵東官吏。余力辯其非，出名刺之，印有廣東法政學堂字樣。且搜提篋中除單夾衣兩襲、紙幣數十張、銀毫十餘元、佛教聖典一册外，無他物。身上亦只紙煙、火柴、名刺等件。乃許余往港。然已受半日拘留刑矣。後聞由原車送回廣州者，被龍督捕殺十餘人。同志諸君皆陸續來港，集議收復省城。香港總督向龍督之請，有允將民黨引渡之說。諸同志遂分投海外。余與徐楊君等變姓名，逃滬上。後徐楊君返甘肅，余獨回湘。冬十一月漫遊澧州，途中小輪舟觸石破，幾沉没。甲寅夏回省時，舟又遇險，得一帆船來獲救。十月至滬上，將往廣東謀進取，探知粵事未可圖，乃訪龍人黃笻腴於福建，鬱居連江縣署，六閱月而後返。

⑥ 乙卯六月初，余自閩歸，甫月餘，又遭盜劫一次。

索①,避地移家奉板輿②。月上櫻桃悲白傅③,風摧椿樹泣皋
魚④。居喪講學原非禮,勉爲諸生詔讀書⑤。

　　解慍薰風次第回⑥,那堪吊鶴又飛來⑦。神遊哭醒三更夢,
心事燒殘一炷灰⑧。假我數年思學易,爲人從政敢言才⑨。終
身憂患何時了,且樂生前酒一杯。

---

① 是夕,聞東廂打門聲。余即驚起,先將老小安置一室。並呼僕人起,親開大門,
令由菜園逃出呼救。旋將室中箱櫃啟鑰,燃燈以待。盜始破門蜂擁入,余方手
水煙管,立中庭,從容謂羣盜曰:"爾等不過爲錢而來,我並非有錢人,不信請入
室搜查,隨意持去可也。"時盜入室者僅十餘人,默不答一言。惟各持竹木棍,向
余圍撲。突有一棍直戮余左眼内角。始僕,復叢毆之。時已血流被體不能聲。
盜始奔入内室,而猶有一盜以繩縛余手,曳置桌下。盜去後,始知炳弟因爲余解
圍,亦被重傷。父母家小倖無恙。余已嘔血升許,昇至床上,不能轉側。得鄉老
陳君華山覓草藥和酒搗汁啖之,以餘渣爲余按摩遍身,始知痛不可耐。次晨便
血數升,皮肉墳起作紫黑色,而咳血時最爲痛苦。姜詠洪、楊誠庵、李石渠諸親
友在城聞耗,特延紅十字會西醫至排山爲余施治,醫言左肋骨已折二條,須昇至
醫院或其附近,以便隨時診視。乃興至誠庵寓中就醫,二月餘始全瘥。
② 余家世居望城坡。辛丑遷居排山白石山房,安居十餘年。地極幽靜,頗有山林
之樂。民初連被盜刦二次,不能安其居,乃於乙卯冬與炳弟奉堂上二老仍遷居
望城坡市。
③ 白居易有感月悲逝者詩,即悼亡之作也。内子楊傑字叔珊,以戊午六月初十卒
於排山白石山房。時值張敬堯督湘,驛路被兵騷擾,先母率婦孺避居排山,先父
及余兄弟等尚居望城坡市。
④ 庚申春正月十八,先父聽翁府君在望城坡住宅無疾而終,壽六十有八。時全家
老小及李氏妹咸在側,獨余是日在省城福湘學校開課。午後馳歸,已不及見矣。
痛哉!
⑤ 丙辰以後,原充本省議會秘書長。戊午春,張敬堯入湘,議會播遷,余亦辭職。
爲菽水計,勉任商業、師範、福湘各學校國文、歷史教習。
⑥ 庚申夏,湘軍由郴、衡直下驅張。張敬堯潛師夜遁,又推譚組庵爲省長,議會復
開,余仍充秘書長,并兼長沙縣署第一科科長。
⑦ 辛酉夏五月十一日,先母陳太君示微疾,卒於望城坡住宅,壽六十有五。
⑧ 六月初五日先母登山,是晚因異夢哭醒。及先母葬事畢,即固辭秘書、科長等
事,在家養病。
⑨ 七、八月間,古湘芹迭電催余往粤助理政務,蓋知余居憂而貧也。九月中,偕炳
弟往,余爲主管全省實業,弟爲佐理廣州計政。既逾七月,孫陳失和,乃於壬戌
夏五月偕炳弟回湘。

附　　　　　和排山五十自述詩　　　平山

（排山與余同歲生，文酒結友，卅餘年矣。頃用拙作五十初度韻爲自述詩，因轉和之。）

知命無憂更樂天，共將佳句寫雲箋。題名未並壬寅歲（君舉壬寅鄉試，余僅鼎薦不售），齒錄猶同甲戌年。靜裡學仙還學佛（君中歲頗好釋道二藏，嘗謂神仙家言其精者合乎佛理），飲中誰聖復誰賢（均豪於飲，不分伯仲也）？君章夙擅琳琅譽，我亦欣然願執鞭。

粵嶠馳驅不爲官，新詩猶帶嶺梅酸。中年哀樂傷安石，小事糊塗效呂端。幾度風雲騰海外，一時煙雨臥江乾。稱觴好切鱸魚膾，秋菊餘英信可餐（粵人愛食菊花鱸魚鍋，君嘗效之）。

排山築室廿年餘，爲避崔符數卜居（君居排山有年矣，後因匪亂移居省垣）。每遇西風思退隱，非關夏屋不權輿。河山萬里驅秦鹿，文字千年辨魯魚（君少習高郵王氏之學，後遊粵東，嘗與聞創建民國事）。如此宏才卻閒散，天教留著等身書。

一片輕帆遠道回，九天珠玉逐風來。囊中集錦裝添重，壁上籠紗字不灰。同忓休文多綺語，喜看阿士是英才（君得子較遲，今已頭角嶄然，誠吾家賢宅相也）。呼來教把新詩誦，勸進平排百歲杯。

代和陳杏聰題甲辰紀念册（原韻） 1924 年

文彩風流迥絕塵，高歌屬望眼中人。雕龍已定千秋業，走馬曾探二月春。栗里新詩編甲子，草堂外集記庚辰①。他年應爲蒼生出，莫作閒吟自在身。

---

① 紀曉嵐著作長庚集，專載試帖詩，乃閱微草堂之外集也。

杏聰先生以題甲辰紀念册詩索和
依韻率成録請哂正※1924 年 6 月

京華踏遍頓紅塵，歸隱桃源憶故人。
樽酒未同金穀宴，簪花猶羨玉堂春。
龍興漢祚逢壬午，鶴語堯年數甲辰。
羞對芙蓉依渌水，舊時明月誤前身。

爲曹和石題魏叔章畫五寶重臺雞冠花

雄雞有五德，其冠有五色。化爲纓絡花，飛入衆香國。舉頭望青天，不與鶩爭食。葉葉自相當，欲振凌風翼。如戴美人冠，七寶爲首飾。如懸民國旗，紅黃藍白黑。獨立晚風前，居然百夫特。望之似木雞，鬥智不鬥力。倘真喔喔啼，一聲天下白。寄語曹魏公，珍重此雞肋。

和楊綏卿等登天心閣看雪詩（並序）

楊二（綏卿）以和彭（公望）、李（惠荃）、廖（譫塋）三君冬日登天心閣看雪詩六絶見示。回環洛誦，不覺技癢，倚而和之。録呈諸公，留作笑話。意盡則止，故只得四首云：

四野陰雲同一色，空間陽氣盡潛藏。江天日暮紛紛雪，乘著東風似虎狂。

零珠碎玉漫天落，誰復虛懷蘊櫝藏？獨有歲寒三老友，不隨柳絮作顛狂。

愛君神似尼山老，用則能行捨則藏。聞向城南和高詠，風情猶是少年狂。

嗟我頻年豪氣盡，新詩不學舊詩藏。偶吟四絕髭捻斷，如此才華豈敢狂?!

何母孫氏六十壽詩

桃宴新開畫閣東，願徵懿行效呼嵩。蒼溪就養靈椿老，黃浦求醫淚竹紅。三世傳經稱祖德，十年清節守儒風。四珍並起萊衣舞，南望閩中瑞氣融。

次公珠海舊同袍，別有交情託寶刀。芳草有心春日永，萱花無恙北堂高。延年酒進千年壽，祝嘏詩多一世豪。他日玉鳩先杖國，再抽銀管學揮毫。

湘潭李潤生七十壽詩（代晉老作）

南望昭潭紫氣生，壽星一顆耀長庚。千鈞屢擅屠龍技，三徙才成范蠡名。純孝格天甘露渥，精誠動地醴泉清。更稱慈命焚遺券，陰德如公耳獨鳴。

我亦行年七十餘，羨公豪俠共軒渠。孤寒託庇千間廈，今古兼收萬卷書。度世慈心分廩粟，衛生食品愛園蔬。只慚未與耆英會，遙捧壺觴祝九如。

鄭母張氏七十壽頌（凡七十韻，四百九十言）

鄭家賢母稀齡長，子孫逢吉身康強。羣英畢至稱兜觥，有如衆仙賡霓裳。願徵行實爲褒揚，移庵語我言之詳。曰：吾母本生黔陽。外祖執戟殉苗疆，遭家喪亂流湖湘。十七事我徵仕郎，時先王母健在堂，春秋高矣七十强。嫡母僅遺三鶯鳳。楊張二母皆先亡，逾歲始來繼母常。吾父日坐藏書倉，書中卷卷加丹黃。光緒戊子舉於鄉，更持尺矩窺員方。家中生產殊未遑，吾母事蓄身先當。熟諳姑性調羹湯，追隨女君甘嬪嫱。樛木葛藟相扶將，子在梅榛身在桑，一心同詠鳲鳩章。吾始鼓篋遊膠庠，弟亦舞勺諧宮商。階前蓀莥傳芬芳，家中黍稷盈倉箱，吾父顧之樂無央。曰余早歲罹百殃，艱難險阻曾倍嘗。偶卜簽語祈平康，道余須遇清河張，始能俾爾熾而昌。余聞此語疑荒唐。一自汝母來侍旁，果由蹊徑趨康莊，汝母厚福真無量。汝其積善承餘慶。吾謹志之毋敢忘，迄今追思猶涕滂。近十年來時不祥。板輿奉母逃兵荒。常承慈命思預防，救濟婦孺齎糇糧。既捐金帛成輿梁，更施藥餌扶創傷，鄉人誦德聲琅琅，若涉大水乘慈航。謂吾母儉如孟光，謂吾母勤如敬姜。春風二月萱花香，羣爲吾母稱桃觴，丐君作頌爲之倡，俾吾母壽如陵岡。我曾策馬馳文場，與君兄弟同徜徉。枌庵萬卷胸中藏，斷如老杜謀如房。次君房山詩中王，大溫小李相頡頏。伯歌仲舞雙龍翔，中天婺婺生光芒。我欲致詞何敢望，且持北斗斟瓊漿。醉書一紙長歌行，請君張之東西廂，上蘄鶴算三千霜。

陳礪生六十二歲畫像贊

矍鑠是翁，有睟其容。善氣迎人，穆如清風。芝蘭滿庭，鬱鬱蔥蔥。顧而樂之，抱道在躬。似夷而通，似惠而恭。願躋公堂，壽以百鐘。

葉母肖氏六十晋一壽頌

稀算年開甲，華筵月應辰。白宮方介祉，朱閣又延賓。樂奏千秋歲，天留萬象春。事姑曾割臂，教子克傳薪。就養來三楚，長齋摒八珍。皈心宗淨土，施惠遍新津。美蔭臨邛竹，高齡上古椿。南飛廣舊曲，麟趾頌振振。

鄭錫卣六十雙壽（五言排律十二韻）

置酒華堂上，齊眉獻兒觥。薰風展端午，明月伴長庚。數載江頭隱，當年谷口耕。談經宗鄭鄭，奏賦擬雲卿。五嶺曾探柱，三湘自濯纓。眼同金鏡朗，心共玉壺清。善讀桓寬論，羞爭孔僅名。後昆俱跨灶，鉅手獨和羹。退處全高蹈，消閒愛遠行。西湖春日永，南海夜潮平。遊戲人間世，逍遙物外情。鴻光更偕老，相對話長生。

壽　鄭　公

隱隱青山繞霧陽，吾湘亦有鄭公鄉。藏書井底心思趙，避地涇濱節慕黃。少日知名齊馬范，耆年偕老邁鴻光。過庭更授廬江論，何事賢良舉萬唐。

玉樹三株蔭滿庭，匏尊蒲酒介遐齡。相邀薄海諸名士，共祝高堂兩壽星。夜月西湖採萍藻，薰風南楚長楩楠。康成凤負人師望，老去傳家重一經。

題王嘯蘇寒燈風樹圖　　　　1925年

樹欲靜，風不止；子欲養，親不待。嘿誦皋魚言，雙淚落如灑。吾親之沒今五載，哀哉哀哉，不見父母在。

吾年四歲，即授章句。父授孝經，母授小學韻語。六歲從塾師，十三就外傅。三十學壯遊，沿漢溯江浮海去。南至閩粵，北至燕與豫。間歲一歸來,承歡數朝暮。行矣行矣,涕零如雨。

鳳凰於飛,湘城之隈。曾奉板輿,寓居斯臺。納涼綠蔭下,清風徐徐來。華燈何煌煌?勸進延年杯。於斯時也真樂哉!迄今思之,泫然彌哀。

噫嘻吾友王嘯蘇,思親之淚無時無。劬學彼所獨,哀感同乎吾。秋夜長兮燈影孤,涼風起兮聞啼烏。欲報親恩勤讀書。吁嗟乎,寒燈風樹圖! 吁嗟乎,寒燈風樹圖!

贈陳荇泉六十初度

衛公九十賦賓筵,不飲瀛洲玉醴泉①。感舊共談天寶事,論詩猶記義熙年。黃花滿屋尋陶令,紅杏成林學董仙②。借問樗園③桃熟未? 開花結實歲三千。

東閣新開七秩筵,百壺傳送酒如泉。勛勞汗馬承先德④,豪氣元龍勝壯年。名重雞林天下士⑤,手持鳩杖地行仙。麓山賸此靈椿樹,好歷春秋萬六千。

陳吉昂七十雙壽詩

(之一)

七十高年古所稀,況逢眉壽慶雙輝。蘭孫歷歷開圖畫,萊子翩翩舞彩衣。稱兕躋堂羣獻壽,扶鳩杖國共忘機。荊山尚蘊藍

---

① 君素豪於飲。近習養生術,因止酒。
② 君歸田後益精醫藥學。爲人施診絕不受值,人皆德之。
③ 君之別墅。
④ 君之尊人振威將軍,清咸同間名將。
⑤ 君服官吉林最久,歷任軍政、民政、司法、墾荒各要職,皆有聲。

田玉，可有弓旌訪釣磯。

世德傳家繼太丘，難兄難弟盡名流。承歡但聚書千卷，娛老常斟酒一甌。南楚冥櫚同積歲，北堂萱草永忘憂。欲將彩筆傳家慶，慚愧湘中白雪謳。

（之二）

資湘山水天下奇，中有隱者常棲遲。德星耿耿聚藍市，輝聯婺女齊梨眉。二老一百四十歲，歡然酌斗頹然醉。猶似同牢合巹時，如賓相對成嘉會。先生重義輕資財，萬金揮手旋復來。睦淵任恤六行備，更多書史培英才。

元方季方豪傑士，學書學劍具二美。護國功成衣錦歸，翩翩舞彩承甘旨。漢高五月十七生，先生同日稱兒觥。願奏鶴南飛一曲，譜入絃歌作頌聲。

葉母何氏七十壽詩

平江大澤雙龍藏，倏乘青雲遊帝鄉。安車千裡迎高堂，堂上老人壽而康。紅顏綠鬢雙瞳方，手扶鳩杖觀國光。文孫四駿皆騰驤，鳳歌龍舞神洋洋。石麟下降聲喤喤，老人顧此樂無央。平生行誼蒙褒揚，中天婺女增光芒。春風二月萱花香，願祈鶴算三千霜。如山如阜如陵崗，湘南薊北遙相望，遙持斗柄斟瓊漿。

壽安化彭騰芳[1]　　　1926 年

辛苦持家四十年，滿堂金玉盡怡然。爲伙弟學連三載，克慰

---

[1] 彭潛芳國鈞之伯兄。

親心到九泉。衣履肯分丘嫂綫，膏油不惜女兒錢。而今羣季都成立，猶隱沙灣①學種田。

老年兄弟更相親，朝市山林各性真。鴻雁五弦常送遠，鶺鴒一曲獨翻新。白眉秀出歌常棣，黃髮歸來撫大椿。我爲畸人祝純嘏，八千秋又八千春。

唐母朱氏六十壽詩

湘上新添寶婺光，玉鳩扶杖入桐鄉。德音秩秩書彤史，華胄遙遙出紫陽。極浦幽蘭堪作佩，小山叢桂永留香。況逢同軌同文日，笑看虞潭拜養堂。

翩翩黃鵠久離羣，漆室常憂國事紛。不惜十年曾茹苦，竟教獨子遠從軍。四民安堵原慈訓，百戰成功策上勛。願躋萱堂齊獻壽，瑤琴一曲奏南薰。

夏母王氏六十壽詩

熏風吹度展端陽，又泛香蒲晋兕觥。玉樹三株同舞彩，金萱七秩正流芳。獻來桃實祈年永，開到榴花愛日長。聞到康強更逢吉，不扶鳩杖入珂鄉。

王道平平賦載馳，希顏善政我先知。童歌萍實赤如日，縣有桃花紅滿枝。和合熊丸思舊事，封還魚鮓繼前規。輶軒願採輿人誦，編作躋堂介壽詩。

---

① 彭所居地名。

和易生聘珍暮春雜感原韻

春色已無多，韶光夢裏過。十年戎馬戰，四面楚人歌。兔穎成何用，龍泉尚待磨。落紅今遍地，吾意亦蹉跎。

和易生留別原韻

講學才三月，知音在寸心。奇文共欣賞，嘉會鎮相尋。槐市一朝別，桃潭千尺深。春華須努力，焉用淚霑襟。

題　　畫

(之一)

趯趯喓喓一草蟲，傍人籬落唱西風。似嫌黃菊秋容淡，只採枝頭月月紅。

(之二)

霜冷風淒九月天，只聞征雁不聞蟬。似嫌菊圃秋容老，故作紅顏學少年。

題江建霞①師贈歐陽紹旭書畫扇冊

一簏仁風贈遠行，西江千里問歸程。尚留翰墨因緣在，想見師生沆瀣情。

---

① 江建霞即江標學使。

元和星使出詞曹,一鶚飛鳴遍九皋。名士文章多痛哭,至今聲作廣陵濤。

書慰歐陽幼旭(蕭)(並序)

郴州歐陽幼旭爲其亡兄歐陽紹旭作風簷惜別圖,遍徵題詠,付肆裝璜,悉毀於火。歐君復爲長歌紀恨,並束前題詠諸子,書此慰之。

舊圖新詠出郴山①,一卷裝成百幅箋。忽被六丁追取去,收藏天上勝人間。

枚乘七發本奇才②,一例煙雲付刦灰。寄語蕭公聊作達,不須重唱鷓鴣哀。

恭賀魯庵老丈九十自述原韻

孝友堂前福孔多,菩提心住意云何。春光九十今初到③,城角窗燈管恁麽④?

不學文侯乳養生⑤,賡歌懿戒自心亨⑥。老萊上壽書尊鼎,好率孫孫作父庚⑦。

---

① 圖爲元和江標學使贈紹旭書畫扇面。
② 紹旭歲試七痛一篇,江公激賞。
③ 生日正月十四,今歲是日立春。
④ 洪山建山澄禪師開堂,有僧問曰:"舊歲已去,今歲到來,恁麽即不受歲?"澄師曰:"城上已吹新歲角,窗前猶點舊年燈。"僧問:"如何是舊年燈?"師曰:"臘月三十日。"
⑤ 漢丞相張蒼,封文侯,年九十餘,無齒,食乳,壽至百有餘歲。
⑥ 衛武公年九十餘,作懿戒詩以自警。
⑦ 吳大澂愙齋集古錄載有史父庚鼎、羊父庚鼎。

重九與劉、李諸君登奧略樓

攜手同登奧略樓，纖雲捲盡楚天秋。醉看帽落長懷李①，笑把糕題獨讓劉②。新月半窺成皓白，長江一線涌清流。共君努力爭先路，好續南皮舊日遊③。

和黃鹿泉（並序及後記）　　　1927 年

曹君苻農以黃鹿泉先生所拓漢孟孝琚碑並所爲釋文題跋及詩裝冊見示，用原韻和二律於後：

徵文考獻賴皤顚④，腹笥便便老孝先。采與空通周禮讀，慈從悉省許書箋⑤。地名證實朱提縣⑥，曆術推知赤伏年⑦。石印

---

① 李白九月九日登荊州西門外龍山落帽臺飲酒賦詩曰：“九日龍山飲，黃花笑逐臣。醉看風落帽，舞愛月留人。”以東晉荊州刺史桓溫與參軍孟嘉的故事得名。
② 用劉錫禹題糕典故。
③ 南皮指張之洞。
④ 黃公晚年別號皤顚。
⑤ 碑云：“十一月己卯，采下。”跋云：“采乃辨古文。周禮士師及朝士注：辨當作貶，故書作空。蓋從古文以采爲空。又慈爲勞，勞之古文作蒜，隸省采，故爲慈耳。”焌案此二說爲段玉裁氏周禮說文注所未及。
⑥ 跋云：“碑出雲南恩安，乃漢犍爲郡朱提縣也。孝琚蓋卒於武陽，歸葬朱提祖塋，故曰塋西起攢也。”
⑦ 跋云：“朝年號斷闕。余以碑文‘受韓詩’考之後漢書薛漢傳世習韓詩，建武初爲博士。杜撫傳受韓詩於薛漢，歸武陽鄉里，教授弟子千餘人。孝琚爲武陽令，故遣子受韓詩，當在建武間。碑後題名有李昺。余按漢學經師傳魯詩者，高詡受李昺。高詡傳建武十一年拜大司農。則昺傳其學亦在建武時矣。建武爲光武改元，其時歲在丙申者爲建武十二年。碑首云：‘丙申紀年月建臨卯’，上闕七字，其爲建武十二年歲在丙申，無可疑焉。”又跋云：“按後漢書本紀建武十二年十一月戊寅，吳漢等大破公孫述於成都。己卯後戊寅一日，又以長曆術推建武之十二年十一月辛酉朔，十九日得己卯。碑文所云十月癸卯，十月爲壬申朔，十二日得癸卯也。”焌案之黃公因碑云受韓詩，及題名有李昺，並證以後漢紀傳，考得碑首之丙申爲紀年，碑中十一月己卯，實爲光武建武之十二年十一月十九日，精確無比。

宜增碑後跋，詩文終古共流傳①。

信古如公亦快哉②，執鞭願訪定王臺③。韓傳絕學殊齊魯，孔述微詞諱定哀④。好付曹倉裝古錦，莫教秦火化飛埃。碑中奇字疑思問，載酒何妨日一回。

後記：碑文經鹿老考釋，極為精確，惟尚有可疑者數字，附記於後。（編者注：可疑者有溢、風、冰、哉、皓、照、煸七字，考究甚詳，其義深奧，此處刪節）。書俟鹿老荇翁教之。丁卯中秋後五日，長沙羅焌識。

贈碩公詩一章(並序)

丁卯重九後十日，余偕（龔）芙初、（趙）冬蓀往訪（劉）石菴，共求古籀，先投以詩，皆當日情事，芙兄必能記憶，無須作鄭箋也。別錄一紙，請共賞之。集石鼓殘字，中多假借，為釋文如下：

走馬同遊棫樸齊，高人寓處柳陰低。中原有事曾毆鹿，後嗣多賢好祝麃。君子樹之華萋萋，王孫歸也草萋萋。斜陽古道猶行樂，自駕漁舟一水西。

集石鼓文為近體一章呈民穌昆仲

舟游卅載水流行，濟濟多賢獨太平。有道不憂為世用，歸田無事以詩鳴。柳陰深處同求古，花雨來時各寫生。嘉樂丞丞惟

---

① 碑在雲南昭通郡南十里白泥井，於清光緒二十七年九月出土。民國初，浙江秦某以精拓本付石印，與原刻無二，但跋語未全耳。

② 黃公跋是碑，時年六十有五，今年已八十有三矣。

③ 黃公居長沙定王臺下，因自號蓼園。

④ 跋云："碑出今日，天非無意"云云，亦微詞也。

一事，王公王母各康寧。

樹珊先生象贊（弟羅焌集石鼓殘字）**

礫礫黃公，允宣大猷。既瀞既平，如淵之流。
嗣子多賢，執簡我求。爲寫小辭，公其來遊。

賀樊天璽與曾淑儀結婚詩

庾嶺探梅正及時，鸞輿欲上故遲遲。催妝須賦眉須畫，忙煞
生花筆一支。
金錢個個撒香帷，卻扇無須問阿誰。好爲文姑作尊卣，子孫
永用效庚罷。

曹彝宣婚禮賀詩

折花騎馬兩無猜，今日圓成合卺杯。撒帳正宜歌白雪①，繞
床依舊弄青梅。羹湯早識翁姑性，文學深知夫婿才。我賀新郎
惟一紙，羞顏齊逐笑顏開。

依韻答曹荇農詩

曹荇農勛歸自武昌，出其偕友人王君登黃鶴樓詩索和，依韻
答之。
聞隨王粲賦登樓，老我深山亦感秋。古跡可尋芳草地，客心

---

① 是日初降雪。

應逐大江流。笛聲吹落梅花月,帆影飛來竹葉舟。湘上煙波雲
裏日,國家一例使人愁。

答謝曹荇農

　　荇農自武昌歸,贈我詩箋數十方。今正互相唱和,不七日紙
將盡。荇翁知之,續贈數十紙,並先以詩,即依韻口佔一律志謝。
　　弄月吟風枉費才,騷人詞客漫相猜。偶然和韻髭捻斷,不爲
敲詩口笑開。鴻爪欲留泥上跡,雁頭難得剡中材。多君贈我雲
藍紙,香逐梅花入戶來。

元日試筆和玉虹小除贈詩原韻　　1928 年

　　泥爐小火博爐煙,坐待良辰歲一遷。消受春寒椒浸酒,願祈
秋熟稼宜田。聲聲竹爆紅鋪地,處處雲開白見天①。剛把去年
詩債了,兒童又索拜年錢。

元 日 感 賦

　　元日玉虹來談,始知除日之事。感賦一律,仍用前韻。
　　松柴燒罷粗盆煙,人事隨時亦變遷。周月不書公即位,鄭風
再頌叔于田。幸逢客過同斟酒,欲出門行且看天。今夜星雲糾
縵縵,無須晴雨卜金錢。

---

① 　岳陽風土記云:"元日獻歲,鄰里宴飲相慶,謂之雲開集。"

和玉虹除夕感興原韻

迎年酒熟正盈甌，感事詩來亦效尤。百歲以前休嘆老，七情
之內本無愁。折桃須避劉公幹，爆竹莫驚王子猷。笑問穰穰鬧
何事，金花堆滿小兒頭。

和玉虹元日見贈原韻

我生戌歲五逢辰，難得盈頭白髮新。醉後三杯猶進酒，望前
一日待迎春。入門喜見芝蘭友，在野羞稱草莽臣。自笑此身何
所似，無懷民與葛天民？

答玉虹論詩疊前韻

九歌顛倒說良辰，爲葉皇琅造句新。律呂諧詩聲即夏，文章
妙處氣如春。源流不必窮三代，注釋無須問六臣。但得興觀羣
怨意，足將斯道覺斯民？

答玉虹(並序)

詩童遞簡，日暮敲門，戒備時間，實驚清夢。謹依原韻，書此
謝過。

連日風傳鶴唳聲，打門聲忽響丁丁。疑爲虎勢捉人吏，卻是
鶯鳴求友生。得意文章須快睹，主盟壇坫欲先爭。吸呼嚇破詩
翁膽，且酌椒漿爲壓驚。

和潛山元日感事並謝贈酒脯

除夕稀聞爆竹聲，金吾此禁不人情。種桃道士符休剖，故李將軍夜莫行。禱灶何須懷鏡卜，聒廳尤恐隔牆驚。泥爐小火新醅酒，悄共家人坐到明。

賀歲初來剝啄聲，舊時羅隱已更名。欲同賈島陳詩祭，恰遇侯芭載酒行。垂念故人情款款，相思遊子水盈盈。羨翁老福真無量，第二曾孫臘月生。

和苃公人日喜雪用原韻

先生六畜後生人，今日人生第一辰。難得天公摶戲玉，肯教地面盡鋪銀。飄來柳絮微霑雨，吟到梅花迥絕塵。不獨農夫開口笑，共君亦進酒三巡。

屾莊詩和潛山韻　　　　1929 年

偶作江漢游，棲棲終歲淹。念我素心人，遙隔蒼蒼兼。伊人爲誰何，厥號蘊與潛。一同蘊山管，一似潛丘閻。故鄉多青山，巖巖民具瞻。蘊得山之平，潛依山之尖①。兩人各一山，殊無割據嫌。蘊山善講學，俗耳皆針砭。潛山善爲詩，自序猶謙謙。排闥送青來，雨餘蒼翠添。我處兩山間，相看三不厭。一別復經歲，臥游尋黑甜。歸來訪山居，屾字榜其簷。深入雙木林，遠避重火炎。疑是羅峯兩，又如郭山兼。有義無其音，

---

① 平、尖爲吾鄉二山名。

當求字書佔。頗笑振奇人，題名巧且纖。聞有屾莊記，義正而
詞嚴。屾莊詩更清，如嘗水中鹽。羨彼兩家春，身安神益恬。
高風各滿座，明月同窺簾。我思卜所居，將從鄭尹詹。作詩先
報翁，一笑同掀髯。

贈顏息庵(集商卜文)

我家麓山西，徙共幽人處。卜宅在司馬①，雞鳴喜風雨。余
時解諸子，漁獵及周鼓。從公問疑義，朝夕樂相與。受益良獨
多，豐年獲禾黍。公係出子淵，好學紹其祖。少日東京遊，歸爲
教師主。歷史通中西，華文串今古。一冊珍漣集②，上與史公
伍。旁採百家言，敍成齊仲父。余事或秉筆，爭鬥若龍虎。鴻光
敬如賓，福壽多男女。高年不知老，大耋猶日午。聯句集籀文，
祝公同衞武。

瘞鶴銘題詞(曹荇農藏本)　1930年

天於文字本無知，慣遣雷公撲舊碑。兩度墮江重出水，前淳
熙與後康熙③。

異文剝字辨紛綸，考古諸家太認真。但是鶴洲精拓本，鸞飄
鳳泊已無倫④。

---

① 長沙城司馬里。
② 著珍漣山館文集。
③ 瘞鶴銘原刻焦山崖石。宋時雷震，半墮江中。淳熙己酉州將張子顏發皐挽出
　之，不知何時復轟墮。至清康熙癸巳，蘇守陳鵬年復募工出之水，得五斷石，今
　尚存焦山寺中。
④ 此銘考辨，言人人殊。近聞顏息庵云："清光緒十二年間，寺僧鶴洲本知書，嘗以
　日本美濃紙分字輕拓，凸凹隨石勢，肥瘦隨筆勢。當時精本，今已不易得矣。"

　　金石銘文豈盡佳，全憑高手剔泥沙。鶴銘倘未經修飾，大字誰稱此一家①。

　　華陽真逸是吾師，曾讀遺文未讀碑。如此篆銘真逸品，擬抄鮑賦作題詞②。

和錢潛山翁屾莊集詩次原韻

　　畏壘山北潛庚桑，閱世多故須眉蒼。邇來避地隱城市，竊欲俎豆賢人傍。問奇未曾載尊酒，翁時招飲傾壺觴。我惟嗜酒學孔子，不爲所困猶無量。今年春到五分一③，耆英又會潛研堂。黃、夏、顏、李、王、楊、文，長者大耋少亦強④。自愧奇才遜先祖，也同昭諫陪錢王。夏、黃二公今四皓，顏、李蓄德能文章。王、楊二子冠四傑，文子運籌知短長⑤。嗟余伏處理舊業，讀書未窺中秘藏。倖逢嘉會接瑋論，翁家兄弟不可當。論詩遠溯漢、魏、晉，論史近述咸、同、光。金玉因緣譜新曲，如讀院本歌尋芳⑥。座中知音擊節賞，聲雜西昆和弋陽。我時旁聽舞且蹈，酒酣耳熱神揚揚。十人年歲踰六百，始知此會非尋常。翁倡作歌記盛事，謂

---

①　金石初出土，須得高手剔拓，始有可觀。此陳簠齋說也，余於鶴銘亦云。

②　據陶隱居外傳別號"華陽真逸"。未落水前拓本有此四字。此碑金文合序銘署名共百六十字，今此本尚存九十字，較各本獨多。余不知書，不辨真贋，惟愛其秀逸，欲取鮑明遠舞鶴賦中妙句，用贊此銘。

③　是日爲立春後十八日。

④　潛山伯仲皆七十餘。黃翁芳洲今年八十。夏翁一夔、顏翁息庵皆近七十。李君肖聃、王君嘯蘇、楊君蘊山皆將盈五十。余今年亦五十七。文君伊鼎最少，然已強而仕矣。

⑤　戰國策原名短長。

⑥　潛山少年爲其友王君譜金玉緣南曲一部。是日得讀其原稿，與舊時刊行本頗有異同。陶宗儀輟耕錄載院本名目有競尋芳一本，王靜安定爲金人之作，是也。

余屬和母相忘。兩山排闥送歸客，出門回首看屾莊①。翁歌晉
祝萬千壽，我祝同人俱健康。獨樂何如衆樂樂，笑指司馬尊
賢坊②。

題珍漣山館圖

漣江源出珍漣山，溫湄來會高溪灣。曠然拓地成平疇，突兀
見屋數十間。珍漣山館題松關，後山岊𡾋堆花鬟。森林百鳥聲
喧喧，甘泉一道流潺潺。取之不窮用不乾，造物無盡皆循環。老
圃蒔竹還滋菅，小池種荷兼漚菅。高樓挹霞時躋攀，藏書萬卷勤
增删，金石碑帖猶斑斕。門前漣水長弓彎，日見風帆相往還。中
有主人須髮頒，曾經滄海歌刀鐶。營此安宅超人寰，懸知桑者心
閒閒。如何勿安遭時艱，色然避地居塵圜。流觀舊圖尚無患，惟
吾石翁如石頑，故稱洪憲彰袁奸。館主謂余休索斑，請題數語毋
嘲訕。慚余詩拙筆力孱，但取烏糞著佛龕，使君美玉生朱殷。主
人伊誰賢者班，其號息庵其氏顔。己巳季冬時小寒，題者長沙羅
庶丹。

和錢碩人春日三省庵集詩次原韻

碩先擅玄談，東風掃殘雪。青衿思嗣音，朱轂戒差跌。守玄
歸故山，白雲自怡悦。招邀集仙侶，預放元宵節③。蒲饌出香
積，蘭卮獻時哲④。我亦餔啜徒，鹹其酾煩舌。談風八面起，稽

---

① 潛山、蘊山買宅同居，門首題"屾莊"二大字，息庵書也。
② 溫公居洛，置獨樂園於尊賢坊。
③ 是日爲舊時正月十三日。
④ 用謝康樂句。

古判優劣。周子①善周易,陳誼綦剴切。尚辭變象佔,只字無泛
設。李子②道家裔,吐詞儷鴻烈。異同評馬班,虛實辨莊列。
王、楊與肖、文③,四子皆人傑。或讀聖童詩,金爐積香屑。或談
今方言,粵閩能識別。或談古今韻,關鑰勝歌訣④。兩僧⑤獨嘿
然,心空語言絕。學貴三自省,儒釋本同轍。我時倔一言,自恨
思力竭。碩先爲引申,表里始貫徹。如聽佛說法,耳傾口皆閉。
失箸者忘拾,舉杯者忘啜。闖席者忘坐,含甘者忘嚙。高談驚四
筵,移晷未終結。主人延客食,雲此佛身血。功德施方外,微妙
香且潔。及時鼓缶歌,毋令嗟大臺。酒罷重巽申,幽情昭若揭。
謂吾衡湘學,不類蘇皖浙。樂能截竹笛,禮能束茅蕝⑥。姜齋傳
大誼,百世不磨滅。嚙嚙今古文,那堪較工拙。二用說猶精,論
儒陋鹽鐵⑦。慚余濫皋比⑧,飲冰內猶熱。嘉會不可忘,隙駒倏
一瞥。開燈和新詩,簡墨電光掣⑨。

題黃甽松竹個齋圖

窳士⑩家居麓山麓,舊築山齋號松竹。吾家亦住麓山西,聞
聲相思耳能熟。蘊山楊君臨敝廬,袖出書畫盈一軸。已更竹個
爲齋名,用松爲字避重複。畫者名手劉松齋,題跋琳琅紛滿目。

---

① 鐵三。
② 肖聃。
③ 王嘯蘇、楊蘊山、肖保文、文伊鼎。
④ 等韻書中有字母關鑰歌訣。
⑤ 指禪無垢。
⑥ 學宮樂舞之禮。今惟瀏陽猶有傳者。
⑦ 錢先論學有二用,一爲受用學,一爲致用學,義極精詳。桓寬論儒未及此詣也。
⑧ 時余主講湖南大學。
⑨ 用劉邵飛白贊語。
⑩ 黃君自稱窳居士。

就中松莊李議郎，尤擅清華描水木。自今靈麓生三松，試聽濤聲
轟大陸①。

六月三十夜偕王嘯蘇麓山步月次原韻 1931 年

　　春非春兮秋非秋，隨順星輿行四遊。新雨初霽日初落，陰
霾尚塞東南陬。今月夏五日十五，待月無須久延佇。須臾一
輪懸中天，樓鳥驚飛宿鳥語。浮雲破空自來去，月如有食忽吞
吐。今時雖邈古時明，猶支上下四旁宇。一盈一缺皆隨時，三
五休談江總詩。但教借得吳剛斧，斫卻月中丹桂枝。我時手
執一瓢酒，掀髯獨飲同迂叟。舉示王先且細看，明月團團在吾
手。今宵月較昨宵多，時乎不再休空過。舉瓢壓酒強君飲，微
見兩頰生紅波。我來麓院看明月，東西二十四回缺。難得今
宵月正圓，與君相對從容說。中原逐鹿曾驅馳，功成身退非數
奇。竊據皋比講國學，經史百家詩賦詞。少年未習英文算，皓
首惟知弄柔翰。倘逢天上玉樓成，我將白日昇霄漢。揮毫作
記生雲煙，高文不向人間傳。深藏月窟天根底，附入金泥玉檢
篇。月斜且探懷中錶已過二時三十秒。歸途猶說齊物篇，麓
山最大月球小。

葉瑞棻之母何太夫人七十壽詩 **

　　板輿迎養駐京華，看遍長安上苑花。
　　玉檢褒題尊聖善，金章雜命表柔嘉。
　　□君儉德安裙布，逞母徽音隔幔紗。

---

① 或作"響空谷"。

鳩杖扶來徵國瑞，童顏不用進流霞。

五采斑衣拂繡茵，伯歌仲舞足娛親。
如簧曲奏千秋歲，似錦花明二月春。
稀壽又添新甲子，長生不守舊庚中。
石林燕語多嘉話，遙捧壺觴祝帨辰。

偕劉奉吾遊上海街市 **

重重疊疊起樓臺，風卷珠簾四面開。
細袖倚欄狐善媚，青衣行酒雉爲媒。
閒情已作泥中絮，艷曲空彈嶺上梅。
我共劉郎浮海去，莫教迷路入天台。

戲　贈　劉　某 **

天台曾遇小桃花，何必沿谿看浣紗。醮水莫教襟帶濕，臨風
生怕鬢鬟斜。魚聞砧響躍猶小，鳥觸衣香聲不譁。怪道多情少
年子，花陰駐馬醉流霞。

戲　　　贈 **

莫爲妍媸斷夙緣，眉間豈貼翠花鈿。不同司馬琴三弄，久賦
關雎樂一篇。坦腹東床求燕婉，捧心西子亦嬋娟。楊妃本著凌
波襪，何用潘妃步步蓮。

擬杜甫秋興八首(原韻)※

風雨瀟瀟蘆荻林,半江秋樹小蕭森。浪淘終古黃牛暮,雲擁孤城白帝陰。酌酒且謀千日醉,感時常抱百年心。遙憐故國深閨夕,檢點寒衣寄藥砧。

西望長安日又斜,更逢秋色感年華。江郎已退生花筆,漢使空浮泛海槎。旅館月明猶听鼓,戍樓風動止吹笳。成都西郭吾廬在,閒上谿橋自浣花。

城上高樓接曙暉,江天漠漠帶煙微。一身作客如蓬轉,萬里歸心逐鴈飛。初日東升天路近,閒雲西去故山違。田家幸有豐年樂,南畝秋風穋稏肥。

世事茫茫一局棋,況兼離別更堪悲。黃巾滿地歸何處,白髮爲郎憶舊時。巫峽猿啼淚先下,瞿塘水急意偏遲。側身西望心煩惋,隴阪雖長我所思。

雨後登樓看遠山,萬重城郭翠微間。河聲直走金堂峽,雲氣長連玉壘關。擬唱鐃歌翻舊曲,莫將樽酒破愁顏。有時仰首向西笑,鵠立通明擁玉班。

五陵佳氣滿江頭,風物淒淒一色秋。太液芙蓉不解語,故宮楊柳頓添愁。離情欲寄雲邊鴈,心事還同海上鷗。孤枕夢回山月曉,不知身是在夔州。

誰建凌煙第一功,忍教鞭鼓震關中。千家山郭秦時月,百尺樓船漢代風。畫戟空凝霜彩白,戰袍常映日華紅。將軍自有平戎策,莫作江湖潦倒翁。

沙明水淨峽逶迤,爽氣西來徧澤陂。楓葉落殘雲外樹,桂華開滿月中枝。春風十里珠簾捲,秋水三篙畫舫移。獨坐江樓嗟歲暮,不堪回首淚長垂。

賦 得 竹 醉 日 **

獨上高樓望岳陽，叢篁嫋嫋遍瀟湘。本來居士高清節，何事封侯入醉鄉？爲荷栽培逢五月，莫辭酩酊盡三觴。紅顏不共桃花笑，青氣長浮竹葉香。林下賢人傾玉液，坐中佳士進瓊漿。薰風搖盪千竿影，梅雨添成一味涼。上帝有心頻醖釀，此君今日亦徜徉。醒來忽報平安信，爲爾移根向玉堂。

賦得菊花天氣近新霜 **

近種籬邊菊，天心醖釀頻。花香三徑滿，霜氣一番新。紅葉蕭蕭晚，黃華澹澹春。金風初度夜，玉露已侵晨。佳色堪留客，涼痕欲逼人。短橋將見跡，老圃自含顰。橘柚寒煙外，蒹葭遠水濱。秋容猶未淡，放棹問前津。

珠江曲十支（本意詞）
贈別黃次如　　甲辰 1904 年

〔少年遊〕秋風同上孝廉船，公子獨翩翩。飲我醇醪，報君瓊玖，初結夢中緣①。　　暮春三月杏花天，馳騁出中原。猶記當時，兩車四馬，並轡過梁園②。

〔謁金門〕君行遠，挾策直登金殿。三百青錢經再選，除君誰壓卷③？　　不要狀元修撰，不要探花榜眼。朝罷歸來齊赴宴，

---

① 壬寅鄉試，善化同年生惟黃君最少。
② 癸卯、甲辰兩次會試，皆在河南試院。
③ 甲辰貢士三百人，復試保和殿，君擢第一。

長安花看遍。

〔醉落魄〕笑我輸君一戰，曳兵歸去從新練。飢來驅我南方竄。載酒江湖，杜宇聲聲怨①。 離恨閒愁搏一片，消除鄙吝思黃憲。澄波千頃何時見？粵海燕山，難得舟車便。

〔相見歡〕不圖邂逅近天邊，是何緣？竟在五羊城內遇同年。開口笑，班荆道，儘流連。翻覺兩心相喻各無言②。

〔鵲橋仙〕貌如冠玉，才如拱璧，雅稱如花美眷。夭桃穠李滿春城，獨牽得朱絲一線。 中冬時節，小春天氣，烏鵲又填銀漢。牛郎親自過橋東，待織女相迎河畔③。

〔賀新郎〕纔罷櫻桃宴，又南來越王臺下，新開華館④。跳出龍門燒去尾，宜作乘龍佳倩。趁嶺上梅花初綻，兩袖添香猶未歇，喜今宵蘭麝香重染。是一對，神仙伴。 曾經隔幕窺韓掾，與阿兄論文縱酒，滔滔不倦。桃李原爲門下客。何幸紅絲暗綰，忽一笑牽帷卻扇。欲與郎君通笑語，怕茜紗窗外人瞧見。只好是，仍遮面。

〔前調〕忙煞黃金管，把閨中蛾眉畫好，又來揮翰。美女簪花新格式，纔與夫人學慣⑤。我昨在華堂請見。人影衣香知不遠。只珠簾隔著芙蓉面，環佩響，聲聲慢。 一尊且向新郎勸，君試看國朝歷史，名臣列傳，乞假完婚人如鯽，止載溧陽吳縣⑥。並不見儒林文苑。能繼史、潘成功業，者玉堂歸娶才堪羨，君有志，尚其勉。

〔阮郎歸〕溫柔鄉裏縱纏綿，何如衣錦旋。相攜同上木蘭船，

---

① 甲辰秋，余來粵東。
② 時黃君以就夏氏婚至廣州。
③ 夏氏子，用卿師之妹也。其兄叔卿同棜。觀察廣東。故黃君就婚焉。時甲辰冬十一月初七日也。
④ 越華館在越王臺，尉佗所構，以待陸賈者。
⑤ 次如至粵，求字者日不暇給。然次如實非書家也。
⑥ 溧陽史文靖、吳縣潘文恭，國史載其乞假歸娶事。

令人望若仙。　　　由海嶠,至湘川,歸程路幾千。玉臺金屋兩團圓,歡承堂上藘。

〔南浦月〕會少離多,送君南浦心煩惋。驪歌一遍,海水聲嗚咽。月滿珠江,我獨臨歧餞。車輪轉,伊人去遠,天際雙雙燕。

〔憶故人〕君向瀟湘,我獨留滯珠江岸。距離五度六分餘,道里原非遠。無奈別離未慣,又依人傳餐假館。舉杯邀月,抱膝吟風,相知不見。　　　給假南歸,天倫樂事如君鮮。草心一寸報春暉,棠棣三花粲。想見桃園夜宴。細論文,應思舊伴,故人何處?鎮海樓邊,望湘亭畔。

題隔江野寺聞鐘圖　　　　1905 年

不知何處梵王宮,忽地一聲鯨吼,驚起主人翁。獨坐江頭回首望,巃嵷①,塔影遙遙摩碧空。

斷續聲隨斷續風,乘著自由空氣,飛過大江東。問我國民醒也未,朦朧,尚在南柯春夢中。

雨中花慢　　　　1910 年

和沈琛生三月三日同向鵬南、羅運泉登尉佗城韻。

春色三分,二分銷盡,一分留作良辰。看名花仕女,芳草王孫,陌上聯鑣共轡,歸來直待斜曛。伊其相謔,贈之芍藥,終日昏昏。　　　桃源漁父(謂向鵬南),衡嶽祠仙(謂沈及羅),清遊迥出風塵。共憑吊粵王臺榭,遺跡無存。但見飛紅滿地,風飄萬點愁人。悠悠今古,榮枯代謝,似此殘春。

---

① 巃嵷,高峻貌。

摸魚兒
庚戌三月初六日長沙亂事(注) 1910 年

怨東風，子規啼徹，家鄉知在何處？聲聲滴盡三更血，撲地亂紅如雨。春又暮，只蔓草連天遮斷行人路，落花無主，尚賴有多情雙雙蛺蜨，唧上畫堂舞。　　堂前燕，初作呢喃細語，深閨春夢驚寤。雲屏俏倚嬌無力，待學洛妃微步。行且住。獨抱著閒愁萬種憑誰訴，依然睡去，但分付雙鬟、焚香掃地，莫唱斷腸句。

自注：1909 年，湖南發生水旱災荒，地主奸商和外國洋行乘機囤積糧食，米價上漲四五倍。長沙發生了嚴重的"米荒"。湖南十多萬災民靠吃樹皮草根過活。1910 年 4 月，長沙城外的一個貧民到米店買米，拿勞累一天掙來的錢還買不到一升米。全家四口人投河自殺。羣衆知道，都憤憤不平，感到自己也面臨著死亡的威脅。於是聚集起來，搗毀那家米店，要求巡撫下令減低米價。巡撫竟派兵鎮壓羣衆，殺死三人，傷幾十人。憤怒的烈火在羣衆中燃燒起來了。他們搗毀米店一百多家，燒了巡撫衙門、巡警局、大清銀行，又燒燬了日本領事館、洋行、教堂。清政府瘋狂地鎮壓了羣衆的反抗。書慎注：時作者攜眷居廣州。（次年即辛亥，三月二十九日，作者參加了"辛亥廣州起義"。）

一剪梅　　　　1915 年

頑疾新瘥，足腫筋弛，體瘦如柴，不能出門戶。兀坐小窗。日抱蘇辛豪詞、秦柳小調以自遣。適逢采珊先生投我一剪梅詞一首，讀之狂喜，乃依韻和之。

楊柳青青唱絃那①，靜養微痾，勝念彌陀。老天知我病方瘥，遣出詩魔，遁入詞魔。　　初學新聲結詘多。刻意描摩，終似陰何。與君相約會清和。聽我狂歌，爲我訂訛。

醉翁操（用東坡韻）

醒園先生屬題湘隱樓圖册，偶譜醉翁操一曲，請爲拍正。誰醉誰醒，不必辨也。

鏗然，音圓，輕彈，小重山，忘言，醒園主人純乎天。一灣流水涓涓，高枕眠，桃李徧庭前，此竹林中人必賢。

讀書萬卷，筆落文泉，壯遊萬里，曾聽鵑啼鶴怨。今結廬於崖巔，獨隱居於湘川。生逢離亂年，翻成桃源仙。寫入畫圖間，爲君揮手歌五絃。

鵲橋仙　　　　　　1922 年

題蘊山夫人顏氏遺像。

玉壺擊碎，玉釵敲斷，怕聽簫聲嗚咽。檀郎何計遣悲懷，尚留得前身明月。　　一場春夢，一團愁思，我亦曾傷離別。爲君傳個解愁方，只化作莊生蝴蝶。

菩薩蠻·珠江四時風景和姚粟若韻 **

畫船夜傍垂楊宿，珠簾捲處人如玉。打槳過河南，娉婷年十三。春光朝復暮，遊客紛無數。唱罷採蘭歌，顫聲呼渡河。

---

① 劉禹錫絃那曲詞："楊柳郁青青，竹枝無限情，周郎一回顧，聽唱絃那聲。"

合歡扇子頻揮汗，瓊漿更進琉璃盌。含笑索纏頭，莫隨江水流。江流何太急，水濺羅襟濕。攜手共涼涼，芰荷風露香。

阿嬌不貯黃金屋，浮家泛宅珠江曲。蕩子別經秋，鴛鴦分兩頭。花晨還月夕，對客虛前席。腸斷琵仄。琶聲，夢來尋舊盟。

輕雲蔽月風迴雪，梅花點額芳香烈。長袖舞婆娑，紅綃誰贈多。椰杯浮竹葉，共慶迎寒節。細雨潤天街，水仙花會開。

菩薩蠻·題畫

人言頭上青絲髮，多緣愁恨翻成白。此鳥不知愁，如何也白頭。榮華雖説好，最易催人老。寄語白頭翁，休貪富貴紅。_{牡丹}_{白頭翁。}

芭蕉葉上三更雨，點點作平。滴滴聲聲苦。蟢子正朝飛，良人何日歸。簾外西風透，人比黃花瘦。滿腹貯相思，憶君君不知。_{芭蕉藥花蟢子。}

冰肌玉骨梅花格，如何頰上添顏色。時世愛紅粧，權爲窈窕娘。晚來天欲雪，倦鳥尋枝歇。丁囑八哥哥，閑言不要多。_{紅梅}_{鸜鵒。}

本意詞七首

〔夢江南〕江南好，春雨杏花時。我夢化爲蝴蝶去，翩翩飛上並頭枝。醒後最相思。

〔搗練子〕秋月夜，搗衣聲，一下砧敲一段情。囑咐西風莫吹散，聲聲送與阿郎聽。

〔憶王孫〕小窗獨坐耐春寒，嶺外行何日還。繡罷鴛鴦心更酸。淚闌乾，明月窺人羞倚欄。

〔如夢令〕欲演黃粱全部，演到而今已晤。風急布帆斜，正好半途收住。歸去，歸去，莫忘來時舊路。

〔醉公子〕舉世昏昏醉，誰解其中味。我欲結同心，除非劉氏伶。多少癡公子，皮袋包銀紙，粵人呼銀元票爲銀紙。擲向最高樓，樓頭人尚呪。平聲。

〔雙紅豆一名長相思〕愛芳春，怨芳春，春到人間花木新，雙雙紅豆生。　　憶遠人，恨遠人，兩粒相思全寄君，不教留半分。

〔上西樓一名相見歡〕獨登鎮海樓頭，望潭州，一片冷雲寒霧鎮雙眸。望不見，回身轉，下高樓。且往白鵞潭外送歸舟。

二、文

道坡賦(並序)　　　　1892 年

　　道坡者,嶽麓之背也。林壑盤鬱,如負手然。壬辰春,余讀書嶽麓山於李年師自有樂書舍,距麓山僅里許。山館岑寂,時與同學諸子循山左,歷書院,憩愛晚亭,由是上高山,入深林。約盡數百級,漱白鶴泉,循僻巖又數百級,而至雲麓峰焉。凡幽泉怪石,無不坐而玩之,自以爲麓山之大觀盡於此矣。一日雨後,偕諸子登屋後高阜,南望嶽麓之背,見山之盤阿而附其上者,曰:"此中當有佳處。"往而探其勝,石徑如旋螺,廣而曲,殆數十折始見其巔,恍然若別有天地也。有泉自石罅出,至半嶺匯爲一池。茅屋人家,狗吠如豹。就居人而問山名,曰"道坡"也。余聞而喟然曰:"以此坡而得道名,亦奚愧?"然獨恨不令古人見之耳。夫麓山之前,凡亭臺寺觀,深谷清池,游其中者,莫不攬遺跡而思古人。而此獨見遺,是道坡之不幸也。以此坡路非幽迥,而終古無足音,遂闕載於地志,悲夫!然今日有吾黨二三子尋幽至此,低徊留之不忍去，則又道坡之幸也，不可無以紀之。乃作賦曰：

　　緊太極之靡究兮，清浮天而濁凝地。停積結而爲山兮，稟崑崙之元氣。嗟道坡之靜邃兮，實造化之位置。欲起古人於九京兮，詢命名之所自。對卷阿而浩嘆兮，當顧名而思義。彼禹跡凹於山脊兮，碑烽烽於高冈。石漱吞吐乎清風兮，靈洞盤紆於蒼筤。石飛來兮何年？鶴飛去兮何方？來去無端兮，順自然之陰陽。望古人而不見兮，何遭遇之靡常？！嗟彼坡之淪落兮，未見賞於古賢。惟牧童與樵叟兮，常往來乎其間。磨刀磐石兮，濯足清泉。蘭無人而自芳兮，樹蕁蕁而剌天。泉涓涓而不息兮，雖分流而同源。路蕩蕩而平平兮，胡罔人之造巔？致靜邃之靈境兮，長萎離而莫傳。余好古而生晚兮，仰矯首以遐望。剝蒙密兮蹊間，剔苔蘚兮石上。遺域中之榮觀兮，羌體靜而神暢。從佺期而躡虛兮，佖周賈之蕩蕩。朝余沐於暘谷兮，夕晞余髮於扶桑。排閶闔而上出兮，集太虛之閶闔。先天地而生物兮，固無聲而無色。彼山川之融結兮，亦有時而崩竭。即高臺與深池兮，倏忽化而荆棘。矧華榮與禽言兮，徒春仁而秋賊。乘焱忽而逾龎鴻兮，不蒂芥乎荒域。今乃窺於天外兮，廓宕宕其無極。

　　亂曰：天長地久，亦崩壞兮。妙造自然，超沆瀣兮。逍遙夷猶，行沈進兮。恍兮惚兮，射吾願兮。徵偓高峙，疇尅步兮。駕彼飛龍，導先路兮。山不在高，水不深兮。迴志揭來，獲我心兮。

祭黃興(克强)文(之一)　　　1916 年

　　民國五年十月三十一日,勳一位陸軍上將黃公克强薨。嗚
呼哀哉! 茫茫禹甸,莽莽神州,篤生我公,克復國仇。共和之魂,
萬歲千秋。如何蒼天,不公少留? 大厦難支,崩榱折棟。早世即
冥,云胡不痛?! 何以告哀? 素車來賵。何以誄勛? 太常著頌。
遂作誄曰:
　　觥觥將軍,遠祖軒轅,爲楚附庸,作周屏藩。爰逮江夏,椒聊
實繁。沿漢溯湘,世爲德門。洞庭之南,衡嶽之麓,磅礴鬱積,名
世誕育。文譽風馳,雄姿電逐。蔚爲國華,寧甘雌伏。明室不
造,延胡入關。庶政專制,獨夫作姦。冠裳塗炭,黎氓草菅。二
百餘載,天道始還。維我黃公,應運而起,求師蓬瀛,講授珂里。
學說盧孟,政談法美。革命之基,捄築於此。戊戌告變,玄黃弗
交,良朋盍簪,華興建標。機事不密,聲聞僞朝。秦法苦苛,漢王
已跳。帝臺百神,張樂四野。萬里役荒,羣英結社。網羅豪俊,
規復華夏,誓掃黃龍,盟刑白馬。河口之役,初整戈矛,鎧甲霜

集，彤珠星流。稜威懾敵，懦夫壯猷。奇謀不成，名無與疇。胡人焰張，志士心苦，潛師以南，襲彼僞府。虜中公指，公憤弗顧。香海藏雲，花冈泣雨。民氣超超，蒸成怒濤。黄陂特立，江漢滔滔。將軍飛來，會師東郊。左杖黄鉞，右秉白旄。傳檄湘中，一日而定。衢室協謀，閭閻響應。匪伊我能，粤惟公命。賊伏遁逃，南風偏競。公總六師，實始北征。義聲赫濯，虜廷震驚。璽投元后，玉奉子嬰。引虎自衛，肉袒歸誠。王莽謙恭，蕴謀稱制，舉國不悟，哀哉斯世。哲人知幾，英雄投袂。佐師危臺，時乎未濟。手挾天地，還之漢家，莊嚴璀璨，自由之花。牛踐羊踏，隕萌摧芽。一代元勛，萬古長嗟。棲遲海外，在困彌達，力雖可窮，志不可奪。新化聞風，披藤斬葛，元渠時殄，共和復活。宰制天下，患難舊交，擊鼓求仁，在國之郊。公契黄農，抗希由巢。軒冕非貴，邐遺民胞。悠遊我心，言念君子。表率湖湘，冀公戾止。匪有所思，維桑與梓。曾幾何時，而公遄死。滬上魂斷，湘上魂來，敬弔先生，濁酒一杯。何以報功？鑄像崇臺。英風颯颯，瞻望徘徊。可死者形，不死者神，身去名留，後天無垠。生者如何，涕零霑巾。寧獨私痛，傷我國人。内訌外憂，風雲失色。松坡後亡，遁初①先踣。來者爲誰？天道莫測。舉目河山，於邑無極。萬世不視，永安幽冥。人誰不死？烈士徇名。是則是效，國有干城。九泉含笑，視此微忱。嗚呼哀哉！

---

① 宋教仁之字。

祭黃興（克強）文（之二）   1917年

民國六年四月十三日，湖南省議會全體議員謹以清酌庶羞
之奠，祭於勛一位陸軍上將黃公克強之靈柩前曰：

嗚呼悲哉！公不死於戰而死於疾，不死於獨夫殘賊之時，而
死於共和國再造之日。蓋天之所以玉公於成者至深，即公之所
以創國基而奠民生者，亦縝且密也。今者爲公招海上之魂，歸故
鄉之骨。元首錫以國葬，兆民爲之執紼。緬麓山兮峨峨，聳佳城
兮鬱鬱。會葬者、觀禮者莫不喟然太息曰：斯爲有殊勛於國家而
楚材之罔匹者也。奄忽徂謝，將就窆歺，不亦大可痛惜乎！況吾
儕之於公也，流涕河山，杞憂在國。悲大樹以飄零，感歐風之蕭
瑟。復靈轝之將駕，欲攀轅而不得。天慘慘而雲低，日黯黯而無
色。爰陳祖道之儀，用餞千年之別。魂兮有知，庶來歆格。

祭蔡鍔（松坡）文（之一）　　　1916 年

　　民國五年十一月八日，勛一位陸軍上將蔡公松坡，薨於日本福岡醫院。越十有九日，湖南全省人士開追悼大會，省議會議長彭兆璜、副議長李永瀚、廖燮暨議員全體，詣公靈前致祭，而爲文以哭之。嗚呼哀哉！專制復生兮我公恥，共和復生兮我公死。棟既摧兮樑又圮，籲嗟公兮止於此。哀我民生兮將安恃？海爲墨兮天爲紙，公之功勳兮曷勝紀。澧有蘭兮沅有芷，悲從中來兮同隕涕，謹代湘民兮爲公誄。曰：

　　帝軒轅之裔胄兮，又宗周之文昭。稟衡精而誕降兮，挺長鬆於嶽椒。蘊陳留之藻思兮，廣謀父之祈招。紛既有此內美兮，馳廣譽於庠膠。惟俊傑爲識時務兮，薄小技之蟲雕。望瀛海其迢迢兮，從義和以逍遙。有清末葉兮王綱替。御外侮以逡遁兮，變內政而加厲。吾民既弗堪此荼毒兮，徒茹苦而忍淚。欲躋吾國於富強兮，夫安用乎文吏。　　公投筆而奮起兮，遂從事於戎韜。搏衆志以成城兮，試輒冠乎軍曹。日皇亦嘉其英武兮，錫陸離之寶刀。時吾黨之雄傑兮,謀顛覆乎僞朝。森摶摶其立社兮,勢澎湃其涌潮。公獨遵時而養晦兮,將因丘陵以爲高。　　去國兮七祀,歸來兮萬里。創軍校於贛桂兮,作材官之矜式。出南郊而講武兮,入西城而總旅。嗟黨人之逃威兮,微我公其孰庇?彼偏師與裨將兮,猶將鑠金以積燬。東方不可以記兮,乃去張而就李。　　南望卿雲兮,滇池湯湯。適我素願兮,聊與子同裳。修我戈矛兮,礪我戚揚。匪效命於滿清兮,乃欲致華夏於虞唐。運籌繄公是賴兮,發難則寄諸孫黃。惟黃陂之特立兮,建義旗於武昌。公聞聲以奮興兮,督滇軍而首倡。政柄雖授諸國民兮,大權猶集中於中央。大盜迻國兮心內傷,金陵瓦解兮嗟吾軍之弗張。公知時勢之未可兮,獨存身而龍藏。外委迻以順命兮,內踟躕而旁皇。冒不韙以勸進兮,避虎視之眈眈。孔微服而過宋兮,鵾化鵬以圖南。聚羣英於帷幄兮,始傳檄而肩戡。　　護共和之國體兮,爭莊嚴之人格。黔、蜀、湘、桂雲集而響應兮,實稟公之籌策。公獨負弩而前驅兮,將會師於荊益。溯納谿而薄瀘城兮,叱千夫之鬭易。敵軍望而氣沮兮,袁逆聞而褫魄。去帝號以輸平兮,猶欲宰制乎中國。公赫然以震怒兮,誓誅獨夫之殘賊。賊勢屈而情見兮,始於悒而無色。中華復其邦族兮,微我公其疇尅。恨天心之不淑兮,畀斯人以斯疾。指東海以爲期兮,浴扶桑之朝日。吸空氣之新鮮兮,庶康強而逢吉。繄吾人之代議兮,方進公於衢室。蒼蒼者胡不壽我哲人兮,竟懷和而長畢!　　已矣乎! 天慘慘兮雲油油,襖氛積兮罹百憂,帝業猶存兮爛羊頭。吁嗟黃公兮已千秋,復悲我公兮疾弗瘳,醫何人兮奠金甌? 我心惻兮念九州。陟降神兮羅珍羞,神之來兮行夷猶,駕蒼龍兮驂玉虯;神之去兮風颭颭,瞻望弗及兮淚橫流。嗚呼哀哉!

祭蔡鍔（松坡）文（之二）　　　1917 年

　　中華民國六年四月十日，湖南省議會全體議員，謹以清酌庶羞之奠，祭於勛一位陸軍上將蔡公松坡之靈柩前，曰：嗚乎悲哉！長城護國，倏焉崩摧，若折天柱，如傾地維。雄風南來，大星東落。招魂哭公，望洋向若。魂兮遠矣，魄歸故鄉。佳城鬱鬱，麓山蒼蒼。國葬禮儀，惟公開始。兩院同意，元首加禮。萬人會葬，四方來觀，峨峨豐碑，書勛莫殫。比干表墓，公旦返周，以今方古，邈焉寡儔。籲嗟我公，爭存人格，龍輀將駕，攀轅弗得。謹代湘民，出祖於庭。公靈不泯，來燕來寧。

亡妻楊傑（叔珊）初忌祭文　　1919 年

　　噫嘻悲哉！悲莫悲兮生別離，況死別兮周一期。根予心兮長相思，君何往兮竟棄余而如遺！予幼好治莊語兮，遊逍遙以達生，方倚户而觀其化兮，扣瓦缶而不成聲。別悠悠以經歲兮，始背秋而涉冬。倏青陽而忽朱明兮，嗟夢魂之罔通。

　　君其遠適南粵兮，尋羊城之舊遊。胡窮年而不返兮，隱懷傷以疑憂①。君其弭節北渚兮，採蘭芷於醴浦。憶三月之羈棲兮，胡久留而容與②？君其遊學於東瀛兮，抱素心而弗違③。念青島之雲翻兮，胡終淹而不歸④？君其往生於西方兮，託蓮花而化

---

① 淑珊曾從余旅居廣州四載。
② 余遊澧州時，淑珊曾與同居三月。
③ 叔珊嘗欲攜長女遊學日本，以貲絀不果。
④ 今夏我國與日本因山東青島交涉失敗，留學生多感憤回國者。

身①。胡不授我異方便兮，俾同渡乎迷津？君其上升忉利兮，讀
蕊珠之中祕②。予夙好此奇書兮，胡不藉我以一瓻？君其下處
幽都兮，枕白石之嶔崟③。胡違顏於咫尺兮，喚珊珊而不應④？

　　覽宙合其靡覯兮，反旁求於堂除。信靈魂之不滅兮，盍歸休
乎舊居？貫四時而獨處兮，嗟食飲之誰俱！爰徹日祭之幾筵兮，
附君祐於祖姑。

　　君已獲返其真兮，而我尚羈乎斯世。倖二老康吉兮，共怡怡
以養志。哀靜、慎⑤之靡依兮，日含飴而繞膝。肆⑥啞啞以學語
兮，娣鬱之如自出。余獨離家而索居兮，長寄心於爾躬。鯤夕明
而盱眙兮，雊朝雛而翬曀。將改絃而更張兮，邀疇嗣其徽音。盼
育子成立兮，竊自比於曾參。將卜姓以蒐求兮，卑人又不可以爲
主。楊柳芬其撩亂兮，恐因風而飛絮。將遺世而遠遊兮，取安樂
之淨土。俯仰歎其何嘗兮，悠悠歌其鴞羽。死者果有知兮，尚歸
倈而詔予。死者果無知兮，佇立望而永歔。

　　重曰：慘兮詧，憭兮慄，陳酒漿兮永今日。君既得所憑依兮，
庶幾式飲而式食。

---

①　叔珊病革時，余教令念佛，彼惟以“閒時不燒香，急時抱佛腳”二語答之。余爲廣
　　說佛力，則微頷其首以應，但見閉目脣動而已。
②　卒之前一日，朦朧中謂余曰：“請畀我銀一元，因有某女士邀同考入某學校，需證
　　金也。”
③　淑珊之柩權厝於排山白石坡。
④　珊珊，小字也。
⑤　女書靜、書慎。
⑥　子書肆。

朱晉卿夫子七十壽言　　　　1921年

　　民國紀元之十年四月二十七日即陰曆辛酉三月二十日，爲
我晉卿夫子七十生辰。前期十日，譚君志光以書抵焌，略謂舊時
同學如楊仲恆、任獮庵諸君，將以某日謀所以爲我夫子壽者，而
命焌弁言以紀之。焌固不敢以不文辭，矧焌之粗識字義學爲文
詞，嘗受教於夫子之門者耶？夫子本爲前明苗裔，始遷祖某公，
圖避滿清入關之難，隱居天華山陽，故夫子世爲長沙清泰鄉人。
焌家麓山之西，相距踰百數十里，得讀夫子所爲文章，心竊向往，
遂負笈從之遊。一時吾鄉才俊之士，如楊啓泰、彭之望咸率其昆
弟子姪，肅然此面師事之。麓西學風，爲之丕變。其與夫子里居
鄰比，或爲夫子所過所存，得親炙其教澤以淑身而淑世者，尤不
可殫論已。吾夫子之學，不分漢宋，不問道器，不斷斷於新舊。
雖輿夫走卒，苟有一技之長者，必虛心採納，惟以利人濟世爲歸。
少工舉業，試輒冠軍。及補博士弟子員，獨慨然曰：范希文以天
下爲己任，先憂後樂，徒託空言。惟所云不爲良相便爲良醫一

語，余竊有取焉。今之掇魏科躋顯仕者，不過爲一身一家計溫飽，於生民之疾苦，漠然不相關。世烏用此損人利己之僞儒爲哉。嘗自署其讀書之室曰慕范山房，蓋取良醫良相之意也。室中所藏，六藝九流之書外，上自内經外經，下洎近世中西醫藥典籍，罔弗具備。其與焌等講學也，輒曰某之病乃實熱，宜攻下之；某之病乃虛寒，宜溫補之；某之病乃積滯不化，宜消導之。其服膺夫子之說者，雖有左氏之膏肓公羊之廢疾，無不霍然愈。而户外屩集求吾夫子治病者，竊聽之，以爲朱先生與諸生徒論醫理也。然諸生中之好爲活人術者，夫子亦因材指授之。出其所學於夫子者爲人診治，十不失一。民國成立以來，同學少年，各分途致力於社會。或以將略著，或以政治著，或以教育著，或以醫術著，要皆僅得吾夫子之一體者耳。而吾夫子獨伏處息機園中，以醫自晦。歲所全活約千百計。今已年踰七十，而神明不衰。說者謂夫子善於攝生，故尪臻此。烏知其爲積之厚者流自光耶。焌及夫子門下最早，受夫子之知特深。二十年來，燕山嶺海，僕僕風塵，昔之所受於夫子者，未尪施展萬一，而文學復不自策進，辱諸同學之請，率爾應之，輒爲文以壽夫子。尚冀吾夫子筆之削之，手批而面導之。將來夫子由臺而耋而期頤時，焌庶幾可得數篇傳世文字，以爲拙集先乎，謹序。

麓西雜志①序　　　　　1923 年

　　昔文命非治洪水，安能辨別九州；公孫不掌行人，無以周知四
國。故雖子長博洽，僅書西漢之河渠；光武中興，惟撰南陽之風俗。
自地理郡國，諸史因仍。山志水經，專家代作。大抵苞舉六合，囊括
八方，摹司徒土地之圖，採太史輶軒之語而已。夫以郢書燕說，楚客
齊言。則晉師涉河，必驅三豕；丁家穿井，真得一人。不逐腐鼠之異
名，時有蹲鴟之誤會。故惟楊雄居郫，能紀蜀王。顧夷爲州，能言
吳郡②。然如羅君章③湘中之記，蕭世誠荊南之書④，張方述楚
國先賢，劉彧贊長沙舊傳⑤，遠則罩及四境，近猶敘說一州。事
未必其躬親，說或本於道聽。範圍尚廣，徵實猶艱。若夫撮舉方

---

① 麓西雜志係李肖聃著。
② 隋志云：蜀王本紀一卷，楊雄撰。吳郡紀二卷，晉本州主簿顧夷撰。
③ 晉羅含。
④ 見隋志。
⑤ 見隋志。

隅，臚陳故事，折中六藝，高挹羣言。舉凡荆楚歲時、嶽陽風土、
沅湘耆舊、伊洛淵源、江漢叢談、湘山野録，合爲一書，並包衆妙。
吾友李君之麓西雜志，求諸簿録，無可擬倫。或謂孫泚亭之短
書，祇敘顏山一鎮①；厲樊榭之外集，曾記杭城一隅②。今此新
編，亦仍舊貫，是固然矣，抑有進焉。吾鄉自湘水南來，麓山西
峙。屈、賈舊遊之所，朱、張會講之區。裴公結草於牛冈，智師說
經於鹿苑③。鄉題長樂，聲應漢宮之鐘；里表集賢，士修唐院之
學④。地方百里，煙火萬家，乃縣志久缺不修⑤，記載亦散無有
紀。吾徒不述，後嗣何觀。方今研究坤輿，侈談宇宙。目譽四
海，而不自見其睫；道濟天下，而未返觀於鄉。斯固賢者識大之
功，毋亦通人忽近之蔽。惟李君聚族螺山，世居鶴嶺⑥，曾經滄
海，久客京華。鳥倦飛而投林，雲無心於出岫⑦。湯沐賜邑，常
譏漢高之癡；富貴還鄉，亦笑項王之陋。然而過枌榆之舊舍，魂
夢俱恬；說桑梓之遺文，形神自王⑧。由是網羅風雅，補綴縑緗。
示來學以所聞，知故鄉之可愛。庶幾籍談爲介，數祖典而無忘；
鐘儀鼓琴，操土風而不改。昔人所謂積小以高大，言近而旨遠
者，其在斯乎。且夫九流之雜，出於議官；四方之志，掌之外史。

---

① 清孫文定公，名廷銓，號泚亭，世居益都顏山鎮。在籍時作顏山雜記四卷，分山
　谷、水泉、城市、官署、鄉校、逸民、孝義、風土、歲時、長城、考靈、泉廟、災祥、物
　產、物變、物異、遺文諸目，敘次簡核，造語雅異。詳見四庫提要。
② 清厲鶚，別名樊榭，世居杭城東隅。嘗考里中舊聞遺事興記所不及者八十五條，
　爲東城雜記上下二卷，略古詳今，頗爲典覈。詳見四庫提要。
③ 唐裴休於縣西六里之金牛冈築草堂讀書。隋智者大師講法華經於麓山寺之鹿
　苑。舊志載之，今皆無考。
④ 麓山鎮舊七都有長樂鄉集賢里，舊志載之，今無能舉其鄉里之名者矣。
⑤ 麓山鎮舊屬善化，自清代光緒丁丑重修縣志，迄今已近五十年矣。
⑥ 螺頭山、白鶴山皆在麓西，距省會五、六十里。
⑦ 今歲有以重幣徵鬪者。
⑧ 同"旺"。

合稱雜志，實始唐書。有曰雜志記者，則見劉昫之經籍；有曰雜地志者，見歐陽之藝文①。斯蓋正史之支流，職方之小紀，書雖亡佚，例可推知。厥後如馬永昌之壽春②、江鄰幾之嘉祐③、曾歸愚之獨醒④、周昭禮之清波⑤類皆小說支流，不免大方見笑⑥。至今之以雜志名者，如舊學校書，則偏於訂古⑦；新聞紀事，則義在隨時⑧。用彼方斯，名同實異。況李君本老聃之世家，通宣尼之大義。遠紹養新之緒，近希求闕之文。汝南月旦，環海稱平，西堂日記，名流推重⑨。述西河之舊事⑩，纂南部之新書⑪。滂沛乎寸心，摩挲於尺幅。情深思古，即湘東懷舊之篇⑫；志在拾遺，是師道敬鄉之録。⑬煥少承庭訓，長治國聞。北地計偕，曾經兩度；南滇轉徙，幾歷廿年。覽故國之河山，羈氓淚墮⑭；展先人之廬冢，歸客心悲⑮。適逢白社之開，尤觸黃壚之感。權爲市隱，居常土思。但求荊棘不生，崔苻早靖，得歸衡宇，仍愛吾廬。

---

① 舊唐書經籍志地理部雜志記十二卷。新唐書藝文志地理類雜地志五卷。
② 宋人，著壽春雜志一卷。見宋史藝文志。
③ 宋江休復，字鄰幾，著嘉祐雜志二卷。詳見四庫提要。
④ 宋曾敏行，字遠臣，自號醒道人，又曰歸愚老人，著獨醒雜志十卷。詳見四庫提要。
⑤ 宋周輝，字昭禮，寓杭州清波門外，爲清波雜志十五卷。詳見四庫提要。
⑥ 江、周、曾三雜志，四庫提要皆列小說家。
⑦ 如王念孫讀書雜志之類。
⑧ 如近出之東方、教育、學藝、婦孺諸雜志。
⑨ 在京主亞細亞報，有古今人物評論；在湘有西堂日記，論近代學術。
⑩ 新唐書藝文志地理類西河舊事一卷，世說新語注，後漢書注，皆引此書，未見傳本。
⑪ 宋錢易撰南部新書十卷，此皆藉用其名耳。
⑫ 隋志史部雜傳有梁元帝懷舊志九卷。案：元帝即湘東王蕭繹。
⑬ 元吳師道以宋洪遵之東陽志所記有遺漏，因蒐舊聞，以補其闕，爲敬鄉録十四卷。詳見四庫提要。
⑭ 十數年前曾遊臺灣南北。
⑮ 用列子周穆王篇文。

將與君採幽澗之蘭，擷芳洲之桔，炊桃花而作飯，培楠木以成
林①。述槐里之小知，可歌可泣；析竹書之疑義，相友相師。則
序許渾丁卯之詩，無需來歲；續周密癸辛之志，期以長年。持此
片言，用爲左券。

---

① 桔洲、蘭澗、桃花洞、楠木寺皆麓西名勝。

康晚香先生七十雙壽序（代楊壽卿作）

聘禮記云："辭多則史，少則不達，辭苟足以達，義之至也。"
孔子亦云："辭達而已矣。"有史以來，修辭之學，緣世而遞變。其
變也，率由不達以日進於達。生今之世，爲今之文，又焉用返古
復始，高語周秦，而斷斷於漢魏唐宋流別之爭也哉。近今學風丕
變，強識之士，羣樹新幟，輒模仿禪家語録及元明說部之體，作爲
文章，以導後之學者，斯亦可謂達之至也已。然而官府所佈政教
禁令，下逮飛書馳檄潤色鴻業之作，則別置祕書掌之。其爲文
辭，猶沿明清之舊，與學人所提倡者不類。無亦有未能偏廢者
歟。民國九、十年間，衡山上將趙公，兼綜湖南軍民政務，招其鄉
先進康晚香先生之子鳳岑、鶴岑二君，分掌兩署祕書。鳳君固前
清茂才，而卒業南路師範學校優級選科，曾知廣西隆山縣事者。
前歲審查省憲，與有勞焉。鶴君則日本明治大學卒業之商學士
也。湖南改定稅率，多所贊畫。嘗於報端得見二君所爲公文書，
訓詞深厚，洞達事情，私心竊嘆。之二君者，既克培養新知，而又

不廢舊學如是，必有所受之也。

余自黔中解組歸，息影湘城，十餘年矣。今歲供職教育司署，間與衡人士相往復，因得讀晚香先生七十自述詩，嘆爲香山嫡派，將掌録之，爲余雜著中增一故事。而同事某君某某遂以壽先生之文請，且述其行略曰："晚香先生，於前清爲吾衡名諸生，不得志於有司，退而著書。嘗與同縣李太史杜生、陳太史梅生、文孝廉二山，以文字相切磋。著有經畬文集、雙桂齋詩集。長君鳳岑之宰隆山也，先生輿轎而踰嶺，察其治行。又遵海而北，入滬瀆，溯江沿漢，以返乎湘之南。成桂遊草一鉅帙，今皆梓而行於世矣。其餘糜城酬唱集、四始堂日記、榆景隨筆各若干卷，尚藏篋衍，待付禮堂。先生之於詩，瓣香白傅，老嫗能解。曾農髯稱其詞質而旨深，聲正而可勸。其爲文，冲淡有遠致，而不踰乎八家軌範之外。筆記數種，亦如風行水上，自然成文。先生既早以文學名，嘗被任勸學員，於所居區內，新立小學四校。復創業皇嘉里小學，籌設親仁鄉高等小學，均慨然獨捐鉅金。至今畢業成材者數十百人，皆食先生之舊德者也。其配氏文夫人，治家恭儉而有禮。於學制尤能見其大，嘗謂教育英才，不得限於男子。欲興女學，先造女師。故既命長孫冕華留學美國，復命孫婦譚臻肄業京師。孫女長者二人均入省立女子師範學校。一門男女子弟，彬彬向學，士族相襲，翕然成風。是則文夫人倡導之力也。今先生與文夫人年皆盈七十，湘士大夫將制錦屏爲之壽，敢乞一言以張之。"

余始見鳳、鶴二君之文，已決其必承家學；既而讀先生之詩，並獲聞其學術之敦實，心儀其人素矣。余奚敢辭。惟是先生之德行見於尊祖敬宗收族者，其同族康劉禮部已詳述之。其施於鄉黨州閭之公益事業，語在呈請內務部褒揚案中，無俟復述。獨以爲先生處今之時，修古之學，斐然有以表見於世，是則可書者也。爰略述文體之變遷及所聞於某君者書之,以爲二老人壽。惜余學殖荒落,辭不足以達之,重以童牛角馬之文,恐無當於先生之萬一耳。是爲序。

楊君墓志銘　　　　　1924 年

　　君諱詠裳，字綏卿。其先出自龜山先生，數遷至湘，族姓藩衍，世稱善化平山楊氏。曾祖父承藻，祖父先敬，父煥彬。三世皆以君晋二品封。君性穎默，遵父業術，不勞而能。未冠補縣學生員，光緒丁酉舉於鄉，戊戌成進士，以知縣即用，簽分貴州，歷署開泰、甕安、修文縣事。三載考績，特授安南知縣。所至勞農勸學，政平訟理，民以寧謐。宣統己酉，調署普安同知，旋補仁懷同知。大吏上其歷年邊防功，以知府在任候補。辛亥國變，君志浩然，吏民扳轅，義不回顧。盡室返湘，裝靡長物。俟罹父憂，葬祭洽禮，三年遵服。連喪配偶，積瘁填膺。哀可知矣。以貧故，出爲湖南民政廳省議會祕書，非其志也。衣食奔走，遂遘足疾。以民國十三年夏曆甲子八月九日卒，距其生同治辛未四月十九日，春秋五十有四。烏乎悲夫！元配徐氏，數孕不育，前君九年卒。繼室張氏，亦前卒，無子。議以從弟某子爲之後。即於是月二十八日，葬君縣西六都延壽庵莊山坤向之原，元配徐祔焉，成君意爾。從弟詠瀛,述君遺言,命銘厥幽。爰刺漢碑,緝爲銘曰：

明明楊君(楊統碑),含德厚純(孫根碑)。少習家訓(孔宙碑),文彰彪繡(劉熊碑)。遂察孝廉(梁休碑),貢器帝庭(郭究碑)。守攝百里(尹宙碑),三署著名(薛君碑)。歷郡右職(曹全碑),皦皦其清(楊震碑)。黔庶不擾(任伯嗣碑),垂愛在民(張遷碑)。曜武南會(衡方碑),顯拜殊特(鄭固碑)。位極州郡(王元賓碑),撫以仁德(朱龜碑)。引興旋歸(劉修碑),約身自守(楊淮碑)。執節抱介(武梁碑),窮下不苟(婁壽碑)。於我楊君(楊著碑),無道不究(王純碑)。政由豹産(任伯嗣碑),廉如伯叔(唐扶頌)。景命不長(譙敏碑),身翳名彰(茆鎮碑)。勒銘茲石(樊安碑),貽於無疆(楊統碑)。

章氏雙壽序(代章士釗作)　　　1925 年

　　周禮大司徒以鄉三物教萬民而賓興之。二曰六行,孝友睦姻任恤。故教官之屬:間胥則於春秋讀法時,書其敬敏任恤者;族師則於月吉,書其孝弟睦姻有學者;黨正則於孟冬大蠟後,以禮屬民而飲酒於序,以正齒位。鄭君說此經,以為事屬鄉飲酒義,所以教民尊長養老,見孝弟之道也。夫民以三時務農,將闕於禮。至於農隙,乃會所書賢能,序齒列坐,以飲酒之禮賓客之。其為教至易易已。豳風七月一篇,於十月獲稻後,繼以春酒介壽。十月滌場後,繼以躋堂稱觥。亦即此義焉耳。

　　今歲十一月之吉,為吾家光裕先生暨其配郝夫人八十壽辰。族弟子藩詳敷二老行實,郵致京兆,謁余為文書其事。余憶前長司法時,欲子藩相助。而子藩以現任湘鄉檢察廳長,就養密邇,不肯遠遊。其執法清明果斷,謳歌訟獄,咸歸往之。知其親炙於庭詁者久也。今覽行實所述,多盛德事。而其有當於六行者,有數事焉。先生有弟三人,皆未及歲而殤,居恆引為邙慟。其尊府云漢公、尊堂許太君,性好施予。族黨有義舉,輒輸重金爲之倡。先生先意承志,常預儲以待不時之需,使必無匱乏。居憂時,結廬山中,環墓四周,繚以短垣,手植鬆檜,循視培沃。寒暑不輟,今已鬱然稱佳城焉。吾章氏居長沙者,本一而數支,各有祠產,有兩祠因爭山境,議久不決,將成訟。先生盡焉心傷,力任解息。謀諸夫人,割私山若干丈,公之兩祠,事遂以寢。於是兩祠族老書"篤親興仁"四字榜其門。至外內親之受其保息者,尤不暇更僕數。先是有安徽高鏡湖,戀遷來湘,與先生交往至密。鏡湖卒,爲營葬祭。時周恤其母妻,扶植遺孤,至於成立,始盡室爲返諸故鄉。至今高氏子姓猶時寄聲問先生夫人起居。自余鄉曲善舉,見義勇爲,悉繼其先德之志。

嗟夫! 如先生六行具備。藉值周世,則閭胥必書其任恤,族師必書其孝弟睦姻,而春秋歲時必享以鄉老燕飲之禮。惜乎鄉舉禮選,僅行於成周。至於尊長養老之禮,尤缺然久不修,此有司者之責也。士釗忝掌邦教,當古司徒之官。賓老興賢,爲其專職。釗與先生同宗共邑,既飫聞其行誼,適屆坐享五豆之年。而古禮繁重,不盡可行於今。竊取詩人稱壽之義,爲之緒言,即以當族師、閭胥之所書,而補黨正飲酒之禮,其亦庶幾乎近之。

注:周禮地官之屬,有黨正、族師、閭胥。

與楊樹達（遇夫）書　　　1925 年

　　遇夫先生新成周易古義七卷，頃於李肖翁處得見其稿本。
流覽一過，足證古人說易專主人事，罕言天道。惟采及京房易
傳，與全書似不一律，愚意可削去之。且京氏易近人已有輯本
（書刊入木樨軒叢書中），所采較多。而災異之說，又係易之別派
也。若必求備，則易緯（惟乾鑿度多可采者）亦當在可采之列矣。
又案呂覽應同篇云：“平地注水水流濕，均薪施火火就燥。”此數
語，黃氏以周（經說）、皮氏錫瑞（易通論）並云：呂氏闡發經義，簡
明不支。而大著中遺未見録。此係弟近日細閱呂書，曾別録其
徵引羣經諸子者，以與大著相校，始知其尚有遺漏。其他羣經諸
子四史中（漢碑中亦多引用易語者）有不明稱易曰，而實係引用
易經者，可分交貴門下諸高史，詳檢一過，以免遺珠，則成完璧
矣。狂瞽之見，先生以爲然否？遇夫先生足下，弟焌白。乙丑九
月十四日。

與楊遇夫先生論學三書*

(一)*

遇夫先生道安：

三月杪由肖聃遞到大著漢書補注補正一册，循覽數四，竊嘆先生用力之勤且精也。其中僾然有當於吾人之心者，如卷一中謂今本韓詩外傳十卷爲内傳四卷、外傳六卷之合並；謂藝文志"漆雕子"即"漆雕啓"，注中"後"字乃衍文。卷二中謂"張良五世相韓"，"五世"屬良言。卷三中謂董生非卒於太初元年。卷四中謂"賞爲奉車"下無"都尉"二字，乃因下文而省；謂"何至"猶今言"何必"，"不至"猶今言"不必"。卷五中謂古書有文中插注之例。卷六中謂"歸死"猶言"歸命"，乃古人常語；謂古人於擬似或僞飾

_____

＊　編注：此書原載文史拾遺一九九六年第五期。

推度習用"者"字表之；謂古人行文多省去"於"字。大都舉例則如數家珍，結論則成爲鐵案，不獨能補葵園之遺，且能糾正錢、王、沈、周諸老先生之誤。至於審定音韻，詳考訓詁，猶其小焉者也。

惟弟意對於大著頗有異同。聊貢所疑，先生擇焉。

卷一高帝紀："祠黃帝、祭蚩尤於沛廷而釁鼓旗，幟皆赤。"補正云："王氏從吳說，謂旗當屬上讀，固可通。"焌案：史記封禪書、漢書郊祀志皆云"釁鼓旗"。即指高帝在沛起兵時事。此處"旗"字必須屬上讀，不僅可通而已。呂覽慎大篇有"釁鼓旗甲兵"語，亦旁證也。

又卷一（5 頁）武帝紀："蓋孔子對定公以徠遠，哀公以論臣。"補正云："說苑政理篇作'論臣'，與此同。"焌案：魯哀公問政，子曰："政在於論臣"云云。又見尚書大傳略說其詳，蓋即大戴記所載哀公問五義之事。

又卷一（23 頁）五行志："蜺白在日側，黑蜺果之，氣正直。"補正云："果讀爲裹。說文：'裹，纏也。'顏訓非。"焌案：果當讀爲貫。周禮大行人注云："祼讀爲灌。"爾雅釋木云："槶字又作灌。"又云："槶字或作灌。""果"之通作"貫"，猶"祼"之通作"灌"，又通作"槶"也。"黑蜺果之"者，猶戰國秦策所謂"白虹貫日"，漢書鮑宣傳所謂"白虹乾日"也。顏注訓"果"爲"乾"。乾、果雙聲，亦不誤。若讀爲"裹"，則蜺當繞日成環形，與下句"氣正直"不合矣。

又卷一（29 頁）："至周曲爲之防，事爲之制。"補正云："曲亦訓事"云云。焌案：此條王念孫說已見前禮樂志，補正可不復載。

卷二（4 頁）張耳傳："乃脫解印綬與耳。"補正云："古人印佩身旁，觀項梁殺殷通及此事可知矣。"焌案：秦漢印最小，凡長官皆係方寸之印，故常佩帶身旁，又可玩弄於手。洪頤煊讀書叢録韓信傳考證甚詳，不贅。

又卷二(19頁)："陛下觀參孰與蕭何賢？"補正云："此云觀參何如蕭何賢耳。"焌案：此文猶言"視參與蕭何孰賢耳"，不必依訓詁解"孰與"爲"何如"也。戰國齊策鄒忌問其妾曰："吾孰與徐公美？"又問其客曰："吾與徐公孰美？"二問語句不同，而其義則一。若訓"與"爲"如"，訓"孰"爲"何"，則"吾如徐公何美"，文不成義矣。

又卷二(31頁)晁錯傳："丞相青翟。"補正云："二字之名，省稱一字，古人自有此例。"焌案：此說郅確。但尚有一證，先生未及引者。景帝紀："元年，遣御史大夫青翟至代下與匈奴和親。"此即陶舍子青翟也。顏彼注云："後人妄增翟字。"亦非也。

卷三(5頁)李陵傳下"礨石"，補正云："礨、雷音同，礨石即如淳所謂雷石，礨、藺雙聲字，故亦名藺石。錢說是也。王氏泥礨字字形爲說，殊爲牽強。"焌案：礨石、藺石，即投入之石，一物而二名也。然二字亦各有其本義。礨之義取於雷。陳思王征蜀論云："下礌成雷。"潘安仁閒居賦云："砲矢雷駭"是也。藺之義取於躪。班孟堅西都賦"蹂躪其十二三"，注云："躪與磷同。說文云：磷，轢也。"故用以磷轢敵人之石即謂之躪石。其字作磷藺者，雷躪之假借也。葵園以壁礨爲說，固泥於形；先生以雙聲爲說，亦泥於聲。焌之所言，先生得無笑其泥於義乎？

又卷三(20頁)杜周傳"不循三尺法"，補正云："後書周磐傳云：'編二尺四寸簡，寫堯典一篇'，亦其證也。"焌案：後書曹褒傳亦云："著新禮成，寫以二尺四寸簡。"蓋漢人鈔書多仿古經簡策。鹽鐵論詔聖篇云："二尺四寸之律，古今一也。"是漢時寫法律之策，其長亦與古經策同，惟周尺一尺當漢尺八寸。杜周傳云"三尺法"者，從周尺也。桓寬云"二尺四寸之律"者，從漢尺也。金鶚求古録謂杜周傳所云"三尺法"，係舉成數言，殆不然也。

又卷三（29頁）："偃以爲春秋之義，大夫出疆，有可以安社稷，存萬民，顓之可也。"補正引襄十九年公羊傳云："大夫以君命出，進退在大夫也。"焌案：此當引公羊莊十九年傳云："聘禮：大夫受命不受辭。出竟有可以安社稷利國家者，則專之可也"數語，方與傳文適合。馮奉世傳亦云："春秋之義，大夫出疆，有可以安國家，則顓之可也。"皆用公羊義。

又卷三（32頁）車千秋傳"妄一男子上書，即得之矣。"補注：蘇輿曰："妄一男子，當作'一妄男子'。"補正云："按此謂一男子妄上書耳。蘇說未諦。"焌案：二說似皆未諦。孟子離婁下注云："妄人，妄作之人，無知者。"然則無知識即謂之"妄"。"妄一男子"猶言不曉事之一男子也。王莽傳云："立國將軍建奏言：不知何一男子遮臣建車前，自稱漢氏劉子輿。"論衡實知篇云："孔子將死，遺讖書曰：'不知何一男子，自謂秦始皇。'"案："不知何"猶今俗言不曉甚麼事也，"不知何一男子"猶言妄一男子也。若作"不知誰何"解，以釋建奏尚可通，以釋孔子遺讖，則語意不合矣。

卷四（4頁）陳湯傳："御史大夫繁延壽。"補正云："表云：一姓槃。槃、繁形近，未知孰審。"焌案：槃、繁不獨形近，古亦音同字通。經傳中"繁纓"皆當讀爲"鞶纓"，是其證。據此，知百官表及馮野王傳作"李延壽"者，誤也。

卷五（10頁）楊雄傳王先謙曰："華葉音敷。"補正云："汪榮寶說，吾當讀麻韻，正與華葉。後書馬援傳'允吾'，谷注：允吾音鉛牙。又華爲喉音曉母字，敷爲唇齒音敷母字，不容舉似。王氏爲鄉音所囿，故有此失。"焌案：華字古音讀如敷。陸德明、顧炎武諸儒皆嘗言之，王說原不誤，特云葉音稍誤耳。華字既讀如敷，當然爲敷母字，何得以爲曉母字乎？若謂葵園囿於長沙鄉音，豈顏、顧諸君亦囿於長沙鄉音乎？知不然也。汪謂吾當讀如牙，與華字正葉，此從今音讀華爲戶花切，宜其與古音不合。國

語晉語優施歌曰："暇豫之吾，吾不如烏烏。人皆集於菀，己獨集
於枯。"若依汪說，讀吾如牙，則烏當音鴉，枯當音誇矣。愚非謂
吾字不可音牙也。特牙爲吾之今音耳。今湘鄉人自呼爲牙亦其
證。何以明之？說文衙字，從行吾聲，而今音皆讀如牙。封氏聞
見記亦云：官衙之衙字本作牙，然古音則仍讀衙如魚也。宋玉九
辯云："左朱雀之芳芳兮，右蒼龍之躍躍，屬雷師之闐闐兮，通飛
廉之衙衙。"若依今讀衙如牙，則躍當讀如抓矣，似不然也。近日
音韻之學，大有發明。先生有聞，幸以告我。

　　又卷五（23頁）胡母生傳："弟子遂之者。"補正引吳承仕云：
"'遂之'疑當作'之遂'。"焌案：穀梁傳累云"遂繼事也。"又云：
"遂者，繼事之辭也。"則弟子遂之，猶云弟子繼之也，不必疑作
"之遂"。

　　卷六（8頁）補正云："廼，裁也，僅也。"焌案：補正中謂"廼"
訓"裁"或訓"始"者，共約十餘條，似宜類聚於一條以說明之，較
省篇幅。

　　又卷六（7頁）補正云："㸪，說文字作犛，云西南夷長髦牛
也。"焌案：犛，從牛𠩺聲，二徐本同。則犛當讀如嫠，不當讀如㸪
也。故小徐本音利之反，而大徐本音莫交切，誤矣。先生所引殆
沿大徐本之誤，似宜改正。

　　以上十數條，但就大著所及者言之。其它不能遍舉也。

　　去歲曾與先生晤談，將仿荀子集解、墨子閒詁之例，爲呂氏
春秋集釋一書。既承先生覓得孫氏呂氏春秋高注補正一册見
寄，惠我多矣。徒以牽於人事，自去冬至今，僅成初稿四卷。且
有聞名未見之書數種，如陳昌齊（號觀樓）之呂氏春秋正誤二卷，
宋慈抱（號墨庵）之呂子校正四卷，鄞人徐時棟之呂氏春秋雜記
八卷，以及時賢對於呂覽之著作。弟僻處一隅，無從覓購，先生
久居人海之中，所識皆一時名宿。其爲我博採而旁搜之，其功德

殆勝於秦景之求佛書，王仁之傳論語矣。暑假回湘時，當即奉初
稿數十篇就先生，請爲商定。免煩後之人爲我作補正也。一笑。
亟望復函，請仍由肖聃處轉寄。

　　　　　　　　　　　弟羅焌拜上　十四年四月八日

　　頃復讀大著一過，發見文字奪誤數則，爲補校勘於下：

　　卷三第 18 頁 5 行，又云方上，弟焌謂下宜補"斥土"亦作斥
上，見惠紀補注。

　　卷五第 12 頁，3 行，孟子滕文公下篇，焌案："下"爲"上"
之誤。

　　又　第 17 頁，9 行，"釋文云"，焌謂當作"釋文敘録云"。

　　卷六第 18 頁，6 行，"皆上當有"，焌案：宜改作"嗣下當有"。
因上文亦有"皆"字，恐讀者不能分別也。

　　按：此信爲 1925 年羅庶丹（焌）先生與楊遇夫（樹達）先生論
學書。十年後，羅先生遺著諸子學述問世，楊先生作序，序中言
及此信，云："往者，余讀漢書，妄有所論述，輒以一帙遺君。君復
書累數千言，則言某說甚諦，某說宜削，某條宜並，皆洞中竅要。
余於是始服君之精能。……嗚乎！君死而余欲求一博學通識如
君者，殆不可復得。余他日雖有所論著，誰則糾其失而奬其善，俾
余有所奮厲者？嗚乎！此余撫君書而太息不能自己者也。……"

（二）*

遇夫先生道安：

---

　　* 編注：以下二書復印自積微居友朋書劄，湖南教育出版社一九八六年版。

　　自<u>肖聘</u>先生處得讀手書後，承令昆<u>季薌</u>、<u>季二</u>公贈以所刻書
二部，深感深感！近二月來迫於人事，舊書已束之高閣。得大
著，窮日夜之力，細讀數過，覺其立義甚堅，舉例極當，吾無閒然
矣。由衷之言，非諛詞也，煥記。<u>馬夷公</u>之校錄，尚無大疵。<u>劉公</u>所
補，以弟愚眼觀之，殆無一例可成立者，除鈔<u>汪容甫</u>、<u>劉武仲</u>說外。擬
一一條辨之，聞其人下世已久，無從告語，遂中止焉。<u>暨城陶</u>君
之讀呂劄記當已鈔完，乞速寄我，切盼切盼！

弟<u>羅　煥</u>拜啓
（一九二六年三月或四月）

（三）

　　<u>遇夫</u>吾兄先生史席：
　　頃奉寄到<u>北京</u>圖書月刊第四號一册，中有<u>孫</u>君<u>人和</u>之吕氏
春秋舉正。細閱一過，欣喜欲狂。此君所舉，足補鄙陋者甚多，
而亦多與鄙見不同者，將來當與先生商定，舍短取長，改訂拙稿。
弟之所以不敢持以問世者，職此故耳。續刊盼寄下毋缺。大著
漢書劄記，已循閱數過，有疑者不過一二處，然行篋無書可證，不
敢妄陳。近在此間購得<u>劉心源</u>_{<u>嘉魚人</u>}之奇觚室吉金文述及古
文審二書，總覺伊人之見，未能盡合我心，時於眉端加以評判。
書生結習，至老不忘，亦殊可笑。<u>鐵三</u>相見兩次，縱談極歡，伊亦
金石專家，與弟所見時有相合處，甚有趣也。<u>北平</u>天寒，珍重眠
食。手此，即叩
　　道安：
　　得暇，並希示我。

弟<u>羅　煥</u>頓首
一九二八年十一月二十二日

文長先生張公墓志銘　　　　1925 年

先生諱正材，字梓榮，長沙麓山鎮人也。曾祖父澤溥，祖父
光仕，父明位。母李氏，生子四人，先生居伯。夙智早成，穎異恆
稚。從傅受書，遇目能識。甫登弱冠，童蒙來求。善誘能教，滋
滋汲汲。中歲遘疾，山居習靜。期年病失，神識洞然。博通經
傳，文思泉涌。開門授徒，羣英雲集。年未強仕，喪配吳氏。追
蹤曾輿，遂不婚宦。勉循慈旨，出應院試。所作雄古，閱者驚異。
疑襲故文，屏弗入選。先生泰然，壹意講學。制科既廢，學校如
林，招選茂異，用爲人師。先生再試，袞然舉首。聘掌鄉學，因材
而篤。爲養老母，歸教於家。兄弟怡怡，慈顏益和。母喪盡禮，
四方來觀。麓西風教，翻而於變。鉅室子弟，優禮固請。往教來
學，兼業並授。詩禮既傳，休神南郭。庶幾遐齡，乃膺氣疾。年
六十有九，以乙丑歲十月二十八日卒。臨没顧命，用道服斂，歸
葬故山，喪儀惟儉。踰月十一日，孤子大阜，孫孝常，奉柩載輴，
葬麓山前土地塘賀家灣坤向之原。距太李墓，才二里許，從其志

也。於時門生後學，羣集會葬。追惟在昔遊夏之徒，作諡宣尼。僉以先生勤學好問，道德博聞，不亦文乎。體仁長人，教誨不倦，不亦長乎。爰上諡曰：文長先生。命焌屬詞，刻銘納壙。謹緝漢碑，爲作銘曰：

於穆張公（張公神碑），盛德之裔（張壽碑）。清河有鑠（崔君夫人碑），孝友恭懿（張壽碑）。童齔好學（曹全碑），甘味道藝（陳球碑）。闕幘傳講（武梁碑），潛神默記（張壽碑）。無道不究（王純碑），靡古不通（張納碑）。德爲世表（楊賜一碑），學爲儒宗（魯峻碑）。築室講誨（陳實碑），雍徒帶衆（孟鬱修堯廟碑）。威如秋霜（唐扶頌碑），仁若春風（苑鎮碑）。郡縣禮請（婁壽碑），頻歷鄉校（楊賜一碑）。宣傳孔業（鄭固碑），匪師不教（楊賜三碑）。季世不祥（樊敏碑），不尊圖書（孔廟禮器碑），天縱明哲（蔡朗碑），繼聖作儒（孔宙碑），導我以文（張納碑），誨人以道（武梁碑）。濟濟學徒（王元賓碑），是則是效（郭泰碑）。年踰皓首（孔耽碑），閉門靜居（魯峻碑）。披覽詩雅（張遷碑），琴書自娛（魯峻碑）。不貪仕進（吳仲山碑），不求榮祿（張玄祠堂碑）。清虛澹泊（熊君碑），宜享眉耇（孔彪碑）。旻穹不弔（王元賓碑），喪我師則（蔡朗碑）。案典考論（李休碑），諡以旌德（衡方碑）。收朋勤誨（郭泰碑），文藝丕光（胡碩碑）。實惟先生（郭輔碑），身潛名彰（逢盛碑）。欽仰高山（周憬碑），卜葬中坰（孫根碑）。勤銘茲石（樊安碑），萬世垂榮（楊震碑）。

民國十四年夏正丁丑十一月受業生羅焌撰。

募修古麓山寺啓　　　　1926 年秋

　　麓山寺者，楚南之奥區，湘西之寶刹，而晉太始四年之所立也。時有法崇禪師，學悟性相，思通鬼神。請漢宗之敝廬，創僧佉①之新寺。茅茨誅結，蘭若兆基。爰暨太康，導師則大起前功，憇師則永託茲嶺。宋齊聿降，堂構相承。法賢開甘露之門，德安②建舍利之塔。曇捷說法，伐祇樹於林隈；智謙誦經，立花臺於山頂。嗣是若摩訶衍、首楞、慧性、惠杲、惠遠、都維那諸大師，靡不託缽長沙，駐錫靈麓，澄觀坐樹，演音開場。金碧建其霞標，緇素感而雲集。斯其願力之大，固造端於桑門，而佈施之功，實取材於檀越。當是時，鉅人長德，名將達官。宋則有尚書令湘州刺史王僧虔，梁則有湘州刺史夏侯詳、王琳，長沙內史蕭沇，陳則有大司空吳明徹，隋則有侍中鎮南普安王樂陽王、總管大將軍

---

①　僧佉，一云僧伽。
②　德安，智者大師之字。

齊郡公權武，唐則有大司馬竇彥澄。大都心契一乘，體空三
輪①。樂善好施，扶翼西方之教；信今傳後，留名北海之碑者也。
五季紛爭，三門長閟。智海起衰於元祐，智果興廢於至元。明祖
崇禪，覺皇應供。訖乎萬曆，已閱十朝。而君主猶錫以嘉名，藩
王亦拓其講舍。雖仍舊貫，遠度弘規。至滿清入主乎寰中，故老
半逃於方外。肺山一呵，而深林虎伏；彌嵩一喝，而大衆龍驤。
於時護法諸公，如少師提督張勇、佈政薛柱鬥、按察常名揚、糧道
趙廷標、巡撫丁思孔、提學鄒治隆，或先或後，善作善成。咸護招
提，聿新波演②，率先寮採，勸助衆功。福德多於恆沙，姓氏垂之
方志。時踰廿紀，刼遇三災。幾成鋒鏑之場，將絶鐘鐃之響。梵
宇由其傾覆，法令是以凋淪。長老顧瞻，咨嗟憫嘆。倖遭斯世，
衆建共和。信教許以自由，名流亦多歸向。宗風大暢，天雨皆
花。由是尊黃度③於南臺，浚碧湖於北郭。溈山埃滅，方謀中
興；湘水波澄，宜修内典。況兹山爲七十二峯之一，建寺在千六
百載以前。英靈之所憑依，中外之所瞻仰。而乃定光燈黯，香積
煙寒。叢棘鬱其没人，伽藍荒而不治。寧惟宗門之痛，毋亦居士
之羞。同志之倫，悼心厥狀。爰矢弘願，共結勝緣。謀納縛之恢
張，仰邠祁之喜捨④。或化維摩之室，或佈須達之金。庶其福地
洞開，祥宮大啓。虎岑淨土，隨旭日以重光；鹿苑崇基，負晴天而
高引。法螺再唱，九衆歸心；醉象皆馴，八方向化。非營土木，求
利人天。豈徒朝恩捨莊，自資冥福；仲謀造塔，冀免沉痾而已。
又考本寺名稱，因時變易。明曰萬壽，本神宗之敕書。清曰嶽
麓，見善化之縣志。夫爲政有道，必先以正名；革命成功，無取乎

---

① 三輪，謂施者、受者及所施之物。
② 波演，波演那，華言周圍廊院也。出奘公西域記。
③ 黃度，南臺開山師也。
④ 納縛，華言新寺；邠祁，華言好施人。

祝聖。故名嶽麓則忘其開祖①,名萬壽則嫌於尊君。宜復晋代之稱,定名麓山之寺。海内宏達,當能相印於心心;湘上叢林,佇見作新之奕奕。

---

① 本寺開山祖法崇原名麓山寺。

潛山草堂詩序　　　　　　1926年

　　原夫<u>正則</u>得江山之助，肇造<u>離騷</u>；<u>子長</u>觀<u>鄒魯</u>之風，創修通史。湖中瞻眺，<u>謝客</u>成詩；海上逐情，<u>伯牙</u>作操。蓋必窮高極遠，以開拓其心胸；始能範水模山，以蹈揚其志趣。然亦非聽鼓之下僚，吹竽之遊士，所得拾其香草，收入奚囊者也。

　　<u>潛山</u>先生，泉府世官，<u>越王</u>華胄。遷自<u>洞庭</u>以北，卜居<u>嶽麓</u>之西。溯厥初生，已徵異表。種鬆拔地，待長龍麟①；摘藻掞天，先持翟羽②。入棘圍而射策，首薦頻膺③；擊銅鉢以催詩，口佔立就④。白雪之詞寡和，青雲之志彌堅。時則<u>鐵甕城</u>邊，已銷王氣；<u>玉門關</u>外，方振軍威。先生於是以一命之士，爲萬里之行。

---

① <u>潛山</u>幼時，其外舅以"竹高開鳳尾"命對，應聲曰："鬆老長龍麟。"外舅笑曰："是子其大器晚成者乎！"
② 年十八，縣試前列，院試得佾生。
③ <u>清光緒</u>四應鄉試，同考試官力薦不售。
④ 弱冠，從<u>長沙李壽蓉</u>學爲詩鍾。

譜甘州之聲,獻酒泉之賦①。王子安揮毫作序,閻督驚奇;潘彥
伯上馬述思,秦王稱善。遂乃近參謨議,遠郊馳驅。出嘉峪以西
征,繞天山之南路②。或使三軍挾纊,分持武庫之後;或爲千里
饋糧,輸出秦關之粟③。凡漢時所通温宿、疏勒、莎車、于闐④
諸國,靡不馬蹄徧踏,鴻爪長留。羽檄交馳,即戴雪覆冰而去;
指麾既定,又吟風衔月而歸。常賡出塞之歌,合訂消寒之集⑤。
雖鳳鳴沙漠,時帶邊聲;而魚躍清波,不參蠻語。良以雨窗剪
燭,嘗登大雅之堂;宜其尊酒論文,高出小倉之話⑥。又況藍田
採玉,華嶽尋碑。出令尹喜擊柝之關,訪太史聃授經之地。詠
懷古者,託意蒼茫。尤足補香山樂府之遺,代越石扶風之
作乎⑦。

　　既而小別玉河,遠觀珠海。誦丹荔黃蕉之句,親摹蘇子遺
碑;佐白山黑水之軍,又促毛生棒檄。於時海外之蜻蜓展翅,遼
東之鵝鸛成羣⑧。先生以轉餉之蕭何,爲入門之孟側。一腔熱
血,灑到關西;五斗折腰,歸來楚北⑨。本感慨悲歌之士,獨抱丹

---

① 時湘陰左宗棠開府肅州,拓酒泉爲湖,泛舟賦詩,大會賓僚。潛山即席作酒泉賦
　以獻。
② 時從長白明春出關,委赴新疆南路偵探軍事。
③ 錢塘張曜統嵩武軍駐喀什噶爾,潛山爲總行營軍裝局,又爲辦駐陝轉運製造
　局事。
④ 即今阿克蘇、喀什噶爾、葉爾羌、和闐諸國。
⑤ 在新疆撫幕時,與幕友聯吟,有消寒合集。
⑥ 在喀什噶爾軍次,與烏程施樸華論詩,録爲峴傭說詩一卷。近年吳錫丁福保集
　刊清詩話,以此一卷列袁枚續詩話之前,注云闕名,不知爲潛山與施君作也。施
　君著有澤雅堂詩集。
⑦ 在陝時遍訪古跡,東至華陰,西出大散關,南至藍田,皆有詩紀事。
⑧ 甲午中日之役,邵陽魏光燾率師出山海關,檄潛山爲督津榆轉運局務。
⑨ 乙未二月,牛莊兵敗。潛山經營後方,收集潰卒,以積勞膺咯血症。中日和議
　成,魏公移師西征,乃收束津、渝、錦各轉運局務。從赴西寧,途染寒疾,牽發咯
　血,經年始愈,遂以新疆直隸州,改官湖北知縣。

心；拔抑塞磊落之才，幸遭青眼。歷知四縣，薄宦十年，化如春雨
之時，人爭藉寇；亭復秋風之古，公亦師萊①。愛江上之峯青，仙
吏因而假館②；憶湖南之草綠，王孫隱而歸田③。追念舊遊，似
潛山之文琲④；傷心離亂，如草堂之少陵。當是時，蓋陶公猶記
義熙之年，白傅已編長慶之集矣。夫孔稱遊聖，不到秦中；李號
詩仙，只吟塞下。班超之通西域，筆己先投；陳京之賦北都，草猶
未就。先生則西通葱嶺，北上蘭山，東達雞林，南窮羊石。轍跡
已周乎海內，詩品猶得其寰中。書劍相隨，長歌年少從軍之樂；
舟車所屆，吟到中原以外之天。技至此乎，公誠健者。至若棣華
一集，既聯竇氏之珠⑤；桂室孤吟，更漱李家之玉⑥。癡語有同
乎竹屋⑦，隨筆可續乎容齋⑧。以及積穀之方、種柏之法、問琛
之錄、課孫之編⑨，斯皆鄒嶧之外書，昌黎之餘事也已。

　　焌也鵬飛願息，蠖屈無求。刻楮葉則三歲不成，戴幅巾而一
面如舊。呼李泌爲小友，交本忘年；許羅隱爲奇才，詩曾題壁⑩。
諆諉介首，逡遁久要。在昔臨淄定敬禮之文，可傳後世，昭明序
元亮之集，故摘微瑕。敢藉口於古人，實傾心於前輩。況今者軫
星案戶，弓月懸門。養國老於上庠，扶來鳩杖；酌公堂之春酒，捧

---

① 秋風亭在湖北巴東縣治，後宋萊國公寇準所築。久廢，潛山令巴東時重修之。
　有師萊堂詩文各一卷。
② 在湖北時，自題其書室曰江上峯青館。
③ 潛山本吳越王裔孫。辛亥革命後回湘，築草堂於麓山鎮，署曰潛山。
④ 集中有感舊五古四十七首。釋文琲，宋末人，宋亡時年六十六。其生平遊歷見
　所作舊遊一百十韻中。晚年自號潛山翁，有潛山集十二卷。
⑤ 潛山曾集弟妹所作詩賦爲，花蕚集一卷。
⑥ 又曾刻其李氏節孝妹桂室吟一卷。
⑦ 潛山有詞存一卷。
⑧ 又集舊日見聞爲隨筆若干卷。
⑨ 皆潛山所著書。
⑩ 羅隱寢疾，錢鏐親往撫問，因題其壁，有云："黃河信有澄清日，後代應難繼此
　才。"隱以紅紗罩護壁上。詳見吳越備史。

出兕觥。人皆賀以新辭，我僅踐其宿諾。惟祝先生漸進百齡之壽，更增十卷之詩。焌猶將以呂望之餘年，揮江淹之秃管，更爲序之。此其第一序云爾。民國十有五年丙寅歲十一月潛山七十初度日，善化羅焌序。

張夫人墓表　　　　　1926年

夫人姓張氏，善化西鄉處士諱軫西之季女，年十九歸於同邑龔，爲前臨湘教諭曠園先生之妻。春秋七十有五，以民國十二年癸亥歲正月十九日卒。時曠園年已七十六，而長子福燾枚長法部又前卒，乃命嫡孫詠文科學士及次子福熙芙初大令率孫曾九人，以禮治喪。既再逾月，葬夫人簡家隴曲蚓嶺巽向之原。從狀屬年家子羅燧書其墓。按夫人少孤，鞠於從母劉氏。間從其兄宗鸚受句讀，能解文義。龔氏家世儒素，有棄儒而賈者，輒折閱。惟曠園授徒於外，而脩薄不贍家食。夫人以介婦得姑太張歡，命治內政。節縮其仂，上供甘旨，無或缺焉。太張有姊適益陽胡氏，家故貧。一日其子來言，母老病且死，無以爲斂。夫人請出其嫁衣爲贈。太張喟然嘆許之。

曠園以付員生歷任龍陽、桂東、臨湘學官凡十餘年，夫人未之從。在家持門户，督二子力學。枚長以進士分法部，官京師，芙初以縣學生員入監，出爲令江南，夫人嘗就養二子官舍。凡織靡之服，奇異之珍，輒屏弗御。一日姻家請宴，座客縱談博塞戲，夫人囅然應之曰：“我老婦人他無所知，只曉紡績鍼黹耳。”談者赧然中止而言他。在京師時，見都人士女言動殊異者，則敬而遠之，常引以爲家人戒。五十後喜飲酒，如量而止。酒後愛述疇昔御窮故事，詔子孫，或雜詼語以自壯。獨不佞佛，不持齋，不入寺觀祈禱。而歲時享祀先祖，必豐潔拜獻如儀。

　　戊午、己未間，四郊多盜，芙初將奉二老避地會垣。夫人以前此困於舟車，又性厭城市，不肯行，獨攜一僕一媼居。一夕，盜聚百十衆刦某鄉，遇團練防守嚴，不得逞。反竄龔家，叩門入。夫人從容出坐廳事，見中有曾識無賴二三人，名而前之曰：“若父若兄弟偕來耶？若妻及子女無恙耶？近日吾鄉夜多警，聚衆環巡之，滋善。然亦盍早歸，毋令家人望眼穿也。”時有感而泣下者，不�時羣相率施施去。人謂夫人有急智，然非平日仁聲入人之深而能致此乎？龔氏故居東門冲，山有葉氏祖墓，將圯矣，欲復土，爲地券約束，不敢請。夫人知其隱，詔葉子姓修葺之，墓以完固。卒之前四日，病不能興，聞鄰居有小兒驟中寒，猶强起覓回春丹畀之。慈惠之施，可慨見矣。

　　焌與夫人二子少同學，長與枚長同鄉舉，復與芙初同治官文書數年。焌弟炳又爲曠園受業弟子。通家之誼，久而彌篤，獨恨未及登堂一拜夫人耳。今一觀其行治，猶得想見夫人之爲人，卓然可以範後世也。謹具書之。民國十有五年丙寅歲十有一月羅焌表。

與曹荇農書　　　　1927 年

　　荇農吾兄足下。前蒙惠贈臨石門頌全部，久未報投，殊謙謙
也。日昨晤談，快極。承屬題孟璇碑後，因用黃鹿老書後詩韻，
率題二律，兼貢所疑。詩尚象詩，字則太不成字。請以質之鹿
老，加以繩削。並請吾兄另以淨紙代爲書之，裝入册後，免貽狗
尾誚也。臨楮不勝祈禱之至。即問著安不具。弟羅焌頓首。丁
卯中秋後六日。

韋君蘭蓀四十有四生日壽序　1927年

　　民國十六年，歲次疆圉，辰在降婁，明月初圓，有花競發，實
爲吾友韋君蘭蓀四十有四生辰。同事諸君相期是日移孔坐之酒
樽，就韋家之花樹。作平原十日之飲，廣旱麓百福之歌。乃介趙
君冬蓂，屬余作敘。余謂上壽之儀，盛行於秦漢；生日之慶，肇祖
於隋唐。雖或贈人以言，不以多文爲富。惟吾家昭諫，嘗壽人以
七律之詩；陳子君衡，每壽人以長短之句。變體爲敘，方家所嗤。
竊病未能，敢謝不敏。。趙君曰：“在昔景濂學士之集壽文，曾載
數篇；震川太僕之書壽敘，已盈三卷。沿及後世，尤多名篇。即
以吾湘言之：如湘鄉之曾、巴陵之吳、長沙之葵園、善化之鹿門，
所作贈言，不廢斯體。吾子乃持劉勰宗經之說，而薄李虔通俗之
文。雖欲峻其宮牆，實自隘其門户也。”余曰：“是固然矣。然觀
近時諸子贈序一門，酌斗以祈，必致金張之座；稱觴所作，多陳陶
猗之堂。述其事則累累貫珠，誦其詞則聲聲戛玉。若夫官無一
命、産不百全者，即至榮啓期之九旬，未聞華封人之三祝也。”趙

君曰："不然。陳君白庵,新安之處士也,而希甫壽之。屠翁禹甸,洞庭之布賈也,而本深壽之。其義固杼軸於予懷,其文尤膾炙乎人口。若如吾子所見,則頌必陳於朱戶,賦必獻於黃門。是揄揚貴胄之辭章,非倡導平民之文學也。況我韋君,國香夢兆,家法親承。趨而過庭,常受一經之教;居以求志,可登三事之班。更卒業於上庠,遂蜚聲於大學。汪中助鬻,博極羣書;陳遵好遊,交遍一國。匪南陽之孔氏,而行賈法其雍容;匪東越之朱公,而家國資其策略。且當擾攘兵戈之會,與有折衝樽俎之功。爲宜僚之弄丸,則兩家難解;爲蕭何之主進,則諸客歡騰。凡所設施,皆足稱述。烏得以其非達官貴人、富商大賈而謂吾黨不宜爲之壽、吾子不欲爲之文乎?"余曰："雖然,所謂壽敘云者,必行年已周乎花甲,斯純嘏乃祝以林壬。韋君固湘上之芝蘭,人中之杞梓。而閭閻注籍,才過柳公赴詔之年;海屋論籌,剛當李密陳情之歲。方欣強仕,遽慶期頤。舊例無徵,吾見亦罕。"趙君曰："固哉!吾子之論也。夫嬰兒試晬,猶題百歲之嘉言;孺子臨朝,亦上千秋之賀表。豈有年逾不惑,人又多能,而不可以駢四儷六之文,祝咸五登三之壽者乎? 矧今者花朝令節,月滿良宵,紫荊交蔭於田庭,丹桂早榮於竇砌。椒花之頌,獻自中閨;桃葉之歌,聞諸旁室。羣賢畢至,高談轉清。玉缸流其酒香,銀燭雜以人影。或擅繪事,而寫商山採芝之圖;或賦新詩,而賡豐水有芑之句。較之蘭亭之修禊,李園之夜遊,不是過已。可無紀乎?"余乃矍然改容,懍然意下,曰："子之言誠是也,余無説以難之。請即以吾子揮塵之清談,作韋君介釐之小引,可乎?"乃借彩筆,大書錦屏。是日會者,以次具列。

文母李太夫人六十生日宴集序

　　粤維疆梧蟬焉①之歲，節過啓蟄②，律中夾鐘③，爲吾友文君伊鼎之母李太夫人六十生日。文君於時炊賈逵説經之粟，割崇敬授業之脩，烹若水借書之羊，酌子雲解字之酒。躬率孺稚，眷戀庭闈。匪潘岳之閒居，無憂親疾；似朱熹之獻壽，自笑兒痴。乃其族黨、故人、學校同志，咸以是日會於其家。履舄分陳，觥籌交錯。或題壁以聯句，或躋堂而賦詩。藻思繽紛，華言絡繹，大都爲眉梨介嘏，揚千秋萬歲之聲；祈聖善綿齡，上三多九如之頌。予以同居雅誼，末坐叨陪，方擬擇言爲之晋祝，而座客咸目予曰：“太夫人苦節卅年，耆壽六秩，當述懿行，俾垂後昆。吾子號爲能文，理宜作序。是出公意，不容故辭。”予起而應之曰：“昔之爲人

————————————

① 爾雅釋天歲陽：太歲在丁曰强圉；歲陰：太歲在卯曰單閼。疆梧同强圉，蟬焉同單閼，故“疆梧蟬焉之歲”即丁卯歲。

② 即“驚蟄”。

③ 禮月令：仲夏之月律中夾鐘，舊曆二月中。

上壽者,固未嘗詳其行實,亦未詳飾以繁文。惟唐人則有壽詩,宋人則有壽詞耳。壽而必序,古實無徵。自宋景濂學士之集,始載數篇;而歸震川壽人之文,乃盈三卷。自卑文格,見笑大方。沿及近今,成爲陋習。故凡弱冠之子,素封之家,偶增馬齒十年,必購鴻文一首。甚至假借名流之筆,遍題達官之銜。張諸錦屏,潤彼華屋。及觀所序,莫不少時聰慧,晚景優遊。男則六行俱全,臺輔録可增一席;女則四德咸備,賢媛傳可續一篇。而且,序其儉,則曰孟光之其次要釵裙;序其勤,則曰敬姜之紡績;序其教子,則曰柳母和熊;序其延賓,則曰陶母截髮。有一子,則稱曰崑山片玉;有二孫,則曰麗水兼金。凡此鋪張揚厲之詞,不免讇諂面諛之態。況茲數者,悉屬太君之庸行,何待吾人之贅言。承屬爲文,敬謝不敏。若以貞壽而論,則因懷清而築臺,創於秦之暴主;以失節爲大事,倡自宋之迂儒。既不見諸周孔之經,又不詳於佛耶之戒,而説者乃以婦人從夫之節,比之臣子事君之忠。是皆專制主惑世之談,殊非共和國通人之論也。況我太君自其夫陶安學博卒後,送養無憾,事蓄兼資,馴至子克成名,家常餘慶。而關於青年之苦行,絶口不談;對於黃綬之褒章,掉頭不顧。蓋其壽也,原本乎天之所授;其貞也,但行其心之所安。既無慕乎令名,復無求於壽考。如斯高潔,安事揄揚。若必於今年周甲之辰,追敘其往日艱辛之事,陳義太苦,使人不歡。不獨失吾輩登堂拜母之儀,亦且傷文君戲彩娛親之意矣。"客曰:"然則序可不作乎?"予曰:"否否。今者太君生朝,恰先百花一日;文君戒養,正逢寸草三春。加之朋好雲蒸,襟情煙合。高人滿座,杞梓交陰;作者肆筵,芝蘭同氣。或擅繪事,而寫春庭種萱之圖;或長雅材,而賡北山有李之句。將昭宣其情緒,宜揮發以詞章。在昔芳園夜遊,太白序天倫之樂;涼宮禊飲,延清序良友之歡。有例可援,於今適合。以此爲序,誰云不宜。"客乃哂然而笑曰:"吾子辨哉。始發高論，似爲不辭之辭；繼聆後言，又似不作而作。略引故實，自抒胸懷。雖詞類俳優，尚沿王勃當時之體；而語皆質直，猶是服虔通俗之文。即請具書問對之辭，以紀今日之良會，而祝太君之長年，不亦可乎?!"予韙其言，遂用爲序。凡與斯會，皆當署名。

湖南第一紡紗廠記（代左宗澍作）

湖南第一紡紗廠，位於長沙市西隔江銀盆嶺。負山臨水，棟宇綿亘，佔地域廣輪至若干頃。凡職工治事作業、食息遊藝之所，自倉庫乃至湢溷，靡不咸備。機聲軋軋，熙來攘往，操作乎其中者，率三千數百人。環廠外架屋棟肆，資以贍其家者又無慮百數十户，成一巷之市焉。猗盛哉！工業爲利之溥也。然其所以致此之由，不可以無述。

溯自民國肇造、湘政更始，吾黨即以振興實業爲之倡。時則有吳作霖諸君，組合公司，借公帑六十萬金，創設經華紗廠。而實際用之建築及購置者僅十有五萬。規模初就，而湯鄉銘入湘，收紗廠爲國有，典守迭易，迄無成功。譚延闓君再起督湘，命財政廳長袁家普君兼綜廠工，賡續建設。中經傅良佐、譚浩明往復馳驟，而袁君經營之業猶未稍休。至張敬堯入湘，政局大變，爬梳羅掘井給所需，議售紗廠贍軍食。時宗澍避地海上，乃與袁家普、聶其杰諸君集會攻張，變賣紗廠之議始不得逞。張氏既遁，湘人仍戴譚延闓君爲省長。譚亦復任袁君專治廠工,俾葳其事。
前購自德之發動機,英之紡紗機,乃克安置妥貼。全廠工程,實
始落成。綜計建廠購機,前後費銀帑二百餘萬元。而張、湯二督
因廠事所耗之數十萬尚未在此數。惟時輿論僉主商辦,商人遂
鳩集資本,起而承租,號爲華實公司。經營累載,無裨於公,卒至
停業。革命軍興,省政府毅然收回公辦,吾黨工友,始克重睹天
日焉。

　　宗澍當吳君倡設紗廠時,已極力贊同。及張督變賣紗廠時,
復倡言反對。今果收歸公有,與眾共之。宗澍適董廠事,爰追述
其顚末,書之貞珉,俾來者有考雲。民國十有六年三月廠長左宗
澍記。

李鏡荷先生六十雙壽序(代張笠仙師作)

　　岳麓踞吾湘之西，自有宋朱、張二子聚徒講學而後，魁儒碩彥求志以達道者，踵接輩出，迄滿清之季弗衰。距麓山十里而近，有大小二峯，矗然筆立雲表。如太華、如天柱者，圭峯也，鄉人呼爲尖山。環山數十里，民族雜居成落，惟李族爲最大，時稱之曰尖山李氏云。前清咸同之交，李天影先生以文采風流遨遊公卿間，名聲籍甚，震爍宇内，與王湘綺齊名。家學世守，弦誦不輟，故當日湘西儒術，李氏稱極盛焉。余幼承先君子之教習儒業，既弱冠始爲李氏倩，而與内從兄鏡荷君相得甚歡。君年小於余一歲，才識則不啻倍蓰過之。某某年，果以學行受知學使某公，補博士弟子員，時年才二十許耳。君既升學岳麓書院，所爲文章以暨立身行事，兢兢焉一以朱、張爲範。一時良家材俊子弟，皆爭執摯而從之遊，所成就者蓋益博且大矣。光緒末葉，清廷議行新法，毅然廢科舉，興學校。趣時之士，多遠涉重溟，學爲師範及立法、司法、行政之術，歸輒試越等，用除爲吏，其次亦得長遂序黨庠焉。湘中學風,至是爲之丕變。古所謂書院,胥爲改作,顏曰學堂。就學者亦甚衆。君獨抱遺經,伏處圭峯、雲母間,率其及門諸子,疏通而證明之,琅琅然昕夕不倦。嘗笑謂余曰:"君輩知新,余只温故。倘合一爐而冶之,庶幾可以爲師矣乎。"蓋以余曾遊鄉校,習教授管理諸法,而君故爲此言戲之也。時同縣黃克强君,以諸生遊學海外,倡革清命。東南豪儁,聲附而景從。辛亥之秋,武昌起義,長沙應之。卒屋清社而建民國。改元以來,中更袁氏帝制、張氏復辟,騈騖於功利者,恆視權力强弱爲轉移。如草偃風,鮮克自立。蓋至是而宋儒正心誠意修己治人之學,咸以爲迂遠而不切於事情矣。君既篤守古道,不屑戾契以致通顯,惟口督其諸弟及子姓,廢居鬻財,行賈遍州郡,累獲倍稱之利,其家日益以饒。及南北失和,師旅進止靡定,吾湘首膺其冲。鄉曲遊俠之雄,往往嘯聚無俚,連交合衆,家梳而户櫛之。當是時,君方出任團務,其於睦姻任恤之事,罔弗盡力而爲之。故吾鄉雖屢遭戎馬蹂躪,所全獨多,鄉之人輒翕然頌君之功弗置。今夏六月,爲君六十生辰,内外親黨咸爲稱觴上壽,而推余序文,意以余最親而又知之深也。余嘗與君同學於嶽麓,自以迭遘時變,青袍誤人,乃遁而隱於市肆。近復偕君長子均甫,共事商業。去文學而趨利,以視君之隱居行義,俯焉日有孳孳而忘老之將至者,不其惡歟!

張氏說文“一曰”考跋 **

　　說文之學，自唐、宋徐氏昆弟以來，於斯爲盛。有統全部而研究之者，如段、姚、嚴、鈕、錢、王、桂、朱諸先生是也。抑或但抽其一端而類聚以研究之，如許書常引古人名字以解字義，而後有春秋名字解詁。許書合以古籀，而後有著說文古籀考者。許書常云某或從某，於是有爲說文或體字考者。許書旁徵九經，而後人有爲說文引經考者。許書博采通人，而後有爲說文徵引舊說考者。許書間載古語，而後有爲說文古語考者。許氏音讀除從某某聲外，常云讀若某，於是有爲說文讀若字考者。以至許書記一闕字，少一聲字，或多一亦字，或多一省字，及說文所無之字，無不摭其一端加以說明，袞然成爲鉅製，如說文闕疑補、說文諧聲補逸、說文省聲字考、說文亦聲字考、說文逸字考、說文外編之類。而爲說文一曰考者，余尚未之見，今乃於張君得之。

　　張君原書編次，一依許書部居，而其義例皆分係各字考證之下。愚意以爲須先立義例，而後以各條分屬之，庶便後之讀者。

其義例擬别爲九種。

（一）一字兼有二義者。如"瑂"下，一曰"石似玉"；"玫"下，一曰"石之美者"；"蘆"下，一曰"薺根"；"茅"下，一曰"茅蒩"之類。

（二）一物而有數名。如"莿"下，一曰"蔖"，一曰"雛"；"雁"下，一名"雛渠"，一曰"精列"之類。

（三）同字而異讀。如"囟"下，一曰"讀若霙"，一曰"讀若誓"。"奠"下，一曰"讀若頒"，一曰"讀若非"之類。

（四）同字而異形。如"祝"下，一曰"從兌省"。"卜"下，一曰"龜兆之縱横也"之類。

（五）文字互異而加以校語者，如"唬"下，嗁聲也，一曰虎聲（謂嗁一作虎也）。"鷗"下，鳥也，一曰鳳皇也（謂鳥一本作鳳皇之鳳也）。"鮫"下，鮫鯖也，一曰鮫鱸也（謂鮫一作鱸也）。"詆"下，詆，苛也，一曰訶也（謂苛一作訶也）。"䚮"下，䚮治也，一曰理也（謂治一作理也）之類。

（六）因本義未瞭而加以說明者。如"禋"下，潔祀也，一曰精意以享爲禋。"荒"下，蕪也，一曰草掩地也。"呧"下，唳異之言，一曰雜語。"趄"下，趑趄也，一曰行貌之類。

（七）由本義引申而别爲一義者。如珣本夷玉，故以玉爲器者亦謂之珣。瑩本玉色，故石之有玉色者亦謂之瑩。玫瑰本火齊珠也，故珠之圜好者亦謂之瑰。此類是也。

（七）由字音通假而别爲一義者。如"嗷"下，一曰嗷呼也（嗷爲叫之假借）。"啻"下，一曰啻審也（啻爲諦之假借）。"詒"下，一曰遺也（詒爲饋之假借）。

（八）原引某書曰，而誤爲"一曰"者。如藿下，一曰拜商藿。"一曰"疑"爾雅曰"之誤。喈下，喈鳥鳴聲，一曰：鳳皇鳴聲喈喈。"一曰"疑"詩曰"之誤。孚下，一曰信也。"一曰"疑"易曰"之誤

（易傳中孚，信也）。

（九）不稱一曰，而義猶一曰者。如某字下云“或說”，某字下云“一說”，某字下云“或曰”，某字下云“又曰”，某字下云“亦曰”等，均與“一曰”無異。當依前八例分別列入。至其說之孰爲許氏原文，孰爲後人附益，則在善讀者分別觀之，鄙意殊未敢肊斷也。

今張君學嫥而識精。倘採芻蕘之議，由此而推廣其例，疏證其文，將來大著告成，有好其學者，合前所舉各種分類研究說文之書，彙而刊之，抑亦學者之山淵，不朽之盛業已。謹拭目企足俟之。爰書數語卷末以爲符約。

陸操新義書後 **

從古國家巨弊，莫巨於平時武備廢弛。猝聞有警，招募而即使之戰也。孔子曰："以不教民戰是謂棄之。"孟子曰："不教民而用之謂之殃民。"兵之貴於操練也審矣。然觀今之操練，雖窮年累世，無適於用。非無士卒，不汰老弱；非無器械，不習攻擊；非無部陣，不識分合；非無將領，不通變化。惟竊操練之名，模仿故事。而分立，而奔走，而喊譟，有同兒戲。將官據高案而視之，亦不知何以趨蹌若斯。殊可嘆也。一旦有事，驅以臨敵，如羣鳥之集。一聞槍聲，驚飛四散。近今以來，微覺其弊，參用西國操練之法。然亦徒學其進退之疾徐，步伐之齊整，部陣之形勢，直爲觀美而已耳。而豈知西人之操法，變化萬殊，倏分倏合，便捷輕利；爲攻爲守，循環無端。且必設爲敵兵，而演其交鋒之狀。德提督康貝所著陸操一書，言之詳矣。李星使在柏林時，嘗受其書而譯之，並參採其口授各詞，以補書中簡略之處。今觀其操法，大約不外一隊自戰，全營合戰。而其所以能盡此法之長，則惟在不許亂發槍子，又敵兵雖有最捷之後膛槍，我兵亦應奮勇前攻，不可坐守。而其要在隨時隨地能通其法，又援引西國戰事，以印證其勝負之故。其大旨與前明戚繼光所著之練兵實紀、紀效新書相類。惟當時所用之長鎗、狼筅、籐牌、噴筒，不足與今日之後膛槍砲敵。而其所創之鴛鴦陣，可分爲小隊，以自爲戰；可總爲大隊以合戰，放槍有時，勇進無通。則猶是陸操之新義也。然則中國非無練兵之善法，無善用法之人耳。安得一有勇知方者，斟酌古今之操法，教成勁旅，一洗從前積弊，無使西人挾兵威以奪據我土地也，斯國脈民生之大幸也夫。

故文學夏君墓誌銘 **

　　君諱陳常，字瑞璁，善化夏氏，世居西鄉長冲。今縣併入長沙，遂爲長沙人。曾祖彥堂，祖壽昌。父駿卿，娶同縣李氏女，生四男，君其叔子也。兒時嬉戲，即異常童。出就外傅，夕知習復。自祖父母以次咸鍾愛焉，稍長從諸鄉先進遊，學日益。復隨其兄士蘭、紉秋讀書城南，月課高第，累獲獎金，足資膏火。

　　清光緒壬寅歲，以文行受知學政柯公劭忞，補縣學生員，兩舉鄉貢，薦而未售，科舉旋廢，學校勃興。縣治新設高等小學。監督龔先生雲燾季清夙重君名，聘講文藝，盈四三年。暨入民國，君歷教夏氏族學、麓山鎮高等小學。諸從受業者所爲文辭皆有義法。於時國學諸生率以方俗諺語號爲高文，明清說部，用作講疏。上施下效靡然成風。君獨鄙夷，恥與誦說，遂辭教席，就館會垣易氏家塾，課讀經史。閒出爲衡粹女校講授八家文，明辯雅俗，學者悅服。

　　至民國十七年戊辰春季，因病輟講，兼旬弗瘳。自館興家，百治罔驗。遂以是歲五月初三日卒。距其生丙子歲八月二十三日，春秋五十有三。以　　歲　月　日葬<u>西鄉貓公冲魯家</u>老屋後坤向之原。

　　君受性淵懿，克肥其家。與世接構，善氣迎人。惟縱言至文體之變，則斷斷然義形於色。所自造述，取道<u>桐城</u>，經<u>崑山</u>直趨<u>廬陵</u>以上規<u>昌黎</u>。蓋已煥乎有章矣。予與<u>紉秋</u>交餘卅年，因緣得知君。君以餘力探索數術，宮宅地形尤洞精微。蓋用太一行九宮法以相陰陽而奠凶吉也。君嘗爲余徧相先人墓。諸所臧否，休咎足徵。又嘗自言，吾壽可至七十，尚思別營小屋終老其間，覓方丈地爲藏骨之所，他非敢望也。繼志有人，君復何悶。其論文講學，垂二十年。不能問者必語之，語之而不知則必反復譬解，使之徹悟乃已。予有從女，卒學<u>衡粹</u>，曾受君業，得知其誨人不倦如此。

　　初娶<u>李氏</u>生三男，<u>篤實</u>、<u>篤縝</u>、<u>篤籍</u>，<u>縝籍</u>與其母先後卒。再娶<u>陳氏</u>，生三男，<u>篤涵</u>、<u>篤介</u>、<u>篤章</u>，二女<u>珍</u>、<u>琳</u>，孫男女二人。<u>篤實</u>承其世父意來乞銘君墓，乃銘曰：

　　猗嗟<u>夏君</u>明文思，循循誘人能爲師。旁通形法探神奇，夙世賚祚多士悲，我爲銘幽垂無期。

萬月亭先生暨德配陳夫人七旬雙壽序[**]

月亭萬先生於吾父爲亞，其德配陳夫人吾母之同母女兄也。故自我生之初，即從吾母數過先生家，及長而問遺慶邲，比他族爲歡。而先生及夫人之視余，亦猶父若母之愛憐少子也。今歲丙辰冬十一月二十五日，爲先生七十誕辰，陳夫人年亦六十有四。從母弟麓蘅君將於是日治具爲其二老壽。內外宗戚及其門下生徒，咸思製詞以張之，而授簡於余。非謂余能屬文，特以知先生家事者莫余若耳。

先生世居湘西，距余家四十里而近。少從同里陳翁芳來習計會。陳翁者，余之外王父。時設市驛道旁，一見先生，奇其才，且嘉其誠篤也，因爲貳室館之。所習既成，始出與友人合貲張肆於湘城西門外。繼乃攜其弱弟獨立營業。廿餘年間，再致富饒。故其業益大。然猶勤儉若寒素，至老不衰。而於宗族鄉黨公益之緩急，靡不盡心力而爲之。吁，可謂難能者矣。

當其母太夫人在日，先生夫婦左右就養，必有婉容，昆弟怡然無間。余幼時習見吾父之承大母歡也，一如先生。以爲天攘間人子之事親蓋無弗如是者，未之異也。壯遊都市，則見乎閨門之内勃谿詬誶者比比皆是。於是始歎先生天性之厚爲弗可及已。既又承其母太夫人命，與季弟分財異居。先生乃舉其商店所有及產業之肥美者悉以予弟，而自取薄田敝廬，率麓蘅別營一肆。及弟卒，待其遺孤有加愛焉。吾父嘗訓余昆弟所以孝友恭敬禮讓而温仁必以先生爲法，曰：“汝曹爲人，如萬翁足矣。”今先生休業燕處已餘三年，而精神強健如疇昔，往來城鄉猶能徒步日數十里。暇則偕陳夫人弄孫以自娛，或共流覽古今傳記，互談孝義節俠可歌可泣故事，用爲笑樂。而麓蘅君則方與其同業者開場廣市，阜通貨賄。斯誠善繼先生之志者歟。

余自近十數年來，嘗橐筆遊嶺嶠閩海間，徒讀父書，既不克自樹立，今歲吾父吾母皆已年逾六旬，而余昆弟又未克稱觴獻壽，博堂上歡。觀於麓蘅君之戒養，不亦深滋忝乎。雖然，孔子有言：“愛親者不敢惡於人，敬親者不敢慢於人。”今之以文爲壽古固無徵，要皆本乎不敢惡慢於人之心，以致其愛敬人親之意。然則壽人之親無異乎壽己之親也。而況余之視先生猶父，視陳夫人猶母者乎！則余之所爲答諸君之請而致祝於二老之前者，言雖不文，又豈若歸震川所謂“泛而應之，以並馳於横目二足之徒之間”者乎？是爲序。

萬月亭先生元配陳夫人墓誌銘[**]

　　夫人諱光容，姓陳氏，舊善化人。麓西陳公諱發遠字方來之長女。幼從女師李氏受小學四書，性極靜敏，能通大義。年十五歸於同鄉南田莊萬氏。時月亭先生從陳公習計會成，張肆湘城西郭。夫人孝養威姑，代持內政，暇則讀舊書，或流覽歷史小說及勸善歌詩。間爲家人講演，聞者感動。今麓蘅夫婦好善若鶩，承夫人之化爲多。晚年擇日持齋，云報母恩。不喜誦佛經，亦不入寺觀膜拜，蓋深有得於儒書者已。

　　民國初，月亭先生退休。麓蘅繼修世鶯，因霈第湘市西偏以養二老。昊天不吊，喪我淑人！十七年戊辰歲四月初三日夫人以疾卒，距其生清咸豐癸丑歲七月廿五日享壽七十六歲。生子存者男一人永麟字麓蘅，女三人，永昭適徐，永喜適張，永連適方。麓蘅元配朱氏，繼配鄭氏，生孫男四，培源、培遠、培榮、培昌，孫女四，培泳、培美、培秋、培劍。麓蘅承其父命，以民國十八年己巳歲某月日葬夫人長沙市南碼舖圭塘白衣庵前葫蘆邱癸向之原。麓蘅來請銘其墓。銘曰：夫人吾母之姊，吾即夫人從子。今夫人又至耄而死，吾之母族盡矣。思之思之，悲不能止，惟祝夫人安眠於此，蔭彼後人，亘萬萬世。

周翁寶成先生暨德配何夫人六十雙壽序 **

　　人自有識以後，靡弗願長生久視，由艾而耆而大耋以踰乎期頤，坐享其子若孫之孝養，而極乎人生之至娛。懼不可得，乃求生術。或鍊五金八石而服食之，或閉房枯坐，時習其踵息鼻視吐故納新之訣，壽亦不可必得也。惟聞<u>孔子</u>言曰：“舜爲大孝，故必得其壽。”又曰：“仁者壽。”又曰：“孝弟也者，其爲仁之本與。”夫根諸至性而形爲至德者，修之家庭之謂孝，橫乎四海之謂仁。<u>孔子</u>不輕許人仁，而常稱人孝。昔之所以多壽民者，其不以此歟？蓋人之有孝，猶枝葉之有本根。今世之人，輒援<u>路粹柱奏孔融</u>之狀，視其親如土苴。本實先撥，而冀幸其枝葉之長存，胡可得耶。<u>邵陽周</u>翁<u>寶成</u>先生暨其配<u>何</u>夫人，今年三月，壽並六十。哲嗣<u>砥平</u>團長率其羣季修獻壽儀，復徵集<u>湘</u>之宿儒魁士文詞歌詩，至數十章，裝池成軸，而丐余爲序其後。余受而讀之，始知當今之世，尚有以孝得壽如翁與夫人者也。

　　翁自年十六時，承其親父<u>仁智</u>公命，出後族父<u>朝杜</u>公。家世農也，竭力耕田，供爲子職，承意養志，尤得二老歡。繇農而商，特以勤儉致小阜。孝經所謂“謹身節用以養父母”，翁其有焉。夫孝者人生之本務，亦人子之庸行也。而自古以孝行著聞者，史傳所載，大氐皆事所生父母，或後母之難事者，如重華、伯奇、閔子騫、共世子之傳。其至於所後父母者甚希也。翁以族子出爲族父後，獨能致愛盡敬，終身慕之。斯固有加於世所爲孝一矣。世有以嬰咳之質，受成長於人，不識所生，唯識所養。螟蛉之體，化於蒲盧，式穀之似，用報養德。若李令伯之於祖母劉、韓退之之於六嫂鄭，尤時所艷稱者也。翁則以成人之性，奉父母之命而出身於後。先儒程子有言，既爲人後，便須以父母事之。翁自謂學書不成，乃能躬行宋儒之說，如曰未學，其生知乎？斯固有加於世所爲孝二矣。晋人于氏有言，今之與爲人後者，自非徇爵則是貪財。其舉不出於仁義。翁之後朝杜公也，世服先疇，無爵可襲。家徒四壁，無財可承。翁獨推尊祖之恩，貴親父之命，不以貧乏稍移易其愛敬之誠。斯固有加於世所爲孝三矣。仲尼之門，惟曾子能通孝道，而藜蒸不熟，變起中閨。其後若漢之鮑永、姜詩，唐之李迥秀，皆以其妻失歡姑舅，致歡忦離，然猶以孝名於世。翁年十八，何夫人來歸，年與之齊。乃克順夫子之志，循婦式之法，左右就養，禮意肫誠。即園蔬山果之微，非經獻不敢或嘗食。及當大事，哀毀逾恒。迄今閱十餘年，而春秋歲時特牲饋食之際，翁與夫人，未嘗不優乎見而愾乎聞也。斯固有加於世所爲孝四矣。古禮大宗無子，則族人以支子後大宗。秦漢以還，宗法既發，凡無子者，皆得子族人之子，不以其昆弟之子也。翁初以族子繼承，考諸今制，固罔不合，而親屬不無違言。翁但本敬宗睦族之旨，處之以和，感之以誠。族黨翕然，稱其善養。斯國有加於世所爲孝五矣。於斯五者，非盛德之至而天性之摯者，其孰能之？然則翁與夫人之同躋耆壽而克享其天倫之樂，不亦宜乎！人生受氣之彊，與獲算之多，不必一原於孝，然以孝德致大壽者，則人皆曰宜，故羣頌以千祿百福之辭，爲其子曲致其愛敬之意。如翁與夫人者，豈易得哉！

抑砥平之所以壽其親，尤有足多者，大戴禮記云：“居處不莊，非孝也；事君不忠，非孝也；涖官不敬，非孝也；朋友不信，非孝也；戰陳無勇，非孝也。五者不遂，菑及乎親。”今砥平受庭訓，畢業於軍校。湘中義戰，無役不從。每值危疑震盪之秋，獨能力持正義，遏絶亂萌。事定論功，遊擢今職。而其爲人之忠信篤敬，一如乃翁。所謂善繼善述者，非耶？以砥平之才，當益樹勳勞於國家，利澤流於人，聲績登於史。他日翁與夫人壽又益增，砥平昆季之名位日益顯，而孝養之禮日益隆。吾知國人必皆稱願然曰：幸哉，有子如此，可謂孝矣。及一溯乎翁與夫人所以得此之繇，特自樂家庭之庸行耳。余故樂爲述之，用告今之蘄旬眉壽者，且用爲世之欲壽其親者勸焉。

唐培之先生墓誌銘** 　　　　1926 年

　　君諱贊崧,字培之,前署陝西布政使唐公諱樹楠之仲子,
母陳太夫人,民國紀元前三十年辛巳歲十一月十四日生君於
京邸。布政公歷官中外,君常隨侍,飫聞庭誥,居安資深。年
十四受知元和學使江標,入善化縣學爲博士弟子員,好爲詩
歌,尤工楷法,酒酣臨池,意甚自得,入貲爲令,不屑就也,天性
純孝,宅憂盡哀,與兄贊慈、弟贊忠友愛尤篤。食衆生寡,乃議
析居,分命諸子各習實業。疾革時猶取商書伊訓篇爲之講誦,
蓋以風愆祥殃,示子孫戒也。民國十五年丙寅歲六月十五日
卒,年四十有六。君配安化陶氏,子三人,植寅、植春、植厚。
女二人,長適衡陽彭,次待字。孫男女各二人,皆幼。以丁卯
歲四月某日葬君嶽麓山響塘灣某向之原。植春爲予女夫,承
母與兄命來請銘。銘曰:
　　吁嗟唐君,小於予七齡,而同時爲諸生。予深敬其爲人。越

三十年而與爲婚媾,不一年而君先辭塵。感不絕於予心。爰抒幽情,用當墓銘。

　　　　　　　　　　　　　姻世愚兄羅　焌撰

伯母羅母谷太夫人七十壽序 **

　　昔晦庵朱子跋蔡端明獻壽儀云："忠惠此帖,今始得見。乃知昔之君子所以事其親者,如此其愛且敬也。遂摹而刻之,以畀世之爲人子者,庶以廣蔡公永錫爾類之志。"近儒陳東塾先生服膺朱子之學,常舉此跋以語人,謂有老親者,不可不行此禮。蓋以禮也者,本乎人情。論語以父母之年爲喜,此人之至情也。爲之飲食歌舞以燕樂之,所以飾喜也。豳風當周之初,已有春酒介壽之文。豳風即禮也,豈必載在三禮而後爲禮乎?後世壽人之詞,權輿於此。知禮者多踵而爲之。凡以爲人子致其愛敬之誠耳。羅君和塤與吾宗歸異而出同。自其祖雲岡公、其父建孚公,世以儒門醫學,與吾先人爲同姓昆弟之好。故和塤與焌昆季,交誼尤篤摯逾恆。今歲十月之望,爲其母谷太夫人七十生日,族黨交遊,咸謀所以爲太夫人壽者,屬焌爲文序其事。焌奚敢辭。竊惟婦人之道,以養姑相夫勖子爲三達德。能是三者,則其美意延年,康彊逢吉,無待菁蔡。至於習絺繡,議酒食,持門戶,勤紡績,特中闈之餘事耳。而世俗必以一切臚舉之以爲壽徵，其一不知體要者矣。

雲岡公之配陳太夫人，年八十時，患手足委痹症。太夫人左右就養，扶持抑搔，終其姑之身無一息懈，宗族稱孝婦焉。建孚公篤學不偶，承其庭誥，習爲良醫。以齒德推爲鄉長。太夫人爲治藥餌膏散，助之施診。有事訴曲直或將構訟者，必勸建孚公力爲排解之，鄉人稱其德至今弗衰。和塤，其長子也，從伯舅文學谷理堂先生與諸名宿遊。博通形法經方家言，壯歲幕遊粵東黔南，甫登仕途，適值國變，遵太夫人之訓，絕意進取，遂隱於醫。中子家奎課從農術，俾服先疇。季子家均習爲商，兼治醫學。孫曾十餘人，幼者授以詩書，長者令習實業。詩曰："宜爾子孫，繩繩兮。"言賢母使子孫賢也。緊如太夫人之賢，其足以動吾黨愛敬之情也，不亦宜乎。煐自蓼莪廢讀，忽忽四年，當日經營宅兆，得和塤之力爲多，今則孤露餘生，無所爲孝，然敬愛之念，跬步不敢忘，每見人之克養其親，稱觴而拜舞者，輒爲之歡喜贊歎，祝其長坐久視，以極乎人子之至樂。而況乎七旬壽母之出於同宗同里者乎。情動於中，故形於言。特舉太夫人之三德，爲當世談婦學者樹之準，且以际後之君子之欲養其親者，獻壽之儀不容或闕。而世之能爲文章者，亦當推廣其錫類之志，不得以壽文非古，屏而弗爲，然則煐之斯文，又豈僅爲吾和塤致其愛於太夫人之前而已乎。宗愚姪煐頓首拜撰拜書。

葉壽堂先生六十有五壽序（代張之洞）※

　　余督兩廣時，泉州葉謙丞觀察亦宦是邦，以時相見，得聞其封翁壽堂先生之賢。既又獲讀葉　　侍御所爲先生六十壽序，益知先生少時以孝友聞於州里。壯歲航海經商，往來菲律賓羣島，積貲至鉅萬。而仁心仁聞，覃及海內外，商民胥悅而服之。里中惸獨者、鰥寡者、癃且病者、歿無棺斂者、貧無貲不能歸國者，必得所求以去。基是盛德，獲登大年。今秋八月，爲先生六十有五壽辰，謙丞謀所以壽其親者，而請言於余。余維古之爲人壽者，非特於其人之身，必於其後之子孫重致意焉。詩有之曰："樂只君子，遐不黃耇；樂只君子，保艾爾後。"周鼎之銘曰："用蘄匄萬年眉壽無期，子子孫孫永保用之。"夫帷黃耇也，乃克身親見其後昆之保艾。惟子孫克永保也，乃可以期諸萬年。斯古人之善頌善禱也。不然，則神仙長年之說，庸非誕乎？後世承流昧源，日趨於文勝，如陳君衡氏壽人之詞，褒然成帙。宋景濂氏又多以壽文列入集中。踵而爲之者，往往捃摭故實，繁偶文辭，以與其人生平行誼相比附,徇俗貢諛,被譏方雅。揆諸古人頌禱之旨,殊無當焉。余推謙丞之意,不敢執世俗之濁見,以諛詞溷先生,亦不敢綴拾先生生平行事,張其詞以誣先生。惟祝謙丞善承先生之志,而繼述之,舉先生夙昔所施於鄉黨州閭者,擴而充之,以致於國家仁政之流行,其將始於三江五嶺間乎。孝經所謂"立身行道,揚名後世,以顯其親"者,即所以壽其親之道也。抑又聞之,富貴者贈人以財,仁者贈人以言。余雖不敢上望仁者,然亦不屑以貨財爲禮、爲先生羞。今奉簡命,移督兩江,將與謙丞別,不及與先生稱觥之宴,姑推本古人介壽之義,爲一言贈謙丞,期與共勉焉。即張之屏以爲先生壽可也。

張氏支譜序 ***

　　吾鄉賽頭河張氏，鳩族修其支譜成，張君杏庭以其家世本末
屬余弁言簡端。張君於吾弟為同學友，與余亦雅相得，不可以
辭。余惟世界者國之積也，國者家之積也。家齊國治而天下平。
其本始末終殆猶理絲之不容或紊。乃今世號稱明達者，輒謂吾
華數千年來桎梏於家族主義之範圍，馴至積弱至今，不能復振。
遂毅然舉古昔相傳之宗法一切破壞之，而徒嘐嘐然言合羣、言愛
國、言救世，及察其閨門之內，父子昆弟夫婦幾疾視若寇仇。至
於從宗合屬之誼，尤唾棄不屑道。嗟乎，不治其本，而惟末之求，
吾知其必無幸矣。張君方卒業法校，於國政治諸學為其專門，又
復究心世界大同學說。乃其施行次第，一以尊祖敬宗收族爲當
務之急，美哉！張君其可謂知所先後者歟？張氏先世居南昌，前
明洪武初占籍吾湘，始瀏陽十三都而長沙而湘西賽頭河。聚族
於斯者逾三百載，子姓繁衍，代有人文。蓋其世本所自敘如此。
以余舟車所屆，見中國族姓之蕃，未有如張氏者。自名都大邑，

下至孤村僻聚，詢其居人，莫不皆有張氏。即吾鄉之爲張氏者，
亦已六七族。蓋張王李趙爲世鉅姓，而張氏則其尤著者。古稱
張氏有十四望。吾湘諸張之源流分合未暇深考，要之皆少昊青
陽之苗裔耳。張氏諸君子苟由本支推而暨之，施及同姓，以御於
家邦，則治乎之效當可逆睹。茲譜之成，特其嚆矢焉爾。書此以
報杏庭，當不河漢余言也。民國四年八月三十一日。

周壽莑雙壽序(代)[※]

　　古之所謂稱觴上壽者,言簡而意賅,語質而情摯,且不必於
誕降之辰縷述其人之生平生事以爲祝也。後世文人相尚以僞,
往往爲繁縟之詞,徇俗貢諛,被譏通雅,如宋景濂氏、歸震川氏、
方望溪氏,皆一時文豪而立言必衷古訓者,乃觀其集中所載壽
序,無慮十數萬言,蓋亦曲體乎孝養者之心,則稱述懿媺以詔其
子孫,禮所宜也。光緒三十二年,焌與同鄉周君楫臣遇於粵,相
見甚歡,間爲舉其尊翁壽莑先生之歷史以語。曰:"吾家先世居
豫章,自王父先裕公由贛遷黔,卜居於仁懷之石筍,生吾父昆弟
二人,父居仲。甫一歲而失怙。王母劉太淑人,苦節撫孤,晚年
以節孝聞於朝,得旨旌表。王母素多疾,吾父禱天祈代,衣不解
帶者數旬,常以不逮事父爲恨。故事兄如嚴君焉,鄉黨嘖嘖稱孝
友。有鬩牆者,聞風化之,輒自愧悔,復爲兄弟如初。吾父居鄉
直而溫,里中曲直爭訴焉得片言即解。是以吾鄉訟獄較他邑獨
少,其餘團練興學、平易道路,凡地方公益之事無不盡心力而爲

之。至若廉隅自飭,慷慨好施,則又天性然也。少力學,不爲無益世道文。著有渡世金繩梓行於世。其他主持內政以贊成吾父之志者,則吾母楊淑人之力爲多。今年秋,爲吾父母七十誕辰。吾昆季將舉觶爲慶,乞一言以博堂上歡。"辭不獲,乃敬以所聞於梱臣者約略記之,俾張之屏以爲先生壽,且使其後之人有所鏡焉。而一切尋常頌禱之詞概從缺略,庶幾乎不背於古義,不阿于流俗。先生聞之,或亦欣然爲之浮一大白。是爲序。

李耀廷先生雙壽序(代) ＊

　　自亞歐溝通，西方學者之說灌輸於東土者無慮數十百科。有所謂倫理學者，大旨區為三綱，一對於家族，一對於社會，一對於國家。具此三者，而後倫理學始克達於完全之域。今世學者靡不津津樂道之，以為是足以輔我中學所不及。其是非不具論，然而持此以繩當世之士，其能原本倫理學以見之行事而不徒託之空言者，蓋難其人焉。余昔游學川西，獲交魯甸李君覲楓，因得悉其尊人耀廷先生之行事。余聞而嘆曰：先生其實行倫理學者乎。閱數年，余與覲楓同官粵中，而先生年已七十矣。然猶敦善行而不怠。是歲　月　旬為先生生日，余請詮次其事實郵致之，以為先生壽，且為今世之空談科學者勸，乃進而稱曰：先生家世儒素，性雖好讀書，而當先生之世所誦習者，尚無所謂工學、商學及經濟學等，乃值回疆煽亂之際，獨能躬自負販，冒賊險，權子母，以餘利承菽水歡。厥後行賈川中，日益饒裕，凡肆市之分設於各行省者九，附屬於川滇之間者以數十計，兼轉運雲南銅鉛，以濟園法。一身百務，緘電交馳。偶遇艱難，取決俄頃。論者謂先生之才智固天縱之，而弗與近時科學相吻合，其於倫理也亦然。先生性純孝，諸昆弟友愛尤摯。既以商起家，積有恆產，閨門之內，雝雝如也。而母太夫人慮諸子以同財自安，或漸習於游惰，命析產異居。先生請止勿獲。然遇諸弟如初。緩急所需，動給千百金不少靳。仍延師課諸猶子讀，或令負笈省門，或令留學海外。資遣諄勗，務以成就有用之學為歸。近復創建家廟附設中小學堂各一，使同姓子弟普及教育。其對於家族之倫理有如此者。先生之事親也，尤善養志。時思所以恢廓先人德意。癸巳甲午之歲，雲南大飢，先生竭力捐募，得萬餘金，賑活無算。己亥，又大飢，既捐募萬金輸官散賑矣，復命諸弟各攜數百金，察其尤貧苦者私授之，以助官府所不逮。人有受其惠而不知者。每遇四方兵戈水旱之災，捐金助賑，前後累萬。數聞於朝，三代皆受樂善好施之獎。其他如繕修學舍，平易道路，厚恤寒畯，凡惸獨者、孤寡者、寒無衣者、貧病無藥餌者，悉獲所求以去。有負債者，既焚其券，又稍資之。遇橫逆則退而自反，視其急仍周之。以是鄉之人其化其德而日遷於善。癸巳間，鄉老及鄉大夫僉謂先生行誼足以風勵世俗，丐有司陳大府上請於朝，得旨旌獎孝義。蓋其睦淵任卹盡心力於社會者數十年如一日。先生初入貲為縣丞，未遽仕也。常冀得一，當以報國。中法之役，國家有事越南。先生請於滇督岑襄勤公，自任軍械轉輸之事。事平，以功擢知縣。尋賞花翎加四品銜。去年春，獨建雲南大江邊鐵綫橋。工竣，制府　　丁公奏請賞加三品銜。先生名顯於朝，身隱於野，而未嘗一息忘國事。時遺書覲楓觀察，教之以忠義，勗之以有恆，而辜國恩，而避艱苦。覲楓亦克繼先生之志而審行之。嗟夫！世道日替，學術日囂，綱常名教之藩籬且就破裂，乃猶日言合羣、日言愛國。而野蠻之爭競，潛伏於家庭，漸著於社會，終貽害於國家。吾不知其所學何事也。若先生者，不以倫理學著聞，而克盡倫理學之實。繼配徐夫人，貞靜純一，德足媲美，凡先生所經畫，亦多得其助力。其獲同享大年，而資厚祜也，正未有艾耳。不敢以尋常頌禱之詞相溷，但推述其所以致此之由，使學者有警焉。質之先生，或以斯言爲不謬乎。

福建興化府郭君夫人陳氏墓誌銘** 　1925 乙丑八月

夫人諱玉珍，江西泰和陳氏。清湖南同知諱長迪之長子，前權興化府事湘潭郭君人亮之妻，清總兵贈提督諱芳鉁之冢婦也。初提督率偏師，從伯兄武壯公松林，追勦捻匪，至湖北鍾祥羅家集，霧迷失道，遇伏戰死。厥配氏唐，聞狀痛絕，積悴傷肝，致性弇急，偶悟其意，謹后隨之。郭君故武壯養子，命後提督，至是益以庶子人瑞爲之後。惟獨郭君善事寡母，得其歡心。夫人二十來歸，克順夫志，曲奉威姑，視夷聽希，烝烝以孝，終身爲婦，弗渝厥初。郭氏嘗聚族居，食指千算。夫人敬上接下，衆皆悅服。怂叔先後，咸無間言。郭君以難蔭補官閩中，迎養太唐，憚遠弗肎，習知夫人賢能，命從之官，扶翼政事，留其二女，侍養左右。庚子拳亂，風動東南。於時郭君爲漳平宰。漳民蠱集，將火教堂戕外人。其聲匈匈，署寮悉議調兵捕戮。夫人聞之，從容謂郭君曰：是直三數奸人，熒煽愚氓，爲殺越于貨計耳，非盡匪也。宜遣幹吏潛護外人，導之出疆。躬往理喻，衆自挺解，焉用兵爲。從夫

人言,事旋定。自郭君歷宰大縣,至攝府篆,所在著偉,多得助
力。辛亥國變,偕君歸隱。湘亂靡定,遂遷漢皋。二子學成而
返,二女來寧,諸孫振振,一時歡聚。或鼓或抃,或舞或歌,夫人
則從郭君奉酒一盛,跪爲太唐壽。太唐尤顧而樂之。如何昊天,
淑人不祿,彌留寢疾,猶念厥姑,戒家人弗以病聞。懼觸悲憤。
春秋六十有八。中華民國十有三年,夏曆甲子八月十一日,卒於
漢寓。太唐知之,殷憂致疾,亦以是歲十一月卒。夫人有子,男
二人,文冕文黼,皆畢業外國學校。女二人,瓊英璹英,皆適士
族。孫男女各二人。郭君將以乙丑某月日,歸葬夫人湘潭某鄉
某岡某向之原。長男文冕,元女瓊英,各爲母氏撰錄德履,徵銘
於余。余維婦以養姑,妻以相夫,二端既立,無詢其餘。夫人之
徽,罄竹莫書,重爲之詞,奠厥幽居。詞曰:

　　有嬀之後,奕世載德,篤生女英,令儀令色。爰始在室,淑慎
其止,俛勤黹繡,仰觀文史。來嬪郭君,克媲其賢,順于姑狁,和
于室人,承姑之命,佐夫牧民。尚德貴信,民懷其仁,娣婦煢獨,
存養備至,推恩中外,覃及同氣。衣不纖縞,食不粱肉,損飾節
用,贍彼閭族。翩翩二俊,育以義方。大業日新,舊章不忘。猗
嗟夫人,懿德孔揚。爰贊爰銘,著其大綱。

彭君若衡墓誌銘 **

中華民國元年五月六日，予友彭若衡卒於城寓，時余方山居病內熱，懵不知人者三四日。求友人通醫學者，得李令泉君藥之，病日差。令泉，若衡之姻也，因得聞若衡之卒。予欹枕而哭之慟，然終未克臨其喪。既再踰月，其兄樹聲來告葬期，且徵銘。予曰：君弟與予爲友廿餘年，知君弟者宜莫予若，予何敢辭。乃序而銘之。若衡名之望，長沙善化人。父國洲，娶易氏女，而隱居於梅溪。生子二，若衡其季也。少穎秀，誦記倍常兒。長益儶上，務博識。爲文溰澷自恣，不繩繩於師法。常代人作贈序，識者擬之淮南王書，予辯爲若衡作，人弗之信。烏乎，世之知予若衡者蓋希矣。年三十始補博士弟子員。時其尊人已前卒，因讓宅於兄，而別築集賢山莊以奉母。庚戌之春，鄉間以穀貴釀饑象，饑者俶擾，居人數驚，則又奉其母辟地於城內。可謂養色寧意者已。其爲學旁涉術數，而尤致志於陰陽五行天地之道。予嘗舉王仲任調時、譏日、難歲、詰術諸篇以相質，則對曰：論衡之書，雜而弗嫥。聖如孔孟，亦加問刺。其言不足稱也。吾子好譚古學，而於董子之言陰陽，劉子政之傳五行，郭景純之論葬地，概置弗講，乃徒摘其章句，翫其文辭，考於詁訓，務於物名，而不能統其奧義之所極。烏足以通天人之縕乎。予亦墨然無以難之。蓋其所自得者深也。北歲多病，遂通醫理。而祝藥劑殺之齊尤善爲合和，間出爲人診治，鮮勿效，亦弗受人值，人以故多德之。然予聞令泉言，若衡之疾乃自誤於藥，然則若衡之於醫，豈誠明於治人而闇於自治耶？抑天定之命適止於是耶？予不得而知之已！若衡卒時年三十有七，即以其年九月二十四日，葬於湘西三义磯之原。元配楊氏，繼室朱氏，生子男一人，曰上志，方入小學。女子二人皆幼。銘曰：

于嗟若衡居此室，我爲銘文渢之石。千齡萬禩安且吉，子子孫孫長無極。

祭譚母李太夫人文 **

　　中華民國六年某月某日,湖南省議會議長彭兆璜、副議長李永瀚廖㜽暨全體議員等致祭於譚母李太夫人之靈柩前曰:烏虖哀哉!娥月隱曜,㜼星潛輝,鶴駕西逝,龍輴南歸。翩翩孤嗣,號慟崩摧。湘水鳴咽,嶽雲裴哀。矧乃母儀,育成英傑,起自衡室,長此荊國。曾迎潘輿,兼奉毛檄。八座起居,四方矜式。避地三遷,江海之間,知廢知興,繄維母賢。東山再出,南邦獨全。胥稟慈訓,惠我三川。願祝萱堂,延年益壽。胡天不淑,喪我母母,萬戶執翣,三軍飾柳。謹代湘人,奠以椒酒。惟蘄哲嗣,繼述母志,墨絰從戎,縗麻視事。俾我湖南,久安長治。賢母之名,乃傳萬世。猗歟休哉!尚饗!

彭太夫人墓碑 **

　　彭太夫人長沙羅氏諱廷輝之女，吾友彭祖植君之祖母也。年十八歸同邑彭太翁繼亭。太翁行賈湘潭，家事一委諸太夫人。上奉尊章，內諧築里，族黨咸翕然無間言。太翁卒時，太夫人年二十八耳，忍死撫孤，迄至咸立。長子源崟，篤守宋儒禮法，官閩中卅餘年，卓著政聲。次子源峻游鎮定參譚軍門戎幕，動叶機宜，以戇直聞，人皆敬憚之。太夫人不肯就養官舍，家居延師課孫，皆爲當世知名士。前福建制軍楊公聞太夫人之賢，請於朝，獲旌表焉。年既老而昕夕治事如少壯。自奉極薄，而與人唯恐不厚，至捐貲修葺古冢，澤及枯骨矣。疾革時，篋存債券纍纍，悉命家人焚之。卒之日，聞者莫不流涕。時清宣統三年十二月十二日也。享年九十歲，葬於長沙清泰鄉柴坡塘某向之原。越十年，祖植昆仲修治其墓，四周環以巨石，屬余爲詞鑴其上。乃銘曰：節母之賢貴以壽，流光綎綎積者厚。川巒迴還中一阜，于斯萬年昌厥後。

黄太親母陳太夫人六十壽序 **

　　黄君超凡、玖如昆仲欲壽其所生母陳太夫人，而匃余弁言以張之。余以屬在葭莩親誼不可辭。惟是近卅年來，游學江湖間，周歷瀛海，家居恆不逾月。於太夫人之徽音懿德，未獲聞其詳，以是故据管輒輟。今年春仲，歸自京師，適逢太夫人六十正壽之歲，則問超凡所以欲壽其母者，超凡遂言曰：“吾先君上承舊德，修族世所鬐，家用小康。同懷兄弟四人，伯父、仲父、季父皆早世。伯父有子二人，學成名立，士林宗仰。仲父、季父尚無後。先嫡母蔣太夫人生子二，惟長兄獨存。先君思有以繼仲、季之嗣，而慰嫠霜之心，故吾母陳太夫人遂歸於我。是時先王母健在，諸母聚處一堂，融融熙熙。吾母循禮承事，無敢惰慢。故能得先王母歡，而家人咸宜焉。逾二年，生椒繁、椿繁兩兄，即出爲仲、季父後。世俗婦人己乳子而謂他人母，往往有難色，吾母體先君之志，但願式穀之似足慰先王母於九原，即鞠鬻劬勞，曾勿自惜。不幸，椒繁兄卒，吾母又承先君命以彝謹兄嗣之，族鄉皆嘖嘖歎爲難能已。彝健及弟彝章生最晚。先君棄養時，兄弟皆在童稚，姊妹五人惟長姊已嫁，先嫡母年老多病，家中男錢女布米鹽淩雜之事悉命吾母主持。吾母奉命惟謹，未嘗稍拂先嫡母之意也。自先嫡母棄養，家事惟吾母一身當之。必躬必親，至今弗倦。彝健、彝章先後承慈命，肄業省立商業專門學校，既畢業幸均獲升斗之養，又承慈命創辦女子商業速成科。去秋畢業者數十人，皆能於商界中佔一位置，則吾母提倡女子實業之所致也。今歲十一月，爲吾母六十誕辰。而彝章以歲之二月冠而授室。鄉黨僚友咸集謀爲吾母先期稱六十壽。彝健兄弟行能無似，無以附於顯揚之義，願乞先生一言，則吾母之壽堅如金石矣。”超凡昆仲之言若是，又誠善言德行者。諸親友之所蘄匄，與余之所頌禱，又何以加於此乎？余故序次其問答之詞，俾張於屏，用祝太夫人無量之壽。謹序。

彭母易太君墓誌銘[**]

　　彭母姓易氏，長沙麓山鎮人。年十六歸於同邑彭公萬順。
生子男三人，上達、上榮、上春。達前卒，榮兼承伯父萬義桃。女
二人適某、適某。孫男九人，瑞麒、瑞麟、瑞初、瑞強、瑞燾、瑞祥、
瑞荃、瑞源、瑞斌。麒亦早卒，麟出爲伯祖萬和後。孫女　人，嫡
曾孫一人家輔。先是其父益田與其舅錦春同學友善，遂爲婚姻。
母來歸時，舅姑在堂，奉養無缺，躬執井臼，尤工紡績，衣被一家，
更餘布縷出鬻于市。食指增衆，日用亦舒。厥後喪葬嫁娶教育
之費所需日益，母慮勿給，乃命其於分業工商，屬購機械，用助手
工。勸率家人習勤無怠，出品銷售，罩及江漢，至于充裕。母猶
親執內政，不自暇逸。諸孫遊學湘滬各校。初尤傑出，能以所學
及其家庭工業成績公諸社會。湘中工界暨新聞界，推鉅子焉。
皆承母之遺教也。母疾革時，猶命家人盡取篋笥私蓄頒諸親故
之貧乏者，神志湛然，無稍毫亂。以中華民國十五年丙寅歲八月
十一日卒，距其生辛亥歲四月二十九日享壽七十有六，踰年丁卯

歲正月某日葬　山　向之原，銘曰：女紅而施及男子，手工而佐
以機事，斯十九世紀工業之遷徙，匪識微之士，罔或見及此。孰
意吾同里乃有彭母知廢知起，遂以昌于家而永于世。銘厥阡阯，
仰止行止。

彭母易夫人墓誌銘[**]　　　　　1915 年

　　長沙彭之際樹聲之母易夫人卒,將以中華民國四年某月日祔葬於湘西落藪塘莊山之陽。先期來請銘,其狀云:"先妣姓易氏,世家縣之三义磯。外王父諱西垣,母王氏,前清道光十八年三月初七日生先妣。先妣生而聰穎,性專靜貞一,頗習小學、列女傳諸書,能瞭大義。年二十歸我先考筱瀛府君。時先大父母在堂,諸伯叔父母皆同居,先妣承事尊章,諧柔築里,内外百餘人,咸無間言。先大母捐闈時,先妣哀毀逾常禮。先大父以食指日繁,命析著。府君於經史之餘,兼理家政,然賴先妣撐持之力爲多,自婚嫁賓祭延師課子逼處井然有常度。府君性和易近人,而燕居則常有不可犯之色,責望之際昆弟尤峻屬。每值盛怒,先妣輒以溫言解之,而復諄責之際等,並講述古昔故事以爲勸戒,至夜分始休。當外王父逝世,舅氏雲衢、錫齡諸公游宦肅州,是時戎馬倉皇,外王母未克就養,先妣迎養於家者數年,事之如在室。至所自奉,則務儉約。即絲縷之微,弗肯妄費,而遇臧獲最有恩，謂是皆人子也，非有以體卹之，情所勿安。以故周人困乏，如恐不及。下暨蜎蝡之屬，戒弗傷也。府君慷慨好義，歷年創建社倉，籌給荒米，續捐救嬰，積穀施送藥餌棺槨，增置墓廬祭產，皆先妣裁尤緝遺有以贊助之。時有負吾家鉅債力不能償者，先妣勸府君焚其券，謂吾子孫賢，曷需此，不賢盍免渠累。債務者聞而德之。自府君棄養，先妣因患咯血症，禱于佛始獲瘥。自是先妣歲持三月齋，誦阿彌陀經，爲先府君資冥福。今年春舊症時發，之際請飯僧奉經以為禳解。先妣固不許，曰修短數也，佛何能爲。且我生平無罪，誦經又何爲。蓋先妣素通星命術，意似知數有不可回者。嗚乎哀哉！以中華民國四年四月廿六日卒。享壽七十有八，子男二人。一即之際，前清候選直隸州。次之望，前清附生。女二人，長之玖，適同縣楊志傑。次之鐵，守貞不字。孫男五人，上科、上種、上穠、上程、上志，孫女五人。嗚乎，先妣自遭府君之慼，又喪次媳，老屋復毀於大水，遂從吾弟之望移居集賢山莊。民國紀元，之望及其繼室先後沒，先妣乃偕鐵妹，攜其孤子，就傅於會垣。連年親故凋亡，百感交集，其疾之由來者漸矣。天之降禍之際抑何酷歟？此之際所爲抱終天之恨也。"狀如是。余家與彭氏三世爲昆弟交，樹聲及其弟若衡茂才與余居同里、學同門，又同志甚相得也。樹聲性簡易，有父風；若衡天資卓犖，而閒靜尤似其母，獨惜其壯年不祿耳。今樹聲獨當大事，又當爲若衡扶養其遺孤，以繼乃母之志。宜乎樹聲之痛念其母，異乎恆人之情也已。余乃爲之銘曰：繄夫人之賢，故得全於天，我爲銘其阡，于嗟乎億年。

三、策論義賦 **

（一） 策

1. 議院利弊策　　1902 年壬寅鄉試卷

　　政非議不成，議非衆不公。然而一國之大，兆人之衆，不能家喻而戶說之也，故由民舉其賢者能者，以代達下民之隱情，陳其所利，去其所害。此議院所以爲泰西各國近二百年振興之根本也。泰西之有議院，始於中國周貞定王十五年，時羅馬平民因貴紳定律不平，請立十人公議律法。漢宣帝五鳳元年，猶太人黑開奴設議政五大會，會各七十人，分議國政。後數百年而法蘭西大選議員矣，又數百年而意大利新立議會矣。至英吉利王顯理第三，頌告國中諸部，命公舉六人入巴力門與世爵議事，始定上下議院之章程。厥後民智日開，文明日啓，列國皆仿而行之，以致富強。則其有利於國、有利於民，蓋可知矣。

　　雖然，不能無弊焉。詩有之曰："謀夫孔多，是用不集。發言盈庭，誰敢執其咎。"議院之開，叢集多人，意見各別。或箝口結舌互相推諉，或隨衆附和而退有後言。如荷蘭改訂章程時，聚議三次，迄無定論。徒有會議之名，而無會議之實，其弊一也。議院之制，上則君官，下則士民。皆列坐而面詰。若相持不下，則分曹而別其左右祖，視兩祖而從其衆。此雖合於三人從二之意，而朋黨遂自此分焉。是以英國分爲二黨。因時變通者曰公黨，率由舊章者曰保黨。二黨遇事輒相齟齬，爭端一開而黨禍起矣。其弊二也。美國之政統由選舉。而議院但有議法之權，議之是非斷於察院，法之行否由於政府。名爲通上下之情，實則隔君民之氣。故美國人之來筆者，自言其國議院公舉之害，下挾私，上偏徇，深以爲患。其弊三也。法廢君主、捨世爵，民黨盛而君黨微。伯理璽天德有罪，下院參之，上院鞫之。大臣有罪亦然。政事之可否，大臣之黜陟，總統之舉廢，皆由議院。其勢偏重，愈趨愈遠，遂有廢國法均貧富之黨起，擊斃俄主，刺殺法王及意之首相。民權過重，其弊四也。有此四弊，故德相畢士馬克獨抑議院之權，日相伊籐博文亦以議院爲非，詆之不遺餘力。論者謂議院有大利亦有大弊，職是故耳。

　　談西政者，輒欲以泰西議院之法行之中國，以采清議而達輿情，謂可復周官詢萬民之舊制。是徒見其富強之利，而未察其空談私見爭黨平權之弊也。烏可哉！烏可哉！

2. 泰西最重遊學，斯密氏爲英大儒所論遊學之損亦最摯切，應如何固其質性、限以年例，以期有益無損策

取列國之長技以智吾民，以富吾國，以强吾兵者，誠哉其惟遊學乎。泰西自萬國交通以來，魁人㤗士，莫不遠適異國，研究其新學，攷察其新政。上自貴胄，下及賤役，亦皆以遊學爲急務。學成而返，即出其所學者，以開通其國之文明，以發達其民之思想。遊學之有益於人國也，顧不重歟？雖然，亦不能有百益而無一損也。人之稟性，固有智愚；而其立心，則尤有公私之辨焉。其心公者，非爲國，即爲民；其心私者，非爲名，即爲利。遊學之士而至於爲名爲利也，無論所學之無成，即令有成，而心術不正，歲月久淹，國家終不能得其遊學之益。甚或羈棲異域，靦顔事人，以效他國之用。其爲損也，不已大乎？斯密亞丹，英倫之大儒，而計學之名家也。其所論遊學之損，亦最摯切。今將固其質性，限以年例，以期有益而無損。謹就管見所及，約略陳之。

中國前此之咨送出詳習藝者，十數齡之童子耳。少年未學之童子，而欲其不惑於異學，不染於惡習，難矣。今之咨送遊學者，又徒取其文藝之優長者耳。夫以言取人，十失八九。於此而求其質性之固則必難。必也取人於學堂，始由小學而中學，而大學，皆命學師盡心攷驗，不僅取其文藝，必先察其質地之高下，性情之純駁，擇其才尤異者然後派遣外國遊學，而又必擇淵雅純篤之品以監督之。其年例則必始於弱冠，其卒業則必限以三年。三年無成，責在監督。不準半途而廢，不準入籍外洋。學成而歸，量材重用，不準自謀別業。循是而行之，庶幾乎有益無損。外可以聯邦交，內可以振國勢。不致如斯密亞丹之所論也夫。

3. 工藝商賈輪船鐵路輔以兵力,各國遂以富強,其所以富強者,果專恃此數者歟,抑更有立國之本歟? 觀國者無徒震其外,宜探其深微策 *

今之抵掌搤腕而艷談東西各國之富強者,莫不曰工藝之奮興也,商賈之流通也,輪船鐵路之迅駛也。而之數者又皆輔之以兵力。以故稱雄海上,利盡寰中。是徒震乎其外,而未探其深微也。又烏知其所以富強者,別有立國之本乎。其本維何? 教民而已矣。其教之也,有三道焉:一曰體育,二曰智育,三曰德育。

體育者,養民之氣血體力也。英儒斯賓塞爾最重體育,致推爲國家富強第一要義。嘗觀五洲各國,如周之希臘,漢之羅馬,唐之突厥,晚近之羱特一種,莫不以壯佼長大、耐苦善戰爲天下雄。即中國自古戰爭之世,亦皆以得三河六郡爲取天下先資。而古聖人亦嘗有體操之法、勺象之舞、射御之藝,皆所以練民之筋體、致民之氣力者也。近日東西諸國,操練形體,不遺餘力,而醫學又至詳且備。胎內教育,亦極講求。民種之強,實基於此。

智育者,開其民之聰明知識也。其一則使通生理學大意,以施於生計,令知享實利實效之道。其二則教以制造機器之物理學,涉乎資生存、利動作之化學。其三則使通身體理法之生理學、通智力與情感理法之心理學。其四則使通人類進步情實之歷史學。其五則繪畫雕刻音樂詩歌文字之學。民智既開,而富強之原始由茲而發達矣。

德育者,化民以德行仁義也。平居則崇尚信義。而事變之

---

* 編注:此爲光緒二十九年(1903)癸卯補行辛丑壬寅恩正併科會試第二場各國政治藝學策題。

來則敏捷勇敢強健不屈。及德之顯露柏羅都氏出，專主德育而羣學益明，民氣益固，國勢日興。

　　是以泰西觀化言治之名家，莫不以體育、智育、德育三者昭民種之高下，定國運之盛衰。中國變法，仿效泰西，慎無徒襲其形跡，而不求之於本原也。

4. 學堂之設,其旨有三,所以陶鑄國民,造就人才,振興實業。國民不能自立,必立學以教之,使皆有善良之德,忠愛之心,自養之技能,必需之智識,蓋東西各國所同,日本則尤注重尚武之精神,此陶鑄國民之教育也。講求政治、法律、理財、外交諸專門,以備任使,此造就人才之教育也。分設農、工、商、礦諸學,以期富國利民,此振興實業之教育也。三者孰爲最急策 *

今之談時政者,僉曰欲强中國、富中國則必採東西各國之制度,設立學堂,以參攷其政治,講肄其教學。善哉言乎,可謂知當務之急者矣。而不知教育之宗旨尤有急於此者焉。嘗攷列國立學之旨,大要有三端。有國家教育以陶鑄國民,有智識教育以造就人才,有職業教育以振興實業。三者之中,尤以國家教育爲最急。夫智識教育、職業教育,雖有益於其國之富强,猶間接也。惟國家教育,則於其國有直接之關係。何則? 國家教育者,教其爲本國國家之人民也。而其所以教之者,在保存國家之精粹,啓發國民之特性,使油然生其愛國之心,以效其國之用。知識技能,猶其末耳。不然,雖智識貫乎中外,而偏主歐化,適造就漢奸之人才;雖技能極其新奇,而依附外人,適振興洋行之實業。學堂之設,亦何益乎國家也哉。日本學制,先取法乎美利堅,又步趨乎德意志。然皆擇其所長,而適合國民之性質者,定爲規則。當時有所謂武士道者,日人自稱爲大和魂,即尚武之精神是也。本此精神以施教育,故能造成君國一體同仇敵愾之國民,而怳怳

---

* 編注:4—8篇為光緒三十年(1904)甲辰科會試第二場各國政治藝學策之五題。

然稱雄於海上。今欲爲中國定教育之宗旨，將必闡本國之特長，以生其愛國之心焉。中國有四千餘年之歷史，文明制度，開化最先。地球各國之所無也。且其政法之寬，宗教之正，人民之衆，物産之豐，尤非他洲所能及。日持此義以教國民，使人人知中國之可愛，而羣思有以富强之。則其於政治也，必能申公法，争利權，以與他國抗衡；其於藝學也，必能顧大局，聯公司，以與他國争競。又何患實業之不興而人才之不足用也哉。不然，則英人亦嘗教香港之民，日人亦嘗教臺灣之民，俄人亦嘗教海參崴之民。彼其知識技能，未必一無可取也，特其所教者名雖中國之民，而實爲外國之民矣。惜夫！

5. 泰西外交政策往往藉保全土地之名而收利益之實，盍縷舉近百年來歷史以證明其事策

小役大，弱役强，天理之自然也。優者勝，劣者敗，天演之公例也。國於大地之上，又適當物競最烈之時，必有獨立自主之精神，不依傍於他人，然後能保全其土地，而非他人所能代爲保全者也。苟藉他人保全，則彼必陽予以保全之名，而陰收其利益之實。泰西諸國之外交家，其持此政策以施於弱小之國者，不知凡幾矣。自泰西一千八百十四年，俄英奧普四國立約於蕭孟託（譯音），以維歐洲之平衡，持列國之安，和保列國之獨立爲主義。由是前之以戰爭奪人國之利權者，變而以保護侵人國之利權。及至維也納會議，凡有列國重要之事，必先由諸强國互酌而後可。越一年，四國又會於法之巴黎，以阿尼諸島合成一國。名曰合邦，歸英保護。而合邦之法會，可令英使主議；合邦之要隘，可任英國屯兵；合邦之兵丁，可歸英將管領。俄見英之得此利益也，遂於千八百五十三年，與英立協國條約，以羅馬尼亞、塞爾維亞、保加利亞三國，爲俄所保護之獨立國。其實不過爲俄之領地耳。於是英乃保護土耳其，以防俄國之害；保護地中海，以通印度之商。且示恩於意大利，以助其獨立；用術於埃及，而握其國權。其待印度人也，即教以歐洲之兵法，而以英將統率之；扶掖印度之君主，而使其民服從之。其託名也甚高，而其所得之利益亦甚溥。自是而後，如德之保全安息，而得其轉運之權；法之保全安南，而得其貢稅之利。最近，則如日俄之保全高麗，且以爭利益而啓兵端。嗟夫，外交之場，此耽耽，彼逐逐。稍一不慎，國亡隨之。試取近百年來外交之歷史觀之，而知無自强自治之政策者，必不能自存於列國競爭之界也。

6. 日本變法之初聘用西人而國以日强，埃及用外國人至千餘員遂失財政裁判之權而國以不振，試詳言其得失利弊策

晋用楚材而戰勝於南國，秦用戎人而稱伯於西方，事之驗於古者也。英之戈登以常勝立功，美之華爾以死綏報國，事之效於今者也。然則借材異國，惟見其國勢之日强，未有日削月割以趨於亡者。雖然，亦視其用之何如耳。

日本維新之初，首重西學，爭延西人爲之教師。凡官省所聘、府縣所招者，統計不下五六百人，不數十年而其國中之菽術武備，駸駸乎駕太西而上之。埃及以英法國債之故，遂用英法人爲理財顧問官。浸尋而入於政府，更易埃官，悉以英法人代之。當時歐人在位者，至一千三百二十五人。而埃及遂以不振。夫日、埃二國之用外人也同，而收效也卒異，此何故哉？日本之用西人，乃日本自用之，故能使西人效日本之用。埃及之用歐人，乃歐人强用之，遂致埃及爲歐人所用。且西人之在日本，無官守，無言責，不過教日人之政學，未嘗握日本之政權。埃及則財政局之設，由於各國領事裁判所之事歸於英法大臣。國權既失，其國不昌。安可與日本較得失哉。然則任用外人者，必有駕馭之術，使爲我用，不至太阿倒持。若一切委之外人，既不能發縱指示，復不能極力步趨。則必如埃及之甘心受脅而後可。

今中國變法自强，改良政學。若科學，若稅務，若軍制，若礦務，若鐵路，不能不有資於外人。宜各派一洞達中外之大臣總其權，又多選聰穎特達、資性堅定之學生隨其後。如此而後可以用外人，如此而後可以不常用外人。

7. 美國禁止華工久成苛例，今屆十年期滿，亟宜援引公法駁正原約，以期保護僑民策

自哥侖布發現美洲以來，各國人民，爭先航海，開闢新地。至今華人之僑居於舊金山、紐約、巴拿馬等處者，約三十餘萬人。華人之備工也，其操作較西人特勤，其工值較西人獨賤。而美人猶恐華工之奪其利，乃藉口於華民無學，恐其獷陋之習，傳染全國，貽害於共和之政，設爲苛例，常虐待之。先時尚有令華工入美籍之請，及其後也，反從而禁之，甚有昌言華人之宜圈限者。

自光緒八年美人立禁止華工之例，限十年爲期。至十八年仍續申前禁，迄於今又十年矣，而美之苛禁未改。嗟我華民，其將何以聊生乎？嘗考中美續定之條約有云：已在美國各華工及他項華人等，無論常行暫居，如有偶受他人欺侮之事，美國應即盡力設法保護，與待各國人最優者一體相待，俾得各受按約應得之利益。其立約也如此，其行事也如彼。所謂世界第一文明之國者，固如是乎？且美之通商傳教於中國者，中國嘗遵守約章與以最優之利益，而不敢稍屈抑之。彼常源源而來，而此不得攘攘而往。美國公法中，有如是交涉之道乎？據公法有管理界內民物之權者，不獨本國人應歸管理，即居本國之別國人亦歸本國律法管理，則華工有犯法者，以美律治之可也。安得胥華工而皆禁之？凡國王許其民加害別國之民，或庇護其民不加之罪，其咎可歸於國王，則可加兵於其國。今中國不欲輕啓兵端，亦可持此例以正告各國，問罪聯邦。美人當無詞以對也。禁約既改，而後慎選領事以董率之，教以信義，使不至爲美人所憎；派撥兵船以保護之，壯其聲威，使不至爲美人所欺。則吾民之旅居美洲者，庶其可以保全其幸福乎。

8. 周禮言農政最詳，諸子有農家之學，近時各國研究農務，多以人事轉移氣候，其要曰土地、曰資本、曰勞力，而能善用此三者實資智識，方今修明學制，列爲專科，冀存要術之遺，試陳教農之策

班固有言，農家者流，蓋出於農稷之官。然則周秦以來，諸子之言農學者，管子之地道，呂不韋之任地，氾勝之之農書，賈思勰之要術，大都根柢周禮者也。周禮所載之農政，如司徒、遂人、草人、司稼諸職，言之綦詳。近時各國研究農務，以人事轉移氣候。其術多與周禮有合焉。斯密氏之論計學也，以爲經價之成，本於三物，曰庸、曰贏、曰租。租者，有土地者之所得也；贏者，出資本者之所得也；庸者，供勞力者之所得也。之三者，生財必不可缺之要素也。雖然，亦有土地之肥磽同、資本之多寡同、勞力之勤惰同，而稼穡樹藝之收獲，往往相去拾佰千萬者，則何也？不知物性之宜，則沃土爲瘠埌；不知通塞之故，則資財爲罔費；不知講明新法之理，則徒勞而無功。然則興農學之專科，以善其土地、資本、勞力之用者，其惟開民之智識乎？今既修明學制，設立專科，以教農民，必採新法。西人嘗謂中國今日之地，苟以西國農學新法經營之，每年增款可得六十九萬一千二百萬兩。雖然，西人之新學，即中國之舊學也。特西人能精益求精耳。請陳其學，厥有四焉。其法云何？一、地質學，以色之黃白制其土宜，以味之鹹淡定其原質，如挪佛郡之宜蘿蔔，撒里司之宜鳥糞。此司徒辨埌之遺也。一、化學，鉀養之性入土甚肥，螺蚌之殼與土化合。或以燐養培其根本，或以電氣速其萌芽。此華人土化之遺也。一、機器學，西人所創之新器，以之播殖，一日可及數百畝；以之穰刈，一人可兼數百工。卑濕則以機導其壚，旱乾則以機吸其水。此遂人時器勸畋

之遺也。一、植物學。赤米耐旱，宜於高垺；秜稻耐水，宜於下田，此司稼辨穜種之遺法也。綜此四學，以修農政，上採宗周之制，下取列國之法。庶其富者不至荒蕪其土地，虛擲其資本，而貪者亦得出其勞力以爲身家之謀。富國利民蓋莫善於此矣。

9. 通商以來利日外溢,如何補救漏卮策

　　自五口通商以迄今日,外國之貨,源源而來,中國之財,滔滔而去。漏卮莫塞,公私兩窮。而有形之賠款,有數之外債,猶其小焉。西人論通商公例,謂主國之利九,而客邦之利一。故泰西各國,尺土寸地,皆可互市,卒致富強。日本舊議,亦主閉關,後乃舉全國而口岸之,亦未嘗損其毫末之利益。而以地大物博之中國,與之商戰,既敗於歐西,復挫於日本,未獲一利,先受百害。其故何哉?世之議商政者,莫不曰:中國之所以貧弱,農務不精也,礦產未開也,工藝未講也,圜法未改也,銀行未通也,鐵軌未成也,輪舶不多也。烏乎,之數大端者,或開商之源,或利商之用,誠爲今日輔佐商務之善政,不可不亟亟舉行者。雖然,猶未得乎補救漏卮之命脈也。夫農、工、制造諸政,中國未嘗不舉行,而有治法無治人。或借材於異地,或授柄於他人。國家失其利權,商民受其隱禍。爲今之計,欲補漏卮,當救商民。欲救商民,莫先三策。一立商學,二聯商會,三保商權。

　　西人之教商也,先授以普通諸學,而後進以商業之專門,故有商業理學、商業史學、商業地學、商業法學。其大者消息盈虛,以察商界之轉變;其小者委曲詳盡,以求商情之入微。今宜採其新法,設立學堂,教以條例格致貿易船務諸科,又命之遊學外洋,以研究得失。不及十年,人才足用,而商局銀行之權,可以擴而充之矣。

　　凡人將有所爭競於外,必先有所聯結於內,況乎與人爭利之事,苟無商會以爲之維持,無不受外人之脅制者。中國商戰之敗,半由於此。西人之以商傾人國也,其得力全在商會。印度之亡,亡於七萬鎊金之商會也。廣州之敗,敗於一十三行之商會也。是

商會不獨可以保商民之利益，亦且可以伸國家之威權。則商會不可以不聯也。

中人之商於海外者，不下百十萬。然或附英法之商舶，或懸德美之商旗。豈不以中國無保護商權之政，不得不藉外人以自重乎。今宜設保險公司，以援虧折。又時以巡艦保衛各埠。則旅行有權，整頓釐卡章程，以免阻滯，以去苛索，則轉運有權。立鹽政局、茶政局，如督銷局故事。由商人公定價值，歸官督賣，畫一不二，以免外人把持，則絲茶有權。其他有利於商者，無不竭力保護之。此亦泰西之成法，所宜倣行者也。

蓋商有學，則中國所未有之利可以開之；商有會，則中西所共有之利可以專之；商有權，則西人所獨有之利可以分之。持此三端，雖不能補已往之漏卮，庶其可以救此後尾閭之洩乎。

（批：明辨以晰，侭有精當處。以商學、商會、商權作補捄計，空諸倚傍，偉論獨抒。）

10.　各國商會銀行皆財政之大端，豫算決算 又合制，用古法然所以能行之故必有本原， 試參酌中國商賈官民情形，以期推行無阻策

商會銀行之設，創始於泰西英法諸國，而美利堅效之，日本又效之。其政至善，其生財之術亦至精。及其用之也，事前則豫算其當用之數，而告之於民；事後則決算其已用之數，而又告之於民。王制所謂以三十年之通制國用，董入以爲出，豫算之法也。周官以歲終制用之日，必會計一歲之出入，書其貳，懸之象魏，決算之法也。古法失之於中國，而得之於泰西。且能推行無阻者，亦必有道焉。其道維何？曰信而已矣。觀於商會銀行之所以持信，於以知近今各國之富，不專在工藝之創興。是以鐵路電線汽機礦務，成本至巨，要之以信，不患其集股之難也。金銀有限，而用款無窮。以楮代幣，約之以信，而一錢可得數百錢之用也。日本維新之初，大隈重信好仿西法，作會計預算表，人猶未信。及決算表出，款明數核，人始深信而不疑。夫取人之財以供我用，而不使人知其所以用。我雖錙銖無集，能無起人之猜疑乎？中國商會之出自民辦者，亦嘗獲利數倍。其官民合辦者，往往折閱不貲。雖創設中國銀行，而商民之入股者，亦寥寥無幾。其利息不獨不及匯豐銀行，反不若民間錢店之殷實者，人猶寶貴其票券也。是何也？乾沒中飽浮費之事多，故上與下不相通，民與官不相信耳。上下阻隔，猜疑橫起，以籌國用，其勢尤難。故欲通商賈官民之氣，而行之無阻，則惟有豫算決算之一法，核其需用之額而明取之，舉其應用之款而實銷之，並列其所用之數而公布之，以修庶政，以普美利，以昭大信，使商民曉然於生財用財之故。而猶有不踴躍爭先以入貲本以供租稅者，非人情也，是在謀國者經理之而已。

11. 策　　問

　博士,秦官也。博者,通於古今;士者,辨於然否。漢興,因秦之舊,置立博士,始於文帝。後漢書翟酺傳云:"孝文皇帝始置五經博士。"王伯厚引作"一經",云:攷之漢史,文帝時申公、韓嬰皆爲博士,五經列於學官者,惟詩而已。案文帝紀無立博士事,惟賈誼傳云:誼以能誦詩書,頗通諸家之書,文帝召以爲博士。則文帝不獨立詩博士。王氏之說誤矣。劉歆移太常博士書云:漢至孝文皇帝,詩已萌芽。天下衆書,往往頗出,皆諸子傳說,猶廣立於學官,爲置博士。應劭漢官儀云:孝文皇帝時,博士七十餘人。攷之趙岐孟子題辭云:孝文皇帝欲廣遊學之路,論語、孝經、孟子、爾雅,皆置博士。後罷傳記博士,獨立五經而已。是孝文時傳記皆立博士矣。

　其博士朝賀之位,次於中都。官吏稱博士曰先生,不得言君。博士弟子自稱門人,又有博士祭酒,立於孝武帝建元五年,以聰明威重者一人爲之。

　博士選有三科,高第爲尚書,次爲刺史,其不通政事以久次補諸侯太傅,中興高第爲侍中,小郡若都尉。儒林傳序云:平帝時,王莽增元士之子。得受業如弟子以爲員。歲課甲科四十人爲郎中,乙科二十人,爲太子舍人,丙科四十人補文學掌故。此三科之制也。

　博士舉狀,出漢官儀。後漢書朱浮傳注引之。杜佑通典引後漢督郵板狀云:"生事愛敬,喪没如禮。通易、尚書、孝經、論語,兼綜載籍,窮微闡奧,師事某官,經明受謝。見授門生尚五十人以上。正席謝坐,三郡三人,隱居樂道,不求聞達,身無金痍痼疾,卅六屬不與奸惡交通。王侯賞賜,行應四科,經任博士,下言某官某甲保舉。"此文較<u>李賢</u>所引爲詳。<u>漢舊儀</u>云：武帝初置博士，取學通行修，博識多菇，曉古文爾雅能屬文章，爲高第。<u>儒林傳序</u>云：太常擇民年十八以上儀容端正者，補博士弟子。此亦舉博士之狀也。

　　<u>王伯厚玉海</u>引<u>漢舊儀</u>云：博士限年五十以上，<u>杜氏通典</u>亦引此文。攷之<u>漢史</u>，<u>前漢賈誼</u>年十八召爲博士，<u>後漢戴憑</u>年十六徵試博士，拜爲郎。<u>後漢書楊仁傳</u>：<u>仁</u>自以年未五十，不應舊科，是年限五十之證。他無可證。

　　<u>晉中興書</u>曰：博士之職，非徒博習舊說，訓教學徒而已。端委佩玉，朝之大典，必詢度之。是博士不僅掌通古今也。<u>後漢</u>博士凡十四人，掌以<u>五經</u>教子弟。國有疑事，掌承問對，而實不外通古今、辨然否二端。士得備員弟子。辱承明問，用萃所聞見以著於篇。

　　（批曰：條對詳明。）

（二）論

1. 理財論　　1902 壬寅鄉試卷

自古理財之術，不聚於下，則聚於上；不聚於上，則飽於中。三代以來，其利弊不外此三者而已。故雖有聚斂之臣如衛鞅、桑孔、蔡京、王黼之徒，亦不過上盈而下竭，吏飽而民飢，而貨財尚不至於消耗。事變之極，以迄於今，乃有禍患百倍於聚斂，以致民窮財盡，即管仲、劉晏復生，亦束手而無如何者，則貨財之流出海外是已。方今環瀛各國，爭相雄長，弱之肉，強之食。而乃不貪其土地，不取其人民，威逼勢脅，強與立約，但求取人國之財以供己國之用。彼之所謂理財學者，其宗旨大率類是。中國自海禁既開，日中其毒螫。以有盡之財給無厭之求，是猶抱薪而救火也。宋之歲幣，明之互市，有如是之日朘月削者乎。

夫立國以富強爲命，不富則萬不能強。欲求致富之方以與列國爭衡,則務財、訓農、通商、惠工、敬教、勸學、授方、任能,數大端盡之矣。生財之道,莫大乎農工。凡西人輸入之貨,其無益於民生日用者,禁之絕之,嚴令國民不得交市;其爲人生所必需者,移種以殖之,仿式以造之,採其農學之新法,致其致富之工程。必使野無曠土,國無遊民,庶其家給人足,我國之所需不必取給於人國。於是集其所未輸出之金錢,作輪舶以行水,作火車以行陸。且出其所餘之器物,東運於倭,北達於俄,西售於英、法、德、美諸國。彼即欲以商務奪我之利權,而我有抵禦之術,則出入之數亦足相當矣。

雖然,其效不可猝致也,亦必有學焉。泰西之制,凡事之足以富強其國者,莫不有學。是故農有農學,工有工學,商有商學。教之、誨之、官之、獎之、佽助之、保護之,使各出其所學以效其國之用。今中國亦既仿而行之矣,而卒未嘗大著成效者,則何也?法必待人而後行,不得其人,即周官理財之法亦適見其蠹國病民而已。中國之理財也,有墾政、礦政、引課、關稅以開財之源,而總理農工商務者不得其人,則開墾者皆惰農,開礦者皆賤工,課稅之入半歸胥吏之私橐,而姦商得以售其欺。源不能開,即使裁額兵、汰冗員,亦何能救其流弊乎?故曰理財用人相爲表裏。守令得其人,自能調和乎民教;教士無傷,可以省卹銀;交涉得其人,自能折衝乎樽俎;邊釁不開,可以省兵費,則中國之財不期足而自足矣。有治平之責者,尚其熟察乎中外消息之情形,而亟求所以理之之道歟。

2. 管子內政寄軍令論 *

伯者莫高於齊桓,而管仲實爲之謀主。自功利之說羞稱於聖門,而其取威定伯之略,亦遂出諸權謀家言,爲儒者所不屑道。及愚讀管氏書,詳攷其制,然後知王者之建國,其禮莫善於周官;用周官之法度,而變而通之以濟時艱者,莫善於管子。管子天下才也。欲以兵政强齊國,夫豈不能恪守周公之法也哉?而必寄軍中之令於國內之政,合司徒司馬之政教而一之者,意蓋有在也。周轍既東,王道廢墜。諸侯日尋於干戈,謀臣猛將,競出其智力以求勝。苟必規規於先王之陳跡,而固執不移,吾恐勢有所格,而其術必有所窮。是豈救時之宜者乎?管子以識時之俊傑,又得勵精圖治之君,故當其垂纓下衽,陳說國是,亦不過攷之舊典,擇其宜於時者舉而行之。而其主義則在事有所隱,令有所寄,使天下諸侯不吾備,而吾得以安邦國者强邦國。桓之能速得志於天下,管子之力歟!今其書中所載,如牧民、乘馬、幼官、輕重諸篇,大率皆本周官以制用。而亦不盡拘泥於周官。故能修其政令,致齊國於富强。又嘗以禮義廉恥化其國俗,如心術、白心、內業諸篇,亦似有合乎聖人之道。而其功烈僅出於伯者,則以桓公求治太急,故爲此權變之法耳。豈遂足以盡管子之才也哉!宋儒袁燮乃謂管仲之內政,竊先王之法以爲己利,其用心也狹,其爲謀也巧。是未深察乎管子變法之心而熟審乎管子所處之時與勢者也。夫古今遞變,道隨時降,王伯代興,政由俗革。周公經制之大備,所以握王道之全,管子能用其法而通其變,所

---

* 編注:2—6篇為光緒二十九年(1903)癸卯補行辛丑壬寅恩正併科會試首場史論之五題。

以基伯道之始。夫亦勢之所趨，有不得不然者乎。後之儒者，空談義理，卑視事功，不揆其修政立事之原，而徒辱之以權謀功利。謂孔子稱其器小，而不思孔子亦嘗許其仁；謂孟子卑其功烈，而不思孟子亦嘗稱桓公之盛。聖人之言，各有所當也，烏可執一端以爲定論也歟！

3. 漢文帝賜南粵王佗書論

自古迄今，制馭蠻夷之道三：太上以德化，其次以義結，其次以力爭。兵威未加，聘使未通，而九洲內外諸國，莫不懷而慕思。如保子之依慈母者，德足以化之也。天下攘攘，中外多故，或四夷入邊而侵掠，或王師出塞而征伐，勝負之數，大致有矣，此以力征經營者也。若夫席承平之餘烈，值夷夏之失和，既不忍逞其戡亂之武功，復不能化以懷遠之文德。當是時，以守則勞民，以戰則傷財。不得已遣一介之使，下尺一之書，結之以小恩，責之以大義，使之羈縻而弗絕。如漢文帝之賜南粵王佗書，而佗遂奉書改號，可謂義足比於諸侯，感人者已。而論者乃歸功於陸賈，曰：高帝之封趙佗爲南粵王也，陸賈實爲使臣，折衝乎樽俎之間，而還師乎衽席之上，佗遂稱臣奉漢約。其叛漢而稱帝也，特以高后用事，別異蠻夷，隔絕器物物耳。文帝即位，但遣陸賈與修舊好。陳說漢家威德，命其改號稱王，佗無不唯唯聽命者。而奚煩天子之一紙書哉！然而無文帝之書，但恃陸賈之遊說，未必能取信於佗，文帝不存問其親昆弟，不修治其先人冢，亦未必能使佗感。且佗之所以奉明詔稱藩臣而不敢與漢抗拒者，徒以其父母之墓猶在漢地，兄弟之屬猶居漢家。文帝窺見至隱，乃如其所欲而償之，使彼不得不事漢。終文帝之世，及佗後數代，無有叛漢者，文帝誠得羈縻四夷之中道也哉！雖然，必如佗之可以義感，文帝始以義結之。不然，如匈奴之叛服無常，文帝又未嘗不遣將致討而以力爭也。天子守在四夷，尚其熟察乎夷情，而別其所以馭之之道也夫。

4. 威之以法,法行則知恩;限之以爵,爵加則知榮論

孔子有言曰:“政寬則民慢,慢則糾之以猛;猛則民殘,殘則施之以寬。寬以濟猛,猛以濟寬,政是以和。”鄭子產之治鄭有如是者。厥後得子產用法之意,而以寬猛相濟者,其惟諸葛武侯乎。武侯之治蜀,堅明約束,頗尚嚴峻。當時之人多怨之,則爲孰殺之歌者有焉。及其亡也,蜀人思之,如周人之思召公,則爲誰嗣之歌者又有焉。夫以武侯法令之嚴,爵賞之吝如此,而人莫不知其恩榮者,何以故哉。

自無道秦以暴虐爲天下先,黔首斷斷,苦其苛政,漢高起泗上,定關中,因民所欲,布以寬大之政,臣下化之,故兩漢循吏,史不絶書。流拯既衰,而以闇弱之劉璋,撫有全蜀,國典不肅,國常不立,徒以文法相羈縻。天澤之禮,日就廢墜,法令不足禁,爵賞不足勸。武侯鑒於其弊,一以嚴治之。故威之以法,法行則知恩;限之以爵,爵加則知榮。榮恩並濟,上下有節,斯固爲治之道,實則因時而制宜者也。論史者謂其以申韓教後主,噫,豈識武侯者哉。

夫政之寬者,治世之膏粱也;政之猛者,亂世之藥石也。君子之爲國,以膏粱養生,而以藥石療疾。疾至於病,雖烏附之毒,亦且投之而有效。若不察其疾之虚實而誤投之,或無疾而服之以當膏粱之味,其不至於殺人者,未之有也。是故申韓之治民也,以藥石毒民,其政刻,故其民亂;武侯之治民也,以藥石保民,其政嚴,故其民和。嚴之與刻,有霄壤之辨也。夫安得以儒者救時之苦衷,遽等諸戰國刑名法術之流也哉。

方今天下士大夫之從政者,刑一有罪,而或未嘗嚴於刑;賞一有功,而或不能稱其賞。刑賞不足以爲勸,則是寬之流弊也。有治民之責者,庶幾濟之以猛乎。

5.　劉光祖言定國是論

　　國家之盛衰，視乎學術之邪正，而正學之昌熾，尤必賴一二賢人君子爲之干城，使之信乎朋友，獲乎君上，不致爲異學者所排擊，夫而後私意熄，公論明。賢人君子，濟之盈廷，而國是定矣。宋自神宗以來，學派紛歧，黨人林立。其始則君子與小人別爲一黨，繼則君子與君子又各爲一黨。其有立於數黨之外，而自樹一幟者，其先則有若陳公輔之排王氏學，而又請禁程子之學；其後則有若謝廓然，請禁有司毋以程子、王安石之學說取士。是其胸中漫無主持，涇渭莫辨，而是非無定也。嗣是而趙彥中請禁洛學，何若請禁程子、張子之學，甚至斥之爲僞學，目之爲逆黨，而禁錮之。於此如衆狂相聚，反詈不狂者爲狂。而不知此不明正學之小人，實足以斬其國祚也。天啓之仇楊、左，崇禎之尊溫、楊，事類宋人，而亡國之禍，亦適與之類，可哀也已！紹熙之間，劉光祖言定國是首在用人，而用人之道，在於定是非、別邪正。乃上疏極論近世譏貶道學之非，光宗深納其言，朱子之得以道學傳講於經筵，劉光祖之力也。惜乎光宗猶倚任韓侂胄，以誠心正意之說爲迂濶，遂致朱子罷官。即劉光祖等交章乞留，而帝不報，且罷光祖官。宋之國是之不定，非道學之儒之過，而其君親姦遠賢之過也。烏能用光祖之言，以恢復中原，而報女真不共戴天之讎乎？其所爲涪州學記，亦不過發明正學已耳。而議者謂其訕謗，坐是左遷。夫以北宋學術之正如此，而國運之衰如彼，識者咸知其壞於黨禍也。嗟乎！持國是者，可不愼歟？

6. 陳思謙言銓衡之弊論

帝王之治天下,使天下之人,皆歡欣鼓舞,各效其所長,而國家因以收用人之效,則惟銓政之疏通有以致之也。漢以前,銓衡之法善矣。唐宋以後,其法一變,而惟限以流品,拘於資格。降及元代,吏道雜而多端,或選於學校,或選於薦舉。其出於宿衛勳臣之家者,待以不次。捕盜者以功敘,入粟者以貲進。甚至工匠皆入班貲,輿隸亦躋流品。銓衡之弊,至此極矣。而陳思謙乃昌言之於文宗,其亦有得於澄敘官方之意者乎。夫法積久則弊生,銓衡之法所以防百官之弊也。而不意弊即隱伏乎其間。元初多其入仕之門,凡以總攬羣英,使之經理庶務耳。而仕途既雜,冗濫不爭之員,充溢廷內,非裁之併之,不能救其弊也。三載考績,黜陟幽明,事苟繁重,吏苦其擾。然太簡則姦猾之吏,得以幸免;循良之吏,年自超擢。非參以保舉之法,不能救其弊也。出宰百里,官如傳舍。民情未悉,已數易地,則州郡之任宜於久。然太淹則地方之難易不同,才力之長短亦別。用違其材,則兩受其弊;人地不宜,則反受其毒。非內外兼授,更代互易,不能救此弊也。學優而仕,首列朝省,不次遷除,以獎英俊。然太速則朝政未悉,貽譏覆餗,非限以年載不能救此弊也。思謙既陳其四弊,又救之以三策。不過因時而制宜,使天下之士皆悅而願立於其朝,非欲持此以為不易之成法也。自古一法立則一弊生,弊生則必變法以救之。此後代銓衡之政,所以與前代不相沿襲歟。

7. 周唐外重內輕，秦魏外輕內重，各有得論 *

內外兵力之強弱，國家之安危係焉，非可畸輕而畸重也。天下之兵權，分隸於外，則外重而內輕。其弊必至於強藩悍將，割據稱雄，而中樞不敢過問。若收其權而集於內，則內重而外輕。其弊必至於姦人竊柄，羣盜蠭起，而國祚即隨之以移。間常觀於周唐之末，及秦魏之初，而知其兵制之各有得失已。

周以兵定天下，內設六軍之眾，外雖大國不過三軍。李唐承隋府兵之法，設折衝府六百三十四於天下十道，而其中二百六十一置於關內。是周唐之初，內外皆足以相制。及夫代更法廢，禁旅日弱，而戰國之勢成，纊騎既變，而方鎮之兵熾。雖外足以弭戎狄之患，內足以懾權臣之心，而諸侯擁兵，一若敵國。此周唐之所以亡於外重也。秦鑒於外重之弊，遂收天下之兵而聚之咸陽。乃未及三世，而勝廣發難於外，趙高弄權於內。太尉衛尉所掌之兵，皆不足以遙制，而秦遂亡。曹魏設南北軍於京師，又置大將軍都督中外諸軍事。司馬秉之，遂踐魏祚。由此觀之，偏於內重者，其亡國也必速；偏於外重者，內雖積弱，猶得藉羣雄之牽制，以維持國祚於數十百年。

然則定兵制者，其將重外而輕內乎？則又不然也。王者之治天下，必先固其本根，而後綏其枝葉。內之總其權於中樞，外之分其權於郡國。內有奸臣，則郡國興師以致討；外有叛將，則中樞發令以出征。以內馭外，復以外輔內。周武、唐太之所以治兵，得此道也。惜夫後嗣不克守其成法也。若秦魏之君，其得國也，既以盜竊，而其治兵也，徒欲聚天下引關蹶

---

* 編注：7—11篇為光緒三十年（1904）甲辰科會試首場史論之五題。

張材力猛武之士以衛一人，充其自私自利之心。其國之速亡也宜矣。後世有權衡於内外輕重之際者乎？尚其法周唐之初制，而毋爲秦魏之續。

8. 賈誼五餌三表之說，班固譏其疏，然秦穆公嘗用之以霸西戎，中行說亦以戒單于，其說未嘗不效論

孔子有言曰："居處恭，執事敬，與人忠，雖之夷狄不可棄。"此賈誼三表之說之所本也。魏絳有言曰："夷狄薦居，貴貨易土，土可賈焉。"此賈誼五餌之說之所本也。而班孟堅乃謂其術已疏。彼豈知五餌三表之術，固有用之而卓有成效者乎。秦穆公以女樂遺戎王，遂得用由餘之謀而定霸業。中行說戒單于好漢物，乃得率匈奴之衆以擾邊陲。大抵戎狄之性，無親而貪。寬則逐水草而以遊牧爲生，急則習騎射而以侵掠爲事。雖欲命將出師，驅之塞外，師旅之費，已屬不貲。而人民之勞罷轉死於旃裘氈幕之鄉者，尤不可勝道。以文帝之仁，當匈奴之暴，何忍多殺士卒，傷及將吏。寡人之妻，孤人之子，獨人父母也哉！故當匈奴入寇，雖屢與戰，而又旋與之和親。未始非用賈生之說也。無如中行說背漢降戎，爲之謀主，往往率衆寇於漢邊。則雖有五餌三表之說，亦不得焉。且夫表餌之術，持以馭當日之戎人則可，以之馭今日之戎人則不可。漢之西戎，其俗樸陋而無華，其性悖亂而無智，且其人衆不能當漢之一郡。但使委之以貨財，淹之以好樂，度無不動心歸漢者。今也不然，戎之服用華於我，戎之政藝智於我，且合諸戎之人民又數倍於我。彼方竊其信諭、愛諭、好諭之術以表之，竊其壞目、壞口、壞耳、壞腹、壞心之術以餌之。此异物之所以内流，而大利之所以外泄也。又其甚者，率中國之人，舉爲中行說之叛漢，而如由餘之奔秦者，蓋幾希焉，尚得採賈誼之說以爲羈縻之道哉？然而言忠信，行篤敬，雖蠻貊之邦行焉，則五餌之說雖不可用於今，而三表之說，則固近今外交家之所當致意者也，烏得以班孟堅之譏評而盡廢賈生籌戎之策也歟？

9. 諸葛亮無申商之心而用其術，王安石用申商之實而諱其名論

劉向嘗謂申子之書，言人主當執術以督臣下，號曰術。商鞅所爲書，號曰法。皆曰刑名。自戰國以迄秦漢，其流益繇，其害彌酷。韓非子學刑名法術，而爲慘礉少恩。李斯稱述申子之說，而爲督責益嚴。晁錯學申商法於張恢生，而爲峭直刻深。是其學之爲害於天下國家，烈於洪水猛獸已。且不獨有害於人也，而亦有害於已。韓非、李斯誅於秦，晁錯戮於漢。用申商之法術者，亦何利哉！而不謂管樂自命之諸葛武侯，堯舜其君之王安石，乃亦取而用之也。船山王氏之言曰：“申商者，乍勞長逸之術也。無其心而用其術者，孔明也；用其實而諱其名者，介甫也。”嘗攷武侯之治蜀，其嚴明蓋近於申商，而實本於管子心術之篇。安石之相宋，其新法實出於申商，而託名於周官泉府之職。二子之用法也同，而其心之一誠一僞、一公一私，蓋叛若霄埌矣。心之誠者，堅明其約束，以彰善癉惡爲要圖；心之僞者，汲汲於功名，必以財利兵革爲先務。陳壽之評武侯，劉定之之論安石，其猶有春秋褒貶之意乎。或者曰：武侯治國尚嚴，史稱其以申韓，教後主。是武侯必潛心於申商之學，而後進言於其君，則亦未嘗無申商之心也。王安石之詩有曰：“今人未可輕商鞅，商鞅能令政必行。”而其子雱遂亟稱鞅爲豪傑之士。是王氏以申商爲家學，則亦未嘗諱申商之名也。而船山王氏云爾者，蓋亦有說焉。武侯所事者，少弱之中主也。其教之申韓，欲以變化其柔懦之氣質，使之循名責實，而歸於中道耳。夫豈同於安石之用心乎？宋神宗以好大喜功之資，安石出而與之遇，遂逆探其君之雄心，而以富強之說進。又陰用其平昔之所誦法者，而僞託於周官。開

誠布公之武侯，不若是也。如武侯之用法，能得法外意，其獲保
首領以沒也固宜。若安石之更變法令，而能免於喪家亡身者，殆
以陰用其術，而陽避其名。其設心較衛鞅、韓非、李斯、晁錯諸人
爲尤矯云。

10. 裴度奏宰相宜招延四方賢才
與參謀議,請於私第見客論

　　登明選公,宰相之職,而決不容有一毫私意存於其間。自夫權臣當國,樹黨結援,亦嘗網羅天下之士致之門下。拜公廷之爵而市私室之恩,此歷代以來罷黨禍者之所以相隨屬也。唐之德宗,性多猜忌,凡朝士有相過從者,必使金吾伺察之。蓋恐大臣之安置私人,而貽害於國家也。自是宰相不敢於私第見客。憲宗之時,裴晉公入相,乃上奏請寬其禁。憲宗許之。裴公之言,可謂深明治體者矣。及愚考其行事,而知此奏所云招延四方賢才與參議議者,亦徒託之空言,而其所能實行者,不過私第見客而已。夫裴公既爲宰相,當推賢而讓能也明矣,劉蕡之制策,即董子之論天人,賈生之策治安,殆無以過。馮宿輩不足責也。裴公若能伸諫官御史之請,取劉蕡以冠多士,當必有安定社稷之至計。而乃從旁沮之,是其愛賢才之心,終不敵其畏宦官之心也。嗟夫,以劉蕡之才,使之沉没於下位,即畏宦官之勢,不敢拔擢之,獨不可招延之於私第以與參謀議乎? 進賢受上賞,蔽賢當顯戮,古訓昭然。晉公胡末之聞也。且當時憲宗嘗謂裴公曰:“人臣當力爲善,何乃好立朋黨。”然則裴公之私第見客,即憲宗亦疑其有朋黨之事矣。是以晉公在憲宗之朝,倏而召之入,倏而罷之出,不能一日安其身於朝廷之上。而欲藉私第之客之議謀,以外平逆賊,内去姦臣,蓋亦難矣。前史稱裴度晚節頗浮沉,爲自安計。近儒刁包謂其浮沉自安者三事:其一則棄骨鯁之士而不能收也。則其未嘗招延賢才以盡宰相之職,蓋可知矣。而論者乃稱爲社稷之良臣、股肱之賢相,夫不既過矣乎?

11. 北宋結金以圖燕趙，南宋助元以攻蔡論

　　國家當積弱之會，而欲復先世之舊業，振餘威於殊俗者，其道莫外乎自強，而非可求助他邦以僥倖其成功者也。就令其功之必成，而其所以酬他邦之助力者，不償以土地，即畀以金繒。甚且啓其鯨吞蠶食之心，而國亦隨之以廓滅。如北宋之結金攻燕，南宋之助元攻蔡，是其明驗矣。契丹之修好於宋，餘二百年，非有不共載天之讎也。假使徽宗守澶淵之盟，用高麗之言，出援兵以衛契丹，俾得爲中國之外蔽，以捍金人，詎不至善？即使契丹不能存，亦不至使金人得以窺我之虛實。而乃信任宦官，引用叛臣，拒吳時、安堯中之諫，遂定攻燕之策。識者謂靖康南渡之禍，雖曰童貫爲之，而實徽宗有以縱之也。理宗守偏安之局，但能發奮爲雄，則孟珙、余玠之將材，猶足以資戰守。竭東南之兵力，以撲滅分崩之女真，收汴雒之地，復君父之讎，甚盛事也。獨奈何聞王檝攻金之議，翕然從之。雖有趙、范之直言，而帝不聽。遂與元人共滅金，而宋亦旋爲元所滅。嗟夫，宋君臣之不克自強，而惟知借助於外人也，何其一誤再誤至於此極耶！且夫女金之圖燕，蒙古之攻蔡，其時二國之兵力皆甚盛強，北伐南侵，所向披靡，又何待乎宋之結好以相助乎？乃或因馬植之往而許其夾攻遼，或因王檝之來而約其夾攻金。推其狡焉思逞之心，蓋皆欲染指於宋，特藉是以覘其國勢之強弱耳。宋人不悟，墜金元之術中，且自以爲得計。欲國之無亡也，其可得乎？昔者漢用南單于攻北單于，而匈奴之禍以息。説者遂謂以夷攻夷爲上策。不知國家必知西漢之強，而後夾攻之策可以用。若如南宋之衰弱，則吾甚欲其毅然獨立，無徒仰息他人也。

12. 史記列傳首伯夷，世家首吳太伯，
亦猶春秋託始隱公論

　　升庵楊氏之言曰：尚書首堯典、舜典，春秋首隱公，世家首太伯，列傳首伯夷，貴讓也。愚嘗按之太史公書，其爲伯夷列傳，首舉堯舜揖讓之事，繼稱孔子序列古之仁聖賢人，如吳太伯、伯夷之倫詳矣。又其自序云：嘉伯之讓，作吳世家第一。讓國餓死，天下稱之，作伯夷列傳第一。貴讓之義，太史公已明著之。蓋史記紹春秋者也。春秋託始於隱公，以其爲讓國之賢君耳。太史公師其微意，故世家、列傳並舉一讓國者弁其首焉。楊氏之說當矣。然而猶有進者。伯夷、太伯、隱公，皆以讓全其孝友之道者也。孤竹君欲立叔齊，而伯夷讓；周太王欲立季歷，而太伯讓；魯惠公欲立桓公，而隱公讓。設其父無立幼之意，亦必不慕讓國之名。惟其欲成父之志，故皆讓國於其弟。孝於親矣，友於弟矣，不誠爲君臣父子昆弟之極則乎。或者謂隱公雖有讓國之心，而實無讓國之事。使其逃之遠方，不復假攝君政，則嬌氏之禍，何自而來乎？不知桓公生而惠公卒，桓公幼在繈褓，非若成王之年十三，可以輔之踐阼也。當隱公攝位之十有一年，斯時桓公之年，度不過十三四耳。隱公將俟其長而歸之政焉，初不料羽父之謀亂也。隱公讓國之心，較伯夷、太伯之心爲更苦矣。而穀梁子反以讓桓爲成父之惡，則伯夷、太伯之讓，亦爲成父之惡乎？其是非亦大繆於聖人矣。

　　（批曰：深入一層，自是正論。）

13.　魏相好觀漢故事及便宜章奏論

今夫善言人者必有資於法，善言古者必有驗於今。故欲不諐不忘，遵先王之法，羣策羣力，集衆人之長，可弗通當代之典章，而採名臣之奏議也乎？漢丞相魏弱翁者，少明易經，學有師法。舉賢良而對策，劾權要而上書。官至大夫，因許侯而奏封事；入爲丞相，諫宣帝而納昌言。諸所論軍旅之危機，農桑之盛務，燮理陰陽之道，勤勞水旱之災，固已陳於君前，措之天下。而乃吉茂力學，恥一物之不知，董遇耽書，得三餘而自足。舉凡蕭何所造之律令，叔孫所定之朝儀，楚漢以來之春秋，談遷以前之史記，董江都天人之三策，賈太傅治安之新書，成誦在胸，無時釋手，操之有要，樂此不疲。猶必以修之家者獻之廷，託之言者見之事。故數條漢興以來國家行事，及賢臣所言，奏請施行，宏宣德意。殆亦本生平之學問，以發聖性之高明也。夫六經三史，皆屬立綱陳紀之書；諸子百家，亦多布化宣猷之論。皆足供其流覽，即可見諸施行。然有治人固必有治法，而宜於古不必宜於今。是以五帝殊時，樂不相襲；三王異世，禮不相沿。有用夏禮於南國之廷則野矣，有行周官於西京之世則亂矣。故多識前代之載，不如稱先帝之規模，好讀古人之書，不若攷本朝之文獻。近觀漢相，無愧周臣。所以丙吉有聲，太史爲之合傳；何異曹參守法，庶民因以興歌也哉。

（批曰：整齊充沛。）

14. 班孟堅改史記,朱子改通鑑論

儒者思著一書以詔方來,必當博綜合今,期致實用,非可以鈔撮詞章,更正文字,遂足畢乃事也。一代中必有大經大本數則,如州郡之分合,軍制之形勢,及其興衰治亂之故,因文見義,歷歷如覩。能此者,其惟漢、宋兩司馬之史、鑑乎。亭林顧氏之言曰:秦楚之際,兵所出入之涂,曲折變化,惟太史公序之如指掌。以山川郡國不易明,故曰東、曰西、曰南、曰北,一言之下,而形執瞭如。以關塞江河爲一方界限,故於項羽,則曰:"梁乃以八千人渡江而西。"曰:"羽乃悉引兵渡河。"曰:"羽將諸侯兵三十餘萬行略地至河南。"曰:"羽渡淮。"曰:"羽遂引東欲渡烏江。"於高帝,則曰:"出成皋玉門北渡河。"曰:"引兵渡河,復取成皋。"蓋自古史書兵事地形之詳,未有過此者。太史公胸中固有天下大執,非後代書生之所能幾也。司馬溫公通鑑,承左氏而作。其中所載兵事甚詳。凡亡國之臣、盜賊之佐,苟有一策,亦具録之。朱子綱目,大半削去,似未達溫公之意矣。

愚常本此意以讀史、鑑諸書。惟近代顧景范之讀史方輿紀要、胡文忠之讀史兵略,雖摘録史、鑑,尚有得於亭林氏之旨焉。班孟堅之撰漢書,當時已有訟其改作史記者。且其爲太史公傳,妄加譏評。鄭樵謂遷之於固,猶龍之於豬,言雖過激,然亦定論也。自漢迄宋,已備十七史,而編年未有全書。溫公奉詔成資治通鑑,後數十年,朱子仿春秋經左氏傳爲通鑑綱目。然止凡例一卷爲朱子所定,其綱皆門人依例而修,其目則全出趙師淵手。故綱目與凡例,時有不同。而紀年係月,更多乖誤,故不獨筆削之未當也。蓋史、鑑二書,博大精審。後人改作,轉失本真,惟漢書降項羽、陳涉於列傳,綱目本漢晉春秋以蜀漢爲正,則較史、鑑爲得春秋之義云。

（三） 義

1. 化而裁之謂之變，推而行之謂之通，
舉而措之天下之民謂之事業義

　　易之爲書，乃古聖人本天道以著人事，而非僅爲後人卜筮之用者也。自俗儒專以象數説易，遂謂易之所云變者，六爻之變動而已；其所云通者，八卦之旁通而已。至於事業，則未嘗言及之，夫亦空談名理而不求實事之弊也。豈知夫子之繫易，嘗釋其變通事業之義乎。

　　易之取義於變易，夫人而能知之矣。然事變之極，一往而不復反，則不知所以裁之之故也。化而裁之，然後謂之變。易窮則變，變則通。感而遂通，易之神也。苟不能推而行之，則所謂通者，猶之窮耳。變矣通矣，乃第修之於己，而不施之於人；存之於心，而不見之於事。古聖人所謂開物成務之事業，顧如是乎？

　　夫五帝殊時，不相沿樂；三王異世，不相襲禮。是以聖王之治天下，莫不因時制宜，以變更乎舊制，而又必裁以大中至正之道。及其行也，推而放諸東海而準，推而放諸西海而準，推而放諸南海而準，推而放諸北海而準。天下之民，靡不延頸企踵，望而頌之曰：斯真帝王之事業也。舉而措之，有不裕如者乎！此則大易變通事業之謂也。

　　而説易者乃徒附會乎爻象。謂乾六爻，二四上不正；坤六爻，初三五不正。變而之正，故化而裁之謂之變。乾之二四上變陽，坤之初三五變陰。陰陽變通，故推而行之謂之通。乾坤氣通，六爻皆正。上下内外，各得其位，成既濟。故舉而措之天下之民謂之事業。斯則經生穿鑿之談，初無當於聖人作易教人之本旨也。

2. 化而裁之存乎變，推而行之存乎通，
　　神而明之存乎其人義

繫辭傳曰："化而裁之存乎變，推而行之存乎通，神而明之存乎其人。"此承上文卦與辭而言，乃申明學易之道，而非泛言聖人治天下之變通也。夫易之爲書，有變動之爻焉，有交通之文焉。自聖人者作，觀天察地，筆之於書。奇耦之象，變爲兩儀；乾坤之氣，通乎六子。又重之爲六十四卦，又繫以三百八十四爻之辭。雜陳繇變，無乎不通。自非聖人，孰能觀其象而玩其辭者乎。其曰"化而裁之存乎變"者，言其卦之變也。八卦化而爲六十四。其相生之次第，固無定例。聖人取而裁之，列其貴賤之位。齊其小大之卦，以坤次乾，以離次坎，則六爻皆變矣。屯之與蒙，咸之與恆，則倒而變之矣。訟自遯來，否自漸來，則移而變之矣。苟非善變，則雖萬物化生，而不知所以裁之。乾坤不幾於息乎？卦變既立，故可推移。其曰"推而行之存乎通"者，言其辭之通也。號咷之辭既見於旅，又可通之於同人。拯馬壯之辭，既見於復，又可通之於明夷。密雲不雨之辭，小畜通乎小過；甲庚三日之辭，蠱象通乎巽象。毛奇齡之所謂推易，焦循之所謂時行，皆本古人旁通之意也。設卦繫辭，乃聖陰陽不測之道，道必待其人而後行。其曰"神而明之存乎其人"者，蓋示人以觀象翫辭之道耳。易之爲用，其神矣乎！夫子嘗云："書不盡言，言不盡意。"後之人竭其心思才力，而欲窮其變化，觀其會通，以探其言外之意，亦綦難矣。雖然，亦視其人之心思才力何如耳。仁者見仁，智者見智。化而裁之，則不拘於一事；推而行之，則不滯於一隅。故本卦辭以言變通者，經生家言也；就政治以言變通者，經濟家言也。此説易之所以存乎其人也，而神而明之者鮮矣。

3. 大學之道，在明明德，在親民，在止於至善義 *

人受天地之中以生。其所以爲生者，蓋莫不有至善之仁義禮智焉。孟子所謂"不學而知"、"不學而能"者也。充其至善之性，則修諸己者，既有良知良能之德，施諸人者，復有相親相愛之心，此三代盛時之所以化行而俗美也。周道陵夷，教化頹敗，處士橫議，則各德其所德；諸侯放恣，則各親其所親。而至善之性之受於生初者，亦遂泯焉漸滅而不知所以底止。子思子生於魯而窮於宋，懼先聖之學不明，而帝王之道之墜也，於是乎本祖訓，述師説，作大學以經之，作中庸以緯之。而其開宗明義，則首舉明德、親民、止於至善三者，以示大學之道之所在。蓋亦欲復三代盛時學校之制耳。天子之大學曰辟雍，諸侯之大學曰頖宫。辟雍者，明堂之異名也。大戴記天子之明堂，而題之曰盛德。魯人頌魯侯之泮宫，而稱之曰克明其德。此大學之所以首在明德也。自有虞氏始立大學之規，慮百姓之不親，五品之不遜，乃命司徒，敬敷五教。五教者，五倫之教也。大學之教，皆所以明倫，明倫即明德也。孟子曰："人倫明於上，小民親於下。"此大學之所以在明德又在親民也。而或者謂黄老之書，屢言德行，則習虛無寂滅之教者，自以爲明德矣。又謂申韓之言，原於道德，則開武健嚴酷之風者，亦自以爲明德矣。而或且偏執君與民親之説，則以平上下之等者爲親民；偏執民自相親之説，則以結朋黨之衆者爲親民。明德親民而未能止於至善者，其弊必至於此。子思子述大學之三綱，而終之以"止於至善"，殆爲明德親民者示之的乎！中庸引大雅之詩曰："假樂君子，顯顯令德，宜民宜人，受禄

＊ 編注：3—5篇為光緒三十年（1904）甲辰科會試第三場四書五經義、三題。

於天。"明德親民之義也。又引孔子之言曰:"回之爲人也,擇乎中庸,得一善,則拳拳服膺而弗失之。"止於至善之義也。此大學之所以爲經,而中庸之所以爲緯也歟。

4. 中立而不倚强哉矯義

　　孔氏穎達説中庸第十章之義曰"君子和而不流"以下,皆述中國之强。蓋立於南方,則染柔弱之習,而倚於柔;立於北方,則染剛勁之習,而倚於剛。若此者皆非中國之所謂强也。中國之强,則中立而不倚者,又其一端矣。且夫人之不能中立而或倚於一偏者,其弊有三:有拘於天性者焉,有限於地氣者焉,有牽於人事者焉。染蒼則蒼,染黄則黄,此牽於人事者也。燕趙尚武,齊魯尚文,此繫於地氣者也。智者太過,愚者不及,此稟於天性者也。以子路之生於卞,長於魯,仕於衛,所得於中原清淑之氣爲獨多,又從遊於孔氏之門,則聖人之所以教育而裁成之者亦備至。其獨立特行,必有依乎中庸,而不偏不倚者。乃其鼓瑟之聲,近於殺伐;長劍之好,出於性生。不倚於柔而倚於剛,此孔子所爲以中國之强,教之中立而不倚也。雖然中立不倚,亦豈易言哉。楊子主爲我,墨子主兼愛,而子莫則執其中,似乎中立不倚矣,而無如其無權也。無權者非强。孟子言性善,荀子言性惡,而楊子則曰:"人之性也,善惡混。"亦似乎中立不倚矣,而無如其無識也。無識者非强。所謂中國之强者,不倚於習俗,而逐物競之流;不倚於黨援,而求他人之助。獨具見解,別有權衡。巍然獨立於天地之間,不獨南方之强,見吾之中立不倚也而化之;即北方之强,亦必見吾之中立不倚也而畏之。斯何如之自强不息也哉!惜夫子路受孔子戒,不能守中立不倚之强,而僅爲國無道至死不變之强也。此其所以與於孔悝之難也歟!

5. 致天下之民，聚天下之貨，交易而退，各得其所義

　　商之與賈，其交易之事同也，而其義則異。商之義取乎行，賈之義取乎處。處而賈者，所以待行者之取求。求者退而賈者不退也。行而商者則不然。嘗讀繫辭至"致天下之民，聚天下之貨，交易而退，各得其所"，而知神農之世，有行商，無處賈矣。邃古之初，民之相交易者，以物易物而已。既而覺其不便，乃以貨代之。貨幣之始，皆以貝製，故貨、財等字皆從貝義。自伏羲氏聚天下之銅，制爲棘幣，以權輕重，以通有無，仍其舊名而謂之貨。神農以農學教天下，恐天下之民未知糧食之利也，故聚天下之民於市中，使之以貨與粟相交易。交易而退，則有餘粟者不至如太倉之陳陳，有餘貨者亦不至懷寶啼飢，而有以變其茹毛飲血之舊俗。此民之所以各得其所也。不然而如近儒之説，謂聚貨交易，同於後世之通商，不以貨爲貨財，而以貨爲貨物。不知神農之世，草昧初開，人生所需之物，唯飲食而已，至於衣服宮室器用之所需，則尚有待於後起之黃帝堯舜。安得謂神農時之日中爲市，非以貨幣相交易乎？且吾嘗聞之蔡氏九霞曰：神農氏列廛於國，以聚貨幣，日中爲市，以交有無。是貨爲貨財之明證矣。知其以貨易粟者，下文云蓋取諸噬嗑。夫噬嗑，食也。虞翻所謂市井交易，飲食之道，故取諸此。由斯以觀，則以貨爲貨物者，其於噬嗑何所取乎。然則古之商政，皆本於農。今之商務，皆出於工。此後世風俗之所以日偷，而周禮所以有商賈僞飾之禁歟。

6.　敬事而信，節用而愛人義

　　王者有不忍人之心，而後可以行不忍人之政。是故治國平天下之道，所以致庶政之修和，躋民生於殷富者，無他，愛人而已矣。不愛人則政事不修，而人無所取法矣；不愛人則號令不一，而人無所適從矣；不愛人則取之無厭、用之無度，而人不堪其苛擾矣。愛人者，先王之仁政也。孔子罕言仁，不輕以仁許人，亦不輕以仁告人。而其論治，則先之以敬信節用，而繼之以愛人。其亦推本於先王之仁政乎。

　　人君撫一國之大，臨萬民之眾，不能躬行而身理之也，則輔佐其政事者賴乎人。亦不能家喻而戶說之也，則奉承其號令者賴乎人。且不能與民並耕而食饔飧而治也，則出財賦從供其用者賴乎人。天下國家，皆人之所積而成也，治天下國家，凡以爲人，而非以爲一己也。苟無愛人之實心實政，則雖主敬如舜帝，而端拱無爲，何以施其平章之化乎？立信如商君，而徙木賞金，何以免其暴虐之政乎？節用如梁武帝，而省犧牲、去服飾，何以平定侯景之亂，而救民於水火之中乎？孔子之言敬信節用而繼之以愛人，亦謂以實心行實政而已。不然，如楊氏之說，謂此特論其存心，而未及於爲政，則是徒有愛人之心，而人不被其澤矣。善夫陸隴其之言曰：敬者遇事謹慎，信者不用權詐，節用者，務欲返一國奢靡之習，而同歸於渾樸；愛人者，務欲合一國臣民之眾，而共遊於蕩平。間嘗紬繹其義，而知敬事者，使人以禮也；而信，待人以信也，節用則取人以義也，愛人則待人以仁也。仁可以包四德，故敬信節用，皆本之於愛人。至於使民以時，則亦猶是以愛人之心行愛人之政耳。而胡氏則曰：此數者皆以敬爲主，此即朱子所謂徒言正心，而不識事物之要，乃腐儒迂闊之論，不足與論當世之務者歟？

7. 君子博學於文，約之以禮義
1902 年壬寅鄉試卷

　　古人之言語行事，皆載之於文，而其微言大義，則衷之於禮。禮也者，理之不可易者也。今人讀古人之書，多識前言往行，非以爲口耳之資，將必專心致志以求古人精意之所在。欲求古人之精意，捨禮何以知之。禮者，不易之常經，所以別同異、明是非者也。六經三史、諸子百家，皆號稱明禮之書，然其中有同有異、有是非，不達乎一貫之理，鮮不爲其所惑者。故惟孟子長於詩書，而血流漂杵，不取武成；靡有孑遺，不信云漢。亦不過準之於禮耳。是以孔子曰："君子博學於文，約之以禮。"夫孔子固以身教人者也。孔子之學之博，當時之人皆能知之。至其約禮之功，則自曾子而外，雖明達如子貢者，猶不能無疑焉。嘗攷孔子之學，蓋旁涉乎九流而取其精，博通乎萬國而去其雜。是以學禮於老子，而不傳其清淨之説；學官於郯子，而不從其侏離之俗。羣言淆亂，折衷於聖，其斯爲由博反約之功乎。

　　顏子之言曰："夫子博我以文，約我以禮。"曾子之言曰："既學之，患其弗博也；既博之，患其弗思也。"子夏之言曰："博學而篤志，切問而近思。"子思子之言曰："温故而知新，敦厚以崇禮。"孟子之言曰："博學而詳説之，將以反説約也。"朱子之言曰："讀書以格物，窮理以致知。"亭林顧氏之言曰："博學而知恥。"斯皆奉聖人博文約禮之教而自勉爲君子者也。

　　今之學者不然，有尋章摘句而自命爲博學者，則漢學家之奴隸也；有冥心坐悟而自命爲約禮者，則宋學家之蟊賊也。門户既分，源流不合。甚且有逃儒歸墨，而學其兼愛、尚同、尊天、明鬼之學，不揆之於義理，而徒泛務乎非常可喜之議論，則博之爲害

也,豈淺鮮哉！孔子以禮約之,所以防其畔也。是故君子之學
也,散爲萬事,則彌於六合;合爲一理,則退藏於密。古人之是
者,不敢與之異;古人之非者,不敢與之同,惟求合於不易之理而
已。夫何至背道而馳也歟?

8.　保民而王，莫之能禦也義

天下爭競之局也，惟三皇無爭，五帝不爭。至三王則爭民，五霸則爭地。爭地者以力服人，即得其地而不得其民，天下必有起而與之爭者。爭民者以德服人，得其民而得其地，雖強有力者不敢與之爭也。孟子曰："保民而王，莫之能禦。"亦教齊王以爭民之道耳。戰國時，諸侯之所爭者，地也。率其持戟帶甲之士，以與人國爭，伏屍百萬，流血千里，地不可得，而其民已糜爛不堪矣。即能如始皇之囊括四海，併吞八荒，自以爲三皇五帝之功業，無敵於天下。而孰知揭竿斬木之徒，奮臂而爭之，不一傳而身敗名裂，爲天下笑。不知保民，雖幸而王，夫人而能禦之矣。漢高一泗上亭長耳，徒以闊達大度，寬仁愛民，遂不階尺土一人之柄以有天下。雖以項籍之善戰，不能與之爭鋒。論者以湯武比之，言雖過當，而其保民之意，亦有合焉。自古聖王之王天下也，得其民也。得其民者，得其心也。欲得民心，不過以不忍人之心行不忍人之政而已。不忍民之飢寒，則教以樹蓄而保養之。不忍民之顛連，則哀此惸獨而保全之。不忍民之陷於死亡，則修其荒政以保卹之。不忍民之墜於塗炭，則修其兵政以保護之。如此則天下之民，歸之如市，猶水之沛然而就下也。誰能禦之。斯時之民，仰王者如父母，即有不度德不量力，而欲與王者爭民者，是率其子弟攻其父母也，何能有濟也乎！嗟夫，生存競爭，天下之公理也，況處戰國之世，不爭尤無以自存。然必以德爭。□□□以力爭者，爭勝於戰場，其終必至於亡；以德爭者，爭勝於廟堂，其終必至於王。孟子之言保民，實治國者爭自存之要道也。惜乎齊王徒自逞其爭功爭利之心，而不能擴充其不不忍人之心，以與列強爭也。宜其爲秦所併也夫。後之有民者，亦可以鑒矣。

9. 無恆産而有恆心者，惟士爲能義

易恆之象曰："君子以立不易方。"蓋君子之於學也，常取象
於震之動；而其於境遇也，常取象於巽之順。是故可以長處樂，
亦可以久處約。即至貧無立錐之地，家無儋石之儲，而一簞一
瓢，不改其樂；惡衣惡食，不以爲恥。惟知保守其固有之天良。
而生計之優絀，有不暇計及者矣。孟子言："無恆産而有恆心者，
惟士爲能"，其即易象所云"立不易方"之君子歟。甚矣士習之日
漓也。以孔子生值春秋之時，而已嘆有恆者之不可得見。下至
戰國，則其時之號爲處士者，豈皆能守其恆心而不易者乎？即如
蘇張遊説之士，因貧乏不能自存，遂挾其縱橫之術以於人主，促
膝細旃之上，抵掌華屋之下。一不得志，幡然改圖。皇皇於貨
財，汲汲於貴顯。不復自知其心之存否，而又何恆之足言。此蓋
孔子所謂未足與議之士，而非孟子所謂能有恆心之士也。夫惟
皇降衷，莫不有恆性，即莫不有恆心，而孟子獨以爲士能有之者，
何哉？朱子釋之曰："士嘗學問知義理，故雖無常産而有常心。"
然吾嘗竊觀夫當世之士，其論學問，則董賈馬班之流亞也；其談
義理，則程朱陸王之支派也。而又家累萬金，田連阡陌。往往縱
一己之私心，遂不惜決名教之大防，而爲蕩檢踰閒之事。其有恆
産也如彼，其無恆心也如此。而當時之人，且羣尊之曰：士也士
也。吾恐孟子見之，必斥爲無業頑民之不若矣。嗟夫，世變愈
亟，士風日偷，求其有恆産而能有恆心者，已不可概見。況無恆
産而能有恆心者乎？三復孟子斯言，有恆産之士，不可以不自
警，而無恆産之士，尤不可以不自勉。

10. 天下有達尊三：爵一、齒一、德一，朝廷莫如爵，鄉黨莫如齒，輔世長民莫如德義

　　尊達於天下，而各有所由尊焉。蓋爵與齒與德，天下之三達尊也。而或在朝廷，或在鄉黨，或在輔世長民，則其尊亦各有由矣。今使人賤而不肯事貴，幼而不肯事長，不肖而不肯事賢，此非人之三不祥乎。然而貴者不居於廊廟，亦有時同於微賤之倫；長者不處於鄉閭，亦有時修其卑幼之禮；賢者無心於民物，亦不能逃其不肖之名。於以知必在朝而後貴其貴，必在野而後長其長，必甄陶乎朝野而後賢其賢。斯固天下之通義也。

　　今夫天下者，內而朝廷，外而鄉黨，皆斯世斯民之所遞積而成也。乃有屹然鼎峙於天下，而爲人所同尊者，厥有三焉。

　　一曰爵。爵豈必五等之公侯也哉？雖上士三命，中士再命，下士一命，苟其位貴於我，即不可無貴貴之心也，矧爲天下之大人乎？然使下堂而見，則諸侯可以抗天王；微服而行，則百姓得以侮天子，而爵亦爲之不尊。故必垂裳端拱於朝廷之上，而以貴臨賤，天下始知尊其爵焉。縱使髫齡即位，而老臣不敢欺六尺之孤；殘賊爲君，而賢人不敢篡九重之統。爵在，則齒與德皆若卑矣。況乎享國祚者百年，稱萬壽之觴而拜手；被聲教於四海，頌一人之慶而颺言。其獨尊於朝廷者，尤莫敢於之序爵也。

　　一曰齒。齒豈必百歲之期頤也哉？雖二十曰弱，三十曰壯，四十曰強，苟其年長於我，即不可無長長之心也，矧爲天下之大老乎？然使皓首而爲胥吏，必拜大府之車前；垂暮而舉孝廉，或出少年之門下，而齒亦爲之不尊。故必優遊燕飲於鄉黨之中，而以長率幼，天下始知尊其齒焉。縱使南面稱王，不敢廢三老五更之養；東山至聖，亦必修徐行後長之儀。齒在，則爵與德皆降等

矣。況夫表人瑞於熙朝，亦賜以大夫之命服；享高年於盛世，即本於仁者之休徵。其特尊於鄉黨者，尤莫敢與之序齒也。

一曰德。德豈必百行之純全也哉？雖朝而受業，晝而講貫，夕而習復，苟其才賢於我，即不可無賢賢之心也，矧爲天下之善士乎？然使求其志不達其道，甘爲避世之流；懷其寶而迷其邦，大負生民之望，則德亦爲之不尊。故必輔翼長養乎斯世斯民之大，而以賢治不肖，天下始知尊其德焉。縱使一介匹夫，而天子必舉之以作相；七齡童子，而聖人亦奉之以爲師。德在，則爵與齒皆無論矣。況夫大德者必得名，不必被三公之華袞；修德者必獲報，自足垂千載之芳聲。其尊以輔世長民者，尤莫敢與之比德也。

此三達尊者，必得其二而後可也。世之人主，徒挾其尊爵而欲慢齒德俱尊之士，烏可哉！烏可哉！

（四）賦

1. 漢石慶以策數馬賦

以"慶最簡易然猶如此"爲韻

序曰:西漢萬石君家,以恭謹聞於郡國。班孟堅但稱其訥於
言而敏於行。嘗攷萬石君以姊爲高帝美人得官至太中大夫,雖
恭謹有餘而文學不足。長子建,建元時爲郎中,以馴行孝謹著
名。而澣衣一事,君子譏之。少子慶,亦以恭謹爲内史,累遷御
史大夫,元鼎中爲丞相。時中國方多事,而慶不能決一疑難,唯
知恭謹而已。在位九年,無所匡言。請治近臣,則反受其過;請
徙流民,則不與其議。及天子下詔切責,猶不自引決,復起視事。
如此恭謹之人,亦何益於天下乎? 史稱慶爲丞相,文深審謹,無
他大略,洵篤論也。其尤迁謹者,莫如爲太僕時對武帝車中幾馬
之問。夫天子駕六馬,可一望而知。武帝之問,蓋譏其迁。而石

慶之對,或以爲謹。愚無取焉。故敷陳其事而直言之,以爲徒恭謹而無大略者諷。

其詞曰:

繄古之君子,修己以恭,事君以敬,遺小節而弗拘,建大勛而必正。敢告執皁,趣馬宜守其官箴,雖爲執鞭,司馬亦掌其邦政。若只訥言敏行,自安萬石之家,何能治國安民,上答一人之慶。昔漢石慶之爲太僕也,掌六廄之輅轊,建九旒之旌斾。百種蕃滋,千羣碩大。茲白騰驤,飛黃沛艾。不惜千金市駿,歸諸法廄之中,且看五馭鳴鸞,幸彼離宮之外。天子乘輿將出,獨爲執御之王良;勇士前車而趨,更有稱雄之郭㝡。於是武帝乃執玉綏,登金軨,凌高衍之崝嶸,蹋平原之巉巖。馬腹必及以長鞭,馬足不羈於内棧。兩驂如舞,亦尚威容,四牡既閑,非乘異産。對此飛騰六驥,久閒輿衛之儀;何須訪問七騶,尚作車徒之簡。而帝乃故爲不知,聊以相試。如譏臣叔之痴,不覺君言之戲。謂夫庶人駕一,上士駕二,大夫駕三,諸侯駕四。茲則電逐騂騏,雲屯驍騎。遽數之則不能終,悉數之則不能記。予盍爲我言之,以辯朕之惑志。此固知之非艱,胡乃言之不易。倘使捨策舉手而對曰:夫天子之臨兆民也,若太僕之馭六馬焉。以九德爲勒,以五刑爲鞭。欲馬之進則策其後,欲馬之退則策其前。掩七戎而得駿,總六服以收賢。天馬勿求於北極,善馬勿取於西偏。駐看艸野歸心,覲龍光於九五;何事桑田稅駕,誇騉駃之三千。其言如此,誰曰不然。而乃舉其策笞,進與馬謀。左瞻騄駬,右指驊騮。如摩壘之數闉,如投壺之數籌。齒路馬則有誅,乃父因之撫軾;誤書馬而獲譴,乃兄於以懷憂。若此則智等挈瓶,指鹿類趙高之詐;又安得聲傳伐鼓,乘騏壯方叔之猶。且夫中國正多事矣。西域則走馬於大宛,朔方則牧馬於康居。擊朝鮮則上東征之策,誅兩越則行南指之車。君既展雄才之大略,臣亦破曲士之拘虚。正

宜杖策從戎，效馳驅於鴈塞；豈徒執策分彎，備顧問於鸞輿。盡
僕夫況瘁之勞，空嘆我馬瘏矣；無天下澄清之志，徒佔乘馬班如。
是蓋質本蠢愚之人，貌爲謹飭之士。故恭謹不及其父兄，孝謹遂
衰於孫子。其後則匈奴入寇，不驅馬而出關門；其先則内史醉
歸，不下馬而過閭里。大夫參乘，既不能進以昌言；丞相疲駑，又
何以輔其治理。戀棧無殊於老驥，於意云何；無能差類乎黔驢，
其技止此！

　　批：筆意馳騁，雅切簡學齋作。

2. 太史公適魯觀仲尼廟堂車服禮器賦

以"高山仰止景行行止"爲韻

　　太史令司馬遷者，傳家經史，當世賢豪。乘棧車而馳騁，被儒服以遊邀，訪遺風於鄒魯，涉汶水之波濤。見宗廟而修禮容，琚瑀珩璜之度；登講堂而陳祭器，澗溪沼沚之毛。試看座上尊罍，不盡合漢家制度；尋得壁中簡策，何須讀管氏山高。昔成周之將末，生名世於其間，嬉戲而陳俎豆，雍容而佩象環。遊於太廟之中，禮儀必問；躋彼公堂之上，彝器頻頒。乘君子之安車，天下皆留馬跡；受大夫之命服，朝端特進鵷班。憶當時三卷玉書，麟瑞早徵於闕里；爲後世千秋木鐸，鴻規大啓於尼山。乃當周道凌夷，秦皇擾攘。逞策士之遊談，比儒生於奸黨。方將顛倒其衣裳，誰復摩挲其几杖。魯恭王壞其舊宅，不尊先聖先師；漢高皇祠以太牢，不過是烝是享。誰是居今稽古，慨然生向往之心；從兹顧後瞻前，卓爾嘆彌高之仰。二百餘年，實生遷史，整齊四代之書，博綜九家之旨。南渡湘江，北踰泗水。過曲阜之名都，入昌平之故里。懸車束馬，儼爲入廟之嘉賓；振服垂紳，亦作升堂之弟子。搜禮經於屋壁，徐生獨善其儀容；奏樂器於階庭，季子應嘆其觀止。於是栽培窗下之蘭，徙倚壇邊之杏。睹朝服而改容，望高車而引領。衣冠濟濟，習其禮文，籩豆莘莘，陳其器皿。殷之輅，周之冕，當年之古制猶存；誦其詩，讀其書，此日之和聲尚永。故手創素王之傳，世家獨繼於田完；身當赤帝之朝，本紀即終於孝景。假使西京之太史，得爲東國之儒生。友顏淵於陋巷，訪曾參於武城。請從夫子後車，逞彼四方之志；得睹先王法服，居然三代之英。或適彼齊郊，見犧壺而知作樂；或觀於周室，因攲器而戒持盈。或仰望於宮牆，窺見百官之美；或從遊於兩觀,感懷大道之行。而無如哲人已遠,遺跡空呈,獨相師於百世,徒釋奠於兩楹。攄懷舊之蓄念,發思古之幽情。説禮樂而敦詩書,且誦廟堂之碑碣,先器識而後文藝,更垂車服之章程。非聖人而能若是乎?莫不聞風而起;如夫子之不可及也,尚其遵道而行。士有讀孔氏之遺書,覽史公之所紀。校理秘文,鑽研故紙。請廟明堂之器,不克見其規模;删詩訂禮之心,未獲窺其涯涘。誰爲魯相,重修至聖之車;遙企魯風,欲倣遵王之履。紀狂歌於論語,笑陸通嘆鳳之衰;續絕筆於春秋,至武帝獲麟而止。

3. 馮異上豆粥麥飯賦

以“馮異抱薪鄧禹爇火”爲韻

　　龍飛東漢，馬度南宮。亭西齧雪，河北餐風。惟一人之食不求飽，斯百姓之飢易爲充。比殷室中興，傅說作和羹之手；非齊侯創霸，易牙爲調味之僮。進粥而效周臣，大啓武王於洛邑；飯糗以承唐統，復生舜帝於諸馮。

　　漢有馮異者，父城之人，公孫其字。有老母未獲嘗羹，據五城亦非貪餌。讀孫子兵法，得敵人石稈之資；通左氏春秋，慕寧子橐饘之事。故出潁川以攀鱗，不作迴谿之垂翅。勸我君進酒，聊以忘憂；爲衆庶療飢，從茲起義。倘遭孔子絕糧之阨，病莫能興；安得謝公熱粥之餐，晏然無異。

　　乃當王郎亂城，劉秀出堺。遂趣駕蕪蔞之亭，驅馬饒陽之道。霜雪盛而身上驚寒，日夜行而腹中已槁。想古皇曾烹粥以養民，先王亦行粥而養老。況我君長此蒙塵，終日未能嘗稻。持一器以煮太公之粥，箕亦堪然；不三呵而擲郭泰之杯，器猶在抱。

　　迨至飢寒俱解，星月向晨。聞嘑沱之急浪，使王霸以問津。謂無船莫濟乎河水，而履冰可渡於河漘。至中路而大風解凍，入空舍而凍雨灑塵。昨宵倉卒亭中，猶進王孫之食；今日漂搖河外，誰供天子之珍。異乃紅爐撥火，白粒炊銀。登麥應先乎農父，獻麥不同乎甸人。他時易卜乘墉，戎能伏莽；此際詩歌蒙簋，泉莫流薪。

　　是蓋險阻備嘗，明良相應。前則爲豆釜之煎，後則如麥舟之贈。落豆其兮一頃，煮出沙瓶；採麥穗之兩歧，炊來瓦甑。豈寫韓王之寄食，尚以金酬；迥殊邱嫂之戛羹，示其瓶罄。易飽萬人之腹，致君王業於殷周；不忘再飯之恩，比我高勳於寇鄧。

彼夫灶下養受都尉之官，關內侯盡膳夫之伍。王莽啗鰒，日必舉三；劉元爛羊，鯖猶列五。此皆亂世之奸臣，曷若從兵之主簿。豆羹則白進一盂，麥粒則黃登四釡。且將以井底蛙爲抱芋之羹，以遼東豕爲束脩之脯。暫作青衣使者，人代治庖；駐看白水真人，續能復禹。

於時荒酒之更始已誅，無谷之赤眉又滅。飢餐銅馬之膚，渴飲鐵脛之血。勞將士而餚陳，宴功臣而鼎列。惟異也披荊棘而建勛，收桑榆而揚烈。糜粥則行一甌，餐飲又加一啜。厚意如迎簞食，殷民望周武之師；湛恩如報盤飧，僮氏禁魏犨之爇。

帝乃班爵位而侯封，賜金錢而富哿，知朝廷福祿之儀，因疇昔饑糧之裹。思巾車亡虜而不忘，作大樹將軍而不坐。聚米差同馬援，讒生薏苡而難明；分糈應類宋宏，欲棄糟糠而不可。與國家恩猶父子，盡啜菽之孝以承歡；惟聖皇統系陶唐，後茹草之君而尚火。

4. 唐韓幹畫馬賦

以"五花散作雲滿身"爲韻

　　白練生風，綠縹綴雨，筆掃驊騮，氣吞龍虎。不觀伯樂之相馬經，且讀錢箋之名畫譜。則有技絕丹青，名高今古。手入妙而神移，工既良而心苦。莫是教前車之駓，閱歲維三；直將化破壁之龍，渡江有五。

　　有韓幹者，大梁世族，太僕官銜。書本能窮殊相，馬圖自擅名家。王右丞見之而推獎，杜工部歌之而嘆嗟。仕唐太宗之朝，技工鞍馬，入曹將軍之室，墨豈塗鴉。三十年獨步江東，紫燕半經銀管；千萬騎來從冀北，青驄誰貌玉花。

　　使非拂絹詔韓，傳書命幹，則獻天極之紅陽，撰大宛之赤汗。工縱如山，誰能染翰。虎將類狗，難傳西域之神；焉易成烏，詎有東坡之贊。何以尾垂柳葉，縞漠漠以風開；疇其色渥桃花，綺飄飄而霞散。

　　惟幹也意匠經營，豐姿磊落。蓺果通神，術非製藥。挺霧鬣而將飛，颭風鬃而欲躍。信筆墨之難名，似雲煙之無著。所以門來鬼使，求一匹而酬縑；市遇醫生，獲十錢而治腳。觀其馬之蹻蹻，非真似真；思牡馬之駉駉，斯才斯作。

　　且唐時以畫得名者衆矣。無論畫龍吳子，畫鳥廉君。即韋侯作壁上之觀，霜蹄欻見；寧王設樓中之色，玉面空暈。要不若寫乘黃而樹骨，貌夜白而附筋。既通靈於墨缺，復代步於圖焚。攝天馬之精神，爭光流電；凝餘馬於胸臆，連影浮雲。

　　不學之家，不探雙管。實至名歸，毛長筆短。是何意態，猶留畫肉之譏；如此神奇，真屬畫工所罕。與周昉並坿，優劣難分；爲趙縱寫真，神情不誕。曾貌六龍之駕，追神妙於江都；如披八駿之圖，發幽情於姬滿。

　　當今通相馬於相士，推馭馬以馭人。漢道享而水馬呈質，魏德楙而澤馬效珍。求以千金，不按圖中之騏驥；日行萬里，自來天上之麒麟。士也願效馳驅，若龍文之鞭影；氣原深穩，騰駿足以超塵。彼韓蘄王湖上騎驢，寫出淋漓元氣；若僕射長衢騁驥，何來坎壈纏身。

5. 漢高帝大風歌賦

以"安得猛士兮守四方"爲韻

　　一聲虎嘯,萬里鵬搏。還鄉衣錦,置酒言歡。忼慨傷懷,自擊荊卿之築;婆娑起舞,欲衝劉氏之冠。聊從故老閒談,遊子之別離甚苦;且令羣兒屬和,君王之度量原寬。仰南面之威儀,二三子同攀鳳輦;開西京之樂府,四百年獨據騷壇。縱教聲滿寰中,魂魄猶思下沛;欲使威加海内,都城必建長安。

　　昔漢高帝以泗上之布衣,奪沛中之旗幟,鍾王氣於東南,展帝容於西北,風動四方,雲成五色。收得六千子弟,盡是同鄉;提來百二山河,都成樂國。淮陰侯軍中奏凱,能爲背水之營;楚霸王垓下重圍,空有拔山之力。當道之妖蛇既斬,有志者其事竟成;中原之逐鹿何多,捷足者乃能先得。

　　惟即位之十有二年,黃屋安居,赤囊報警。親率六軍,師行五嶺,淮南王望風而逃;蘄西地順風而請。唱朱鷺鐃歌之作,振旅言旋;誦白狼槃木之詩,妍詞獨騁。偶過枌榆舊社,願從黃髮以嬉遊;須知鄉里小人,尤望翠華之臨幸。命太僕縣車束馬,忽聞萬乘歸田;與諸君灑酒椎牛,猶是八家同井。招隻雞之近局,故人應有嚴光,逞捫蝨之奇談,狂客非無王猛。

　　於時逸興遄飛,壯心不已;驚往事之全非,倏悲聲之颯起。一彈再鼓,未改鄉音;萬歲千秋,不忘故里。墫墫我舞,欲修干戚之容;渺渺予懷,欲洗箏琶之耳。和郢中之白雪,少年人好自爲之;邁天上之青云,大丈夫當如此矣。繼周秦而崛起,本屬規模宏遠之君;從燕趙以歸來,竟成慷慨悲歌之士。

　　況復風煙慘慘,風物淒淒;長天霧塞,大地雲迷。搏扶搖而直上,遂紛綸而下低。彈五絃琴,復睹重光之日月;提三尺劍,掃除厲氣之虹蜺。舉義旗而樹風聲，帝德獨高於前古；降仁里而行風化，皇歡更洽乎羣黎。主人酒興方酣，不禁倚歌而和；天子詩才更捷，無勞援筆而題。廿三字寫景言情，廣矣大矣；百二人唱予和女，叔兮伯兮。故其爲大風之歌也，毒霧潛銷，狂飈怒吼；志在八荒，氣吞九有。或拜手以颺言，或稱觥而上壽。一觴一詠，暢敍幽情；或泣或歌，感懷舊友。但願關中豪桀，同似蕭何；若論天下英雄，除非劉某。想威名之遠播，在微時已兆飛龍；思猛士而難忘，悔前日誤烹功狗。差類曹瞞對酒，臨江上而長吟；豈同羅獻賦詩，坐城中而固守。

舉杯問天，拔劍斫地，一曲高歌，兩行別淚。感閭里之深情，敍君臣之樂事。獨彈古調，顧盼生姿；載誦新詩，淋漓盡致。風起雲飛之句，武皇亦襲其陳言；風時財阜之歌，虞舜早宜其德意。命國史因時紀事，應煩秉筆之曹參；與鄉人略分言情，不作罵人之劉四。

迄今芒山蒼蒼，泗水泱泱。大王之風，山高水長。望古人兮不可見，懷君子兮不能忘。先王亦有文詞，曷若高皇之悲壯；後世如加尊號，宜稱漢代之詩王。知乃公亦事詩書，惜當日無心表白；謂高祖不修文學，乃後人信口雌黃。當時念舊憐新，湯沐曾封於下邑；此日登高望遠，崇臺尚峙於徐方。

四、聯

輓蔡鍔(松坡)　　　　1916 年

護國軍乃先生所倡,曾力爲華夏同胞,争回人格;

代議士負後死之責注,莫徒望蓬山絕頂,哭吊英魂。

注:時余充省議會秘書,故云。

輓黃興(克强)

義軍起南粵城中,公從巷戰,我作壁觀,遺恨説同胞,三月黃花泣風雨①;

---

① 辛亥三月二十九日,公與民軍攻廣東督署。不克,被害者七十二人,葬於小東門外黃花崗。余時在督署前,跳免。

國葬擬西湖堤畔,左峙岳墳,右環于墓,偉人成鼎足,千秋碧血奠河山①。

代農業學校輓黃興

豪傑乃應運而生,既掃除帝制餘腥,斯浩氣還諸天地;
實業爲當務之急,願謹奉民生主義,替我公普及湖湘。
注:民國初年,黃公回湘,在開物農校演說民生主義。

代彭海鯤輓黃興

在湘城瀛海,昕夕相從,爲國忘家,公真健者,猶記羊城守義,居共東營,我幸出重圍,獨憑吊黃花崗下;
與漁父②松坡,後先同逝,山頹木壞,吾安仰乎? 隻今龍喜心喪,悲傳南楚,魂兮渺何處? 盍歸來碧浪湖邊。

輓王壬秋(闓運)

著述綜百家,獨無五子近思録③,
文章追兩漢,不數中郎勸學篇。

---

① 公卒時,原擬營葬西湖,後其家屬請歸葬嶽麓山。
② 宋教仁,字遁初,號漁父。
③ 語本先生所作天影庵詩集序。

代輓王壬秋

（之一）

李耳享大年，國史未成先絕筆；
楊雄識奇字，詞章以外更傳經。

（之二）

大野未獲麟，直筆猶存國史館；
中原方逐鹿，遺稿誰尋湘綺樓。

輓王葵園（先謙）　　　　　1917 年

周末諸子，蘭陵最爲老師，若論勝國耆儒，獨有先生推祭酒；
湘中二王，葵園克全晚節，竊取念庵遺意，只稱後學拜陽明。

輓朱伯存[①]

晦庵門下本多才，廿載前共坐春風，家學親承，首推中散[②]，曾記高峯角藝，古寺論文，同氣獨相求，最難忘昔日戲言，乞我爲題銘墓字；

資水壇邊方振鐸，百里外傳來噩耗，端陽已過，又喪靈均，劇憐孔泣白魚，陶悲黃鵠，遺孤猶在抱，願祈丐永年長壽，繼君好讀納楹書。

---

① 朱爲長沙晉卿先生之長子，曾同讀書於省城妙高峯鐵佛寺。
② 朱熹長子塾早卒，贈中散大夫。

輓湖南護法戰役陣亡諸將士

黑鐵赤血，再造湖湘，賴百戰殊勛，才貫徹自治主義；
毅魄忠魂，都歸天地，只兩間正氣，尚存留護法精神。

輓長沙師範學校學生黃俊　1918 年

薰以香燒，膏以明銷，龔君賓竟夭天年，非吾徒也；
澄之不清，撓之不濁，黃叔度別來旬月，亂我心兮。
注：黃俊字中瓚。

輓彭母韻皋陳氏

黃鵠歌繼東魯陶嬰，磨笄厲節，隔幔傳經，雅化遍南邦，穠桃
夭李皆弟子；
青鳥使謁西池王母，剛罷華筵，遽遊蓬島，良辰恰冬至，斫冰
積雪吊湘君。

輓張萬和太翁

前二年祝七十壽時，曾隨庭桂陔蘭，兒甥同斝逢上已；
忽一疾去三千界外，慘見山頹木壞，羊燈無焰冷無宵。
注：張太翁為張秉綱之父，三月三日生辰，卒於正月十六日。

内子楊傑（淑珊）靈堂聯（集句）

寶筏渡迷津，願書萬本誦萬遍；
琴絃斷流水，與君營奠復營齋。

輓　何　霞　青

上爲國計，下爲民生，勇氣直冲霄，率健兒破敵中堅，奪得烏
江還漢室；
東望武昌，西望夏口，英靈猶護法，助諸將會師北伐，先攻赤
壁走曹兵。
注：何霞青爲湖南陸軍第一師中校參謀。南北失和時，南軍
進攻岳州，戰於烏江橋，中炮死。

追悼湖南省議員五人

諸公抱論仁議福才華，忽中道崩殂，忍聽哀歌出蒿里；
今日是續魄招魂時節，看羣賢畢至，漫疑修禊會蘭亭。

輓林芝宇（特生）之繼室

望夫君兮未來，爲國忘家，春日樓臺怨楊柳；
嗟美人之遲暮，因憂致疾，孤山風雪冷梅花。
注：歲暮，聞以神經病卒。

代輓江海宗妻蘇氏

剛賦憶民詩，又賦悼亡詞，寫來千種相思，江郎忙煞生花筆；
於夫爲賢婦，於子爲慈母，忽報一聲歸去，蘇蕙空留織錦文。
注：時江初卸知事任。

輓劉母陶氏

谿山無恙我重來，寂寞萱庭，忍聽那夫弔寒梅、子悲慈竹；
雨雲紛飛天欲暮，淒涼藜閣，怕讀者劉家列傳、陶氏遺書。
注：劉家居湘西梅谿灘竹山口。

輓陶母談氏

芝蘭玉樹，並生階庭，仕學盡長才，矯矯二龍娛愛日；
輕軒板輿，歷遊江漢，亂離仍正命，翩翩雙鶴弔慈雲。

輓廖介臣妻顏氏淑桃　　　1919 年

天胡促召掌書仙，頓教綠怨紅愁，桃花細逐楊花落；
我亦曾歌斷弦曲，畢竟青深藍淺，雛鳳清於老鳳聲。
注：顏氏卒於春季。

代李肖聃輓劉太翁

年高德劭，如公幾人，楚國記先賢，愧無花放長庚筆；

心曠神怡，斯樓千古，<u>召陵</u>獻遺稿，定有光騰<u>太乙</u>藜。

注：翁爲<u>劉異未龍</u>之父。<u>徐世昌</u>曾贈以"年高德劭"四字，著有曠怡樓集。

輓陳子美（家瓚）之母劉氏

越明年晉祝稀齡，觴豆承歡，新詩擬和<u>朱元晦</u>；

有七子皆成名士，韋絃分佩，遺教難忘<u>杜泰姬</u>。

輓陳子美妻楊氏

<u>賈</u>母已死，王孫猶未歸，但願學成，足慰生前倚閭望；

<u>陳蕃</u>喪妻，<u>許劭</u>不往弔，非因性峻，隻緣怕觸斷絃悲。

輓姜瓊山太翁

有令子握<u>湘</u>中政教微權，再出爲蒼生，顧我免罹<u>牛缺</u>禍；

惟大老本天上神仙舊侶，遠遊尋<u>白石</u>，哭公應損<u>馬塍</u>花。

注：<u>瓊山</u>先生，<u>姜濟寰</u>之父。<u>牛缺</u>事見列子説符篇。<u>馬塍</u>，<u>姜白石</u>葬處，詳見白石全集附録引硯北雜志。

代長沙縣立師範學校輓姜太翁

長君本多藝多才，曾手植棠陰，更開州序弘規，爲吾郡播讀書種子；

昔日得聞詩聞禮，忽風摧梁木，願借鄉名表德，謚我公爲<u>明道</u>先生。

注：先生鄉居明道鎮。

代輓姜瓊山

（之一）

高隱伴青山，有伯淮、仲海、季江，分道揚鑣，遠志、當歸皆孝子；

遊仙悲白石，與周璞、吳潛、蘇泂，同聲哭奠，暗香、疏影弔詩魂。

（之二）

是翁真陸地神仙，教子作循良，甘棠有蔭留南國；

上帝奏鈞天廣樂，促公赴昌盍，小桃無計慰春風。

（之三）

庭前種珠樹三株，鯉學分承，更培成南國甘棠，西歐遠志；

天上降玉棺一具，霓旌先導，最怕聽北邙歌曲，東海潮音。

注：先生卒於省城潮音舊里。有三子，季子留學法國未歸。

輓吳椿齡

宦遊南海，幾及廿年，世變若浮雲，恥為亡國逋臣，易名仍理千秋業；

話別西窗，未逾二日，我來尋舊雨，不見延陵季子，忍淚空題十字碑。

輓 劉蔚廬

講學似朱、張,更能培養新知,傳諸後進。

論勛等黃、蔡,若與較量年輩,不及先生。

注:劉蔚廬,名人熙,字亞生。

輓 陳子荃

環海求遺書,丕變學風,豈獨聲華冠商賈;

瑕丘尋樂土,自營葬地,定留福蔭與兒孫。

輓 張梓雲師

侍皋比已四十年餘,說經、說史、說子、說詩賦文詞,特爲西河開學派;

列門牆有再三傳者,爲工、爲農、爲士、爲商賈官吏,都來南郭服心喪。

注:張梓雲師居長沙南門外。

輓 朱晉卿師

翁曾設教湖湘,能令後起羣英,勸學有規循白鹿;

我愧及門遊夏,僅得先生一體,活人無術紹丹谿。

注:朱晉卿師名錫祺,長於醫學,門下多習醫者。

輓 張 炳 煌

奇才見賞卅年前,故我依然,昔日垂髫今白髮;
好德考終六旬外,送公歸去,暮雲回首舊青山。

注:張炳煌為梓雲師之弟。

輓柳午亭之妻

(之一)

龍女獨成仙,桔樹猶存,悼亡淚溢平湖水;
麟兒皆選士,萱花不見,戀母聲悲陟岵歌。

(之二)

衡湘間進士,皆以子厚為師,更有家傳盡鳴鳳;
洞庭君小女,晚與柳毅偕隱,奈何仙去獨騎龍。

注:柳午亭之妻,即柳直荀烈士之母。

輓 凌 母 陳 氏

與次君誼屬同門,只憐風裏楊花,一樣傷心思故劍;
聞賢母神歸太素,忍見庭前椿樹,千秋絕調罷彈琴。

注:凌母為余友婿凌谷蓀之母。"同門"二字出爾雅釋親
郭注。

代楊谷貽兄弟輓凌母陳氏

儉德著榆鄉，與太翁偕老丘園，猶執婦功親井臼；
歸真值桐閏，倘阿妹相逢泉壤，定諳姑性作羹湯。

代毛王氏輓姊師王氏

五更鍾後更回腸，與子同一身，青女素娥俱耐冷；
十年泉下無消息，思君如滿月，紫蘭香徑爲招魂。
注：集句。師王氏孀居十年，毛王氏亦新寡。

代唐某輓岳母

一堂四代，雙壽六旬，曾隨陔下諸甥，同捧觥祝難老；
梅嶺花開，萱庭草萎，怕聽閨中少婦，頻驚蝶夢哭阿娘。

輓殉國三學生

名重泰山同一擲；
魂來湘浦伴三閭。
注：三學生爲郭欽光及周、陳二君，曾在湘中追悼。

代國貨維持會輓前三人

國將亡而不知不智，知而不爭不忠，爭而不死不廉，是四民
之恥也；

儒有可親而不可劫,可近而不可迫,可殺而不可辱,其三君
之謂歟。

輓 張 止 園

虎座聽談經,得觀愧屋高吟,劫後文章多苦語;
鯉庭方戒養,忽報道山歸去,湘中耆舊更何人。
注:止園先生有愧屋小吟三集,“劫後”句借曾國藩句,“湘
中”句用易實甫句。

輓 楊 懷 中

壯遊極歐亞東西,商量舊學新知,羣推祭酒;
教澤被江湖南北,多少景瑳宋玉,爲賦招魂。
注:楊名昌濟,楊開慧烈士之父,卒於京師。11 月 27 日長
沙開追悼會。

輓王繩武、李宗稷二君　　　1920 年

韓子闢佛,郭公斬妖,拚命撥迷雲,在古人已屬堪欽,矧爲
吾黨;
狄毀淫祠,湯焚袄廟,用心如皎日,倘神權即從此滅,足報
君讎。
注:王、李二君爲長沙師範學生,因宣傳科學、反對迷信,在
長沙城隍廟被亂衆燒死,激成慘案。

代省議會輓王、李二人

以霹靂手推翻千古神權，想死後英靈，定當戰勝羣魔，始歸樂國；

本慈悲心開示衆生知見，願湘中風俗，從此滌除舊染，同渡迷川。

代姜濟寰知事輓前二人

哀二生竟焦頭爛額而亡，戚戚余心，事前事後都遺恨；

拚一死與怪力亂神相鬥，悠悠人口，公是公非有定評。

注：此聯姜用時有改動。

輓文篤恭

得失寸心知，試從遺集觀君，半屬周秦諸子學；

別離千古恨，回憶扁舟過我，再難風雨故人來。

注：君名國陶，號仁庵，長沙人，好黃老楊墨之學，著述甚多。死之前十日，曾冒雨渡江訪余。

代輓文篤恭

得太公陰符之謀，論道經邦，不學縱橫蘇季子；

以墨氏兼愛爲主，生勤死薄，遺言裸葬漢王孫。

代姜濟寰輓張砥如

高蹈托煙蘿，繼世多才，曾共玄亭説奇字；
余哀感風木，登堂酹酒，怕聽舊里起悲歌。
注：姜居潮音舊里，時丁父憂。張現居即姜之舊宅。

輓省議員周鴻勛

爲湘中諸將供給軍糈，成功不居，仍充漢代議郎職；
以天下大事引爲己任，嘉謨具在，如讀周公經國書。

代省議會輓周鴻勛

享高年已六秩有奇，國爾忘家，於此壽終猶正寢；
倘緩死在九月以後，坐而論道，定籌善策福全湘。

代輓賓步程之父

令子是春陵一流，規矩溯高曾，數萬家財輸學校；
先生爲東安三老，典型在夙昔，再傳子弟遍湖湘。
注：賓步程爲湖南高等工業學校校長。

輓章陶嚴

締交在二十年前，更壯遊南粤，醉飲東堤，嶺海拾遺珠，春樹
暮雲思把酒；

聞訃隔三千里外,想膝下雛孤,閨中鵠寡,昆冈留片玉,秋桐
夜雨泣聯床。

輓周介祉兄弟之母

北走燕,南走粤,與長君遊學,曾歷十年,身世感滄桑,夕膳
晨羞同眷戀;

鍾氏禮,郝氏型,與太母徽音,並傳千古,死生猶旦暮,采衣
素韡極榮哀。

代輓周介祉兄弟之母

(之一)

看難兄難弟都負盛名,士行克敦同陸氏;

教諸子諸孫皆成大器,母儀從古數周家。

(之二)

享稀齡已越五年,看黃鶴飛來,曾補祝南岳夫人上壽;

距誕辰剛逾十日,忽青鸞引去,尚留得西周太姒徽音。

代輓秦母楊氏

長君正抱琴攜鶴南歸,再逾年周甲稱觴,舉室歡欣祈耄耋;

大母竟佩玉鳴鸞西去,趁今日生辰題主,盈庭賀弔備榮哀。

注:楊壽五十八歲。其子方卸知事任歸。題主日即其生日。

代彭耕(德尊)輓叔母

遭家多難趁歸帆,豈期叔母云亡,竟比嚴君先一日;
誠我有書猶在畫,隻愧孤兒無狀,未能忍辱至三公。

輓皮松軒　　　　1921 年

長君操一縣行政權,次君操一縣立法權,家學有淵源,豈獨
傳經重詩禮;
蟜固不脫齊衰而見,曾參不脫齊衰而弔,我心尤蘊結,共同
流涕誦莪蒿。

注:皮松軒爲皮子順、宗石(海環)之父,卒時余居母喪。

代皮子順輓劉政務廳長

魯曾參痛哭顓孫,未脫齊衰先往弔;
鄭尹何受知罕虎,學治美錦幸無傷。

輓竹江老人

(之一)

與令子誼似同寅,仕弗擇官,都爲高堂才捧檄;
羨老翁壽真無量,心能念佛,不歸淨土即生天。

(之二)

有子署曹官,曾經匹馬短衣,萬里關山行役苦;

弔公陳薄奠，攜得只雞斗酒，孤舟山夜渡江來。

代輓彭公竹江

共哲嗣避居海濱，公爾忘私，思親惟望白雲舍；
知乃翁含笑地下，祿能逮養，遊子先從黃浦歸。

代劉蕙老輓羅東　　　　1922 年

世德繼琳琅，倏成避地神仙，忍令高堂悲白髮；
君家盡桃李，只愧傳經心事，未將新序授青年。

輓肖葆文之妻羅氏

自思往歲悼亡時，上有二老，下有三雛，舊事偶重提，殘月淒
淒夢初醒；
忽聽隔鄰斷腸曲，姑悲賢婦，子悲慈母，哀音更千里，暮雨蕭
蕭郎未歸。

代李子茂輓舅母

祝大母重見孫曾，更晉古稀年，好共高堂獻樽酒；
待我輩恩逾子姪，才過天睨節，竟同華屋感山丘。
注：李子舅母於六月初七日卒，年六十八歲，將見曾孫。

代陳禹生輓蔣母劉氏

助成崔實政聲，萱閣正凝禧，阿母忽來青鳥使；
自愧杜生年少，蓮帷參末座，誰人更識綠衣郎。

注：後漢書崔實母劉氏，博覽書卷。實爲五原太守，有政聲，皆母助也。南部新書唐潘孟陽母劉氏，杜黃裳嘗詣孟陽宅，母問末座綠衣少年何人？曰："補闕杜黃裳。"母曰："此人全別，必貴人也。"後果爲相。

輓某人繼室

錦瑟變新聲，又彈成別鵠離鸞，忍見江郎悲弱蕙；
瑤臺尋舊約，竟拋卻鳳雛麟子，獨隨伊母化枯桑。

注：因難產卒，遺一子一女。

代輓袁德宣之妻

（之一）

慈惠夙稱賢，碧山有約宜偕老；
年華正知命，白露無情忽報秋。

注：曾爲袁君築碧山寄廬，好善樂施，得受慈惠襃章，病中自知難過白露節。

（之二）

錦瑟憶華年，白露黃花齊墮淚；
藥砧傷往事，碧山綠水爲招魂。

代輓郭良臣　　　　1924年

爲大將軍領袖幕僚，馳檄飛書，竟會合八方風雨；
似漢丞相經營國事，鞠躬盡瘁，獨翱翔萬古雲霄。
注：郭爲洛陽巡閱使，署秘書長。

輓　毛　翁

鶴算逾六旬，有令子，有賢孫，説詩世守毛亨傳；
鴻疇用三德，曰正直，曰剛尅，私諡無慚郭泰碑。
注：毛翁鄉諡剛正先生。

輓陳能明之父

嗣君正綠水從公，就養遄歸，門外忽來雙鶴弔；
此老被白雲留住，棲神何處，橋邊閒聽臥龍吟。
注：陳能明之父葬接龍橋。

輓夏壬秋之父駿卿

是翁惟孝友任恤尅享大年，湘中耆舊晨星少；
有子以書畫文章誘啓後進，門下英才化雨多。

輓　龔　姻　丈

擬周甲時共祝千秋，奈何香蒸膏蘭，天命竟同龔勝夭；

距端午節尚餘半月,忍見絲纏角黍,湘流先弔屈原魂。

注:龔爲四月十九日溺死,年五十歲。

輓北伐軍第八軍陣亡將士　1925 年

從南嶽七十二峯轉戰而來,捷湘、捷漢、捷黃信諸州,已剷除有强權無公理的帝國主義;

替中華四百兆人奮鬥而死,爲工、爲農、爲商學各界,同感激入地獄救衆生的菩薩心腸。

輓 劉 建 藩

舜皇陵畔,佳氣青蔥,卒清大地烽煙,日月重光廣復旦;

孔道橋邊,水聲鳴咽,獨作中流砥柱,湖湘千里障狂瀾。

注:劉爲北伐軍陸軍中將零陵鎮守使。

代 輓 前 人

(之一)

義軍特起,衡岳雲開,惟公肝膽照人,夜雨談心借前箸;

靈櫬歸來,渌江水咽,顧我旌旗變色,秋風揮淚泣同袍。

(之二)

別淚灑江乾,燕雁分飛,臨歧爲我紆籌策;

義聲震天下,鶴猿同化,鎮日思君聽鼓鼙。

輓傅象文（汝礪）

與君爲同門、同道、同志已卅年有餘，著述文章獨傳世；
其子如靈慶、靈根、靈越並一時之秀，兵農禮樂各名家。

輓譚篤初

自海東三島遊學歸來，既參議席，兼執教鞭，時局幻浮雲，且
從蕭寺談經，過眼空花成底事；
與湘中諸子別離最久，我甫南還，君旋西逝，天涯悲舊雨，此
後梅谿結社，熱心公益更何人？
注：譚世居湘西梅谿灘。湖南二次獨立時，君避居僧舍，講
求佛學。

輓侯溥泉

西河屬望只侯君，稔知世掌絲綸，池上鳳毛堪濟美；
東海歸來一羅隱，試爲名題桑梓，山中兔穎亦生香。
注：侯君以絲綢商業起家至數十萬，與余同鄉，不相識也。
死後，其家請余寫主。漢時侯瑾字子瑜，以禮自持雖獨居如對嚴
賓，西河人皆敬服之，稱曰侯君，不敢名也。

代譚某輓譚月波

高牙大纛自南來，握手敘宗風，常共平原十日飲；
擲玉投瓊曾夜戰，傷心懷舊雨，劇憐余祭四年春。

注：譚月波字浩明，爲從者刺死。

代輓張潤農

龍盤虎踞共遨遊，舊雨聚湘中，熱心為問和羹事；
電掣風馳倏歸去，停雲思漢上，噩耗兼傳絕筆書。
注：張潤農名孝準，因運蘆鹽事入京，卒於汽車上。

輓楊氏昆仲之父福臣

鄉老以六德、六行、六藝賓興賢能，惟先生可無愧色；
諸郎以法學、商學、兵學效忠黨國，知後起必有達人。
注：楊氏昆仲有海瀾、海濤、海澄。

輓曹麓生翁

將門之後，好讀儒書，丹桂五株芳，教子又能繩祖武；
孔氏之徒，深通佛法，白蓮千朵見，生天必定證菩提。
注：曹麓生為曹伯聞之父。

代輓曹麓生

報國有諸郎，讓老子婆娑，石積書倉貽後進；
故鄉數耆舊，嘆晨星寥落，風流文采憶先生。

輓堂兄羅敬亭夫婦　　　　1925 年

看三株玉樹齊榮,肯構肯堂,謝傅亟憐佳子弟;
越四月瑤臺聚首,同衾同穴,劉綱真個好夫妻。
　　附記:堂兄敬亭,去秋九月卒於家,焌時旅食潄江,未及哭
臨,常耿耿也。今春正月,堂嫂又以疾卒。唱隨之禮,死生以之,
能不悲乎? 嗟幸膝下諸郎,剋自樹立,足慰兄嫂之望,故作達語
以寫我憂。

輓堂兄羅瑞庭

繞膝有兒孫,受福孔多,年來一盞同斟,猶談舊事;
連枝數兄弟,惟君最長,壽尚七旬未滿,胡遽仙遊。

代羅福生輓堂兄羅瑞庭

同業更同枝,亟承高誼扶持,愛我勝於親骨肉;
全歸本全受,倘遇舊遊豪俠,知君仍是酒神仙。

代李育奇輓舅父羅瑞庭

憶兒時居近外家,惟欣伯舅高年,康寧永享鴻疇福;
倘地下遭逢先父,為報孤甥無恙,備保猶披犢鼻褌。

代輓屈母

太君有才子八人，緯武經文，又大啓高陽苗裔；
老佛本慈悲一念，明心見性，定往生上品蓮池。
注：屈母常持齋念佛。

代輓王母謝氏

尚留遺林下高風，只憐矍鑠老翁，獨共維摩參佛果；
同悵望堂前愛日，難得歸寧孝女，追隨阿母會蟠桃。
注：王母卒後七日，長女在母家病卒。

代二友輓某人之母

大母如杜太姬，有七子成名，堂下六龍猶起舞；
令嗣與陶士行，是一流人物，墓前雙鶴獨來遲。

代輓許母

祝藥不能嘗，孝子心傷，每讀麟經憐許止；
生芻聊致奠，故人情重，更攜雞酒唁林宗。
注：許因乳癰至醫院割治無效。

輓楊碧山昆仲之母劉氏

大德享耄年，笑看勢至韋提，引登淨域；

諸郎負時望，儲有文章經濟，足表瀧岡。

注：劉氏於六月十四日卒，壽八十三。

輓親家唐培之　　　　1926 年

情話證三生，松柏女蘿方得蔭；

遺言悲一別，梧桐老樹竟先秋。

注：疾革時向余說"親家一別"四字。

輓居停曹母柳氏

托芳鄰數月同居，未得遠遊歸，鯉信常傳稱懿德；

與夫子舊時相識，忽聞垂老別，駢詞遙寄慰悲懷。

輓龔太親母

有遊子心報三春，姑婦共晨昏，堂前幸足含飴樂；

與夫子別剛一載，神仙迎眷屬，天上重開合巹筵。

輓伯親家母唐母李氏

戚里著賢聲，曾聞攜手偕遊，秋月潯陽楓葉岸；

中年感哀樂，試問遣懷何處？ 春風江上杏花村。

代何佩吾輓叔岳高某

德與泰山齊，天錫九齡剛百歲；

福如明月滿，公歸十月即中秋。

注：高為九十一歲，八月初五卒。

代夏君輓伯岳父

兒孫原不在五福之中，況留得曙後孤星，公可無憂，何須燕姞徵蘭夢；

春秋已超過八旬而外，忽落到庭前一葉，吾將安仰，如聽宣尼曳杖歌。

注：公八十一歲，無子，不承繼，有一女一妾。立秋日卒。

輓范靜生（源濂）

掌全國教育權已歷三番，邇來管領圖書，猶為中華通學海；

數舊時文字交又弱一個，此後重遊燕薊，空尋宿草哭香山。

輓　鄭　望　之　　　　1927年

與先生本以文字相知，即談社會革新，尤多卓見；

有令子都為黨國效力，縱使老成凋謝，不少傳人。

代輓勞昆僧

芝閣毓靈根，奇瑞傳家，兒童盡識韓康伯；

蓮池參佛果，異香滿室，仙吏應成石曼卿。

注：勞曾開九芝堂藥店，好吸煙。

代人輓姨丈

遺愛憶江南,顧我情深,塵尾指牀呼共坐;
英靈歸斗北,迎神曲奏,雁行何日復飛來。

輓唐愷之姻親

文酒舊名山,邇來誼忝葭莩,擬共潛心居士隱;
詩瓢今逝水,後起材皆樑棟,剋承明德達人多。
注:唐愷之為唐鵬之堂伯,唐樊、唐誠之父。

輓唐芷香姻兄

投三尺簡賦從軍行,本來纍世分桐,歸禾定補尚書缺;
未四十年即化身去,尚倖中原有菽,式穀能廣小宛詩。

代唐蔭生兄弟輓蓋之叔父

絕筆記遺言,以身後付託伯兄,劇憐雁影分千里;
倚廬抱餘痛,值歲首又悲叔父,怕聽龍燈鬧五更。

輓北伐軍楊歸山團長　　　1928 年

有母倚門閭,至今海岱收迴,癡心猶盼旌旗返;
捨身為黨國,何必衣冠營葬,遺蛻終留天地間。

題楊崹山墓表

松楸東指拂朝日；
魂魄西歸依麓雲。

輓妹丈李筠石

通家孔李，睦誼潘楊，薄宦廿年餘，衣錦還鄉嗟未得；
委蛻汕頭，招魂楚尾，睽違萬里外，撫棺臨穴恨無從。

代唐鵬輓姑丈李筠石

遊宦歷二十二年，嶺表著清名，安用餘才貽子弟；
招魂正三月三日，堂前惟畫像，可從遺著見經綸。

代龔某輓內兄李筠石

凶問從潮汕傳來，欲招嶺外羈魂，好倩鵑啼喚歸客；
戚誼比李盧更篤，忍聽閨中少婦，頻驚蝶夢哭阿兄。

輓 萬 姨 母

相夫子以儉德，齊夫子以遐齡，更看繞膝兒孫，二老歡顏華
屋處；
先吾母四年生，後吾母六年死，好覓同胞姊妹，羣仙高會玉
樓春。

代二妹輓萬姨母

歸真值四月初三,正安排祝佛生辰,淨土蓮花先變化;
享壽已七旬又六,且勸慰傷心孝子,高堂椿樹好扶植。

代張某輓萬岳母

有令子復誕育多孫,共祈百歲齊眉,明月圓時開壽宴;
因哭母而追思其女,尤觸廿年舊恨,泰山高處斷絃聲。

代徐萬氏輓母

慟兒夫早賦遊仙,縱教萱閣長依,寸草終難報慈德;
嗟余弟忽稱哀子,但祝蘭陔戒養,靈椿庶可遣悲懷。

戊辰四月初八有感
（自擬輓聯）

佛言有業始為人,如此夢生,縱歷千秋何所謂?
我本無情猶嗜酒,居然醉死,只慚五戒未能全。

孫中山奉安紀念大會聯　　　1929 年
（代省貧兒院作）

宣尼之葬,四方來觀,門人皆痛哭失聲,不過三千弟子;
先生之風,萬世永賴,國民盡傷心墮淚,豈徒八百孤寒。

輓曾公重伯先生 ** 　　1929 年

祖爲賢相,父亦名儒,空石有皈人,文藝應增青史傳;
歸自漢皋,卒於汨水,環天設像室,詩魂宜誦楚辭招。

代輓伯岳父陳某

孟公本漢代名流,剛斟壽酒延賓,忽捧瑤觴訪西母;
王子愧蘇門嬌客,回憶新詩和我,獨揮珠淚泣東坡。

代徐伯剛輓雷丕祚

幼與文孫同學,長偕文子同遊,兩世紀羣交,展拜高堂嗟
未得;
少年讀經世書,晚年通出世法,一源儒佛論,往生樂國定
無疑。

輓王士奇之母

令子剛抱琴攜鶴南歸,愛林下風清,彩服躋堂歌大夏;
太君竟佩玉鳴鸞西去,待天邊月滿,綺窗開幕宴中秋。

輓 黃 樹 珊

芹沼挹清芬,教學多才,泮林分種三株樹;
梓鄉懷故老,愛人以德,潭水長流千頃波。

注：黃樹珊為黃生思善之父。

輓叔外舅楊公楚賢

北面問奇嘗載酒；
南容感舊怕談詩。

輓 錢 生 象 予

自成童舞象從吾黨遊，天又喪予空隕涕；
以達人大觀為乃祖慰，孫皆有子足承歡。
注：錢象予名豫大，潛山先生之長孫。

長樂鄉集賢里關公廟戲臺聯

長樂夜聞鐘，更彈一曲鵾絃，小喬夫婿休回顧；
集賢賓滿座，試聽三撾羯鼓，亂世英雄也吃驚。

代譚某祝葉母何氏七旬壽

萱堂燕語傳家學；
藤杖鳩扶觀國光。

代陳振鐸輓某教授

大賢門下落花時，感當年壇席垂青，曲園差幸春仍在；
屈子堂前芳草夢，看今日羅江揮淚，宋玉何堪秋又來。

代湖大胡子靖校長輓潘翁　　1930 年

千載重師承，靈麓春風，公是葵園高弟子；
十年綿教澤，湘城秋雨，人哭荷田舊老師。

代湖大胡子靖校長輓學生

長沙卑濕太憂傷，念諸生年少才華，別夢深山驚賦鵩；
蜀道艱難暫歸去，痛門下蘭摧玉摺，輕舟巫峽聽啼猿。

輓汪季平

講座共高譚，學傳衡麓湘江上；
靈輀歸故里，神在黃山白嶽間。
注：汪為湖南大學教師，安徽人。

輓鄭祝崧

康成曾任鄉嗇夫，我亦從公，蒼狗白雲同幻夢；
子真本為名下士，今已作古，黃雞綠酒吊重陽。

代輓從舅吳某

泗水春風哭伯魚，使南宮適為之墮淚；
茂林秋雨病司馬，問東門吳何以解憂。
注：堂妹夫輓堂內兄。

代周某輓龍荔仙

與嗣君雲麓同遊，又隨鐵道馳驅，散木庸材常自愧；
聞大老道山歸去，試數金陵政績，甘棠遺愛未能忘。
注：周充路局材料課長。

輓 龍 荔 仙

雲鶴早飛還，試尋皖伯遺封，舊栽桃李留餘蔭；
海蠅遲往吊，為問虞公何處，又向蓬萊作壯遊。
注：龍曾遊學日本，任職安徽。聯中均用其自壽詩中語句。

代呂某輓周椿圃

旦望本同僚，已十年改組歸田，猶憶秦淮風月景；
邢譚原夙好，正三月招魂續魄，怕聽舊里海潮音。
注：周原住長沙潮音舊里。

代人輓妹倩張君

從我曲江游，奈閨情偶寄桃根，未能傳乃祖文公准今酌古千
秋鑒；
憐君異鄉死，願遺腹得徵蘭夢，庶不負吾家小妹玉潔冰清一
片心。

代首明甫輓岳母

內子昔歸寧，為高堂預祝稀齡，歡承竹葉杯中酒；
外姑攸好德，看行路追思遺愛，淚溢桃花江上橋。
注：首明甫岳母六十九歲，曾倡修桃花江橋。

輓劉公石菴先生 **

與君爲同學友垂四十年，磊落奇才，簪毫猶作金閨彥；
替我寫出車詩餘三百字，摩挲遺墨，尊酒誰論石鼓文。

輓劉石菴夫人

聞淑人德媲樊姬，謙讓進賢，衍成麟趾螽斯瑞；
有夫子學通史籀，淋漓染筆，定撰貍香葬玉銘。

輓巢同年功贊之母陳氏

冢君曾共踏槐塵，羨鵬路扶搖，三春寸草暉能報；
賢母已皈依蓮界，幸鯉庭問對，千歲靈椿日正長。

代輓郭蔭翁人亮之妻陳氏

（之一）

與長君澧浦同遊，劇憐春草傷心，星馳忽讀奔喪禮；
從夫子漢皋偕隱，注就南華奧旨，箕踞應歌至樂篇。

注：其子伯雍、仲和皆才士。

（之二）

郎君皆天下奇才，湖海共遨遊，華萼輝聯眞曄曄；
夫子本閩中循吏，漢江正偕隱，珮環仙去太匆匆。

（之三）

相夫君遊宦榕城，同奉板輿歸，白雲鸚鵡堪偕老；
共令子棲遲蓮幕，忽驚萱閣泠，綠水芙蓉亦感秋。

（之四）

冢君本學媲林宗，忽聞萱閣悲風，堂北生芻陳一束；
賢母已神遊天姥，留得椿庭愛日，山南喬木祝千秋。

代輓郭蔭翁人亮之母唐氏

壽至八旬，封極一品，苦節至六十年，後世頌徽音，定教女史
書彤管；
夫為忠烈，子為循良，文孫為豪傑士，先驅有賢婦，將護威姑
會碧城。
注：其媳陳氏先二月卒。

輓楊百川之妻萬氏

佳節又重陽，劇憐孤鶴東來，倏爾升堂悲錦瑟；
仙緣剛五載，報道彩鸞西逝，阿誰秉燭引文簫。

輓曾太親母王氏

與次君連襟同遊，記曾春到高堂，寸草有心報慈德；
惟大母重帷集祜，修到西方淨土，天花無語結蓮胎。
注：曾母王氏為曾伯仲之母。

輓龔興傑之母

家慶子孫賢，滿屋機聲識勤儉；
壽終天地數，六街燈火共淒涼。
注：龔母五十五歲，家為織襪業。

代某氏輓其母

侍疾屢歸寧，幸逢春到萱花，堂上定增無量壽；
劬勞思報德，忍見風摧樛木，陔下同悲罔極思。

輓雷老伯母左氏

有令子皆金石書畫名家，更教思無窮，學傳門下小豚犬；
羨太母以壽福德寧終命，只悲懷難遺，淒絕人間老鳳鸞。

輓鄭氏兄弟之母

長公有夾漈志，次公有雲臺編，結契經廿年，王母窗開曾
祝嘏；

福如葛藟之榮,壽如松柏之茂,放燈值元夕,帝女巢成竟上仙。

注:鄭氏兄弟望之、秉之,其母正月十五日卒,年七十七歲。

輓胡元俠(子靖)夫人

閨中唱和葉金蘭,詩卷猶存,妻愛晚晴夫感逝;
堂下青蔥森玉樹,幔紗雖撤,母留遺愛子傳經。

輓肖聘先生之母

教子成名,侍養桐園徵不起;
無母何恃,迴看萱閣淚同流。

集石門頌字聯贈楊鈞(重子)

書署南海宇;
文通北山靈。

文章垂永世;
仁義入人深。

悅①經繼王子;
臨隸過貞公。

樂土自無礙③;
流川寧有心。

書摩②秦、漢、魏;
道通天、地、人。

文麗世所誦;
道高天可升。

---

① "悅"與"說"通。
② "摩"與"磨"通。
③ "礙"原作"旱"。

榮名達四海；　　　　南北經以武；
麗辭源六朝。　　　　春秋修厥文。

德為天所命；　　　　嘉樂頌君子；
道若日之昇。　　　　清靜惟真人①。

玉霜聯語六十一聯 ** 　　1925 年

玉霜鬟主程艷秋，京師名伶梅蘭芳弟子，得順德名下士羅癭公為之吹植，名噪甚，與梅埒。癭公卒，玉霜賻重金為治喪，哭臨如禮，又出萬金刻其遺稿，都下稱曰義伶。好事者舉其名字徵聯襃寵之。

今夏有茶園君仿詩鍾體，擬一百聯，出示余，媱余並作。余性不好觀優，與玉霜無一面緣，但取其崇拜風雅，不忘舊恩，亦可嘉也。故不惜楮墨，為綴數十聯，存其人焉。乙丑端午後三日長沙老庶。

玉霜

玉樹後庭花遍地；　　集詞調名　鳳頂
霜天曉角月當廳。

玉遇颭風增價值；　　　　　　鳳頂
霜和明月鬭嬋娟。

玉聲玉色虞廷樂；　　　　鳳頂兼鳶肩
霜質霜華庾嶺梅。

漱玉新詞清照集；　　　　燕頷

---

① "真"與"貞"通。

履霜舊操伯奇琴。

弄玉飛瓊堪作伴；　　　　　　燕頷
伯霜仲雪本齊名。

青玉案宜酬錦段；
玄霜藥正擣藍橋。

傳言玉女春光好；　　集詞調名　鳶肩
摘得霜花秋蕊新。

璞包玉外盡頑石；
梅在霜中開冷花。

歌片玉詞諧律呂；
奏秋霜曲憶瀟湘。

敲金戛玉千人和；　　　　　　蜂腰
甜雪甘霜六月涼。

石能攻玉需人力；
露欲爲霜待化工。

白蓉染玉玉增色；蓉音羔，見南山經郭注。
青女降霜霜有聲。

暗香疏影玉梅令；　　集詞調名　鶴膝
流水高山霜葉飛。

昭陽不及玉顏色；
甘露何如霜氣酸。北齊邢子才詩：“況乃冬之夜，霜氣有餘酸。”

翩翩絕世玉蝴蝶；
振振有聲霜鷺鷥。

氣吐赤虹隨玉化；　　　　　　鳧脛
詩題紅葉帶霜飛。

鶴入雞羣看玉立；
鳳求凰曲感霜居。

曾共詩人談玉屑；

更從詞客集霜花。宋吳文英號夢窗，自定霜花腴詞集，今名夢
　　　　　　　　　　　　窗詞。

雜佩宜垂蒼水玉；　　　　　　　雁足

還丹曾服紫瓊霜。

善舞迴風防碎玉；

夜行多露漫成霜。碎玉、成霜皆隱語，勉之也。

風懷偶寄書中玉；

月色休疑地上霜。

吹殘黃鶴樓中笛；　　　　　　　以下分詠

響應寒山寺裏鐘。

此身原自崑岡出；

他日毋爲露水緣。

九天咳唾藍田種；

一水兼葭白露爲。

書成小篆疑王字；

拋卻相思聽雨聲。

供奉前王加點綴；

蒙籠細雨憶相知。

名居夏璉商瑚右；

身在涼風冷露間。

演滿春園更姓柏；滿春園全劇中有女子柏太霜。

合中秋露可題餻。玉露霜，餻名。

老饕錯愛盤中肉；　　　　　　　蜚白

少婦空彈陌上桑。

贈子最宜琚瑀佩；　　　　　　　增文

濟人能解鷫鸘裘。

萬舞方將文郁郁；　　　　　諧音

衆仙同詠骨珊珊。

艷秋

艷史曾傳楊煬帝；　　　　　鳳頂

秋詞低唱柳耆卿。

驚艷直疑仙眷屬；　　　　　燕頷

悲秋不讓女英雄。秋瑾事今已演作新劇。

偶化艷妝眉黛淺；　　　　　鳶肩

高吟秋興口脂香。

一枝穠艷清平樂；　　　　　蜂腰

八月中秋水調歌。

喬妝不御艷容粉；　　　　　鶴膝

常服祇宜秋色衫。

疑雨疑雲詩艷體；　　　　　鳧脛

愁風愁水賦秋思。

挾瑟高堂三婦艷；　　　　　雁足

倚樓長笛一聲秋。

摘來屈宋驚才絕；　　　　　分詠

冷到梧桐落葉知。

無水增光原不灩；　　　　　增文

有心求合轉成愁。

照水沉魚光瀲灩；

依人飛鳥語啁啾。

玉霜　　　艷秋

玉露凋傷紅葉艷；　　　　　雙鉤

霜風淒緊碧雲秋。

玉容絕代美而艷；

霜氣襲人春復秋。

艷歌鸚鵡如吹玉；

秋水芙蓉亦拒霜。

艷色男兒冠是玉；

秋心名士鬢如霜。

艷曲歌調雙管玉；　　　　　回文

秋聲葉落半林霜。

玉樓高處朝朝艷；

秋月圓時夜夜霜。

黃華耨艷秋容澹；　　　　　連珠

白玉霜飛夏氣清。

玲瓏寶玉霜同潔；

香艷秋花菊最佳。

豐年美玉荒年穀；　　　　　碎錦

冷似秋霜艷似花。

洞口夭桃帶春雨；　　　　　渾金

山頭羣玉艷秋霜。

玉霜簃主程艷秋簃，樓閣邊的小屋。

雲簃玉棟誰家主；　　　　　碎錦

霜艷秋花幾日程。

簃閣新秋霜菊艷；

客程賢主玉蘭香。

連簃有主霜花艷；

翰苑初程玉桂秋。

艷福前程思錦玉；
新簏舊主感秋霜。

王燕尋簏懷故主；
霜鵰獵艷趁秋程。

閒坐書簏程主靜；
艷增霜瓦玉悲秋。

玉騰霜氣簏廚艷；
秋到雲程主客歡。

簏臺花艷秋無主；
玉彎霜濃路幾程。

霜板征程誰主客；
玉簏藏艷幾春秋。

玉宇高秋程萬里；
香簏艷主壽千霜。

五、附　録

羅君墓表　李肖聃

　　吾友羅君庶丹没於民國二十一年（壬申）二月。其弟炳葬君縣西望城坡之先塋。明年三月，予為事述，記其行誼及所著書。又明年八月，敘君諸子學述，復揭其造述微旨，以詔學者。己卯（二十八年），予來辰谿，感念亡友，思有以識於其墓。

　　始君為秀才時，殫力詞章，輩流嘆異，以君當登上第為文學貴人矣。及讀縣大儒皮先生書，乃盡棄故業，覃思羣經，纂述十餘萬言。以舉人一試春官不第。乃遊廣州，領兵瓊厓，奮慾立功業自見。稍治韓非書及兵家、縱橫家言。時召雜流至門，痛飲盡醉，狂歌賦詩，意氣自豪。人又謂君兼資文武，天下雄俊君子也。迨歸主講湖南大學，教授徒眾，則斂旨湛思，醇乎儒言。君嘗從容語予：「吾於漢慕楊子雲之窮玄贊易，度越諸子；於鄉先賢，尊

皮先生及瑞安孫君,能立專門之業,解衆家之紛。餘子未暇
論也。"

　　緣湘西行百餘里,林壑幽深,雲蓋華林,梵宇相望。名僧古
德,多出其間。而千餘年來,曾無文學鉅人著聲林苑者。及君以
異才博學,都講名山,論著足傳於後矣。而所述多未終編,年又
未逮中壽以隕。豈儒術之興,時猶有待,而學之傳否,固有命者
存耶?予少從君講藝,老而分教嶽麓,得聞君論學之大者。乃舉
其志業,表於其墓之原。

　　君之子書肆,武漢大學生;女書慎,湖南大學生。皆以學行
尤異,冠絕儕輩。嗣君之業者,將於是乎在。民國廿八年　月
日,長沙李肖聃表。

草庶翁墓表成示其女書慎　李肖聃　　1940 年

　　而翁學業疊流重,與我論交歷卅年。席地劉伶惟頌酒,繡鞶
楊子晚修玄。心沈內業誰能識,歿有遺書世已傳。知讀壁經惟
望汝,草成靈表一潸然。

讀庶丹先生墓表　王嘯蘇　　1940 年

　　西堂為庶丹先生表墓,其女書慎致書以謝。書慎時在湖大
肄習中文,行將畢業,距庶翁下世已八年矣。
　　金石論交久益堅,鴻文表墓意拳拳。長留有道碑銘在,又見
南豐墨翰傳①。沅上喜聽鶯出谷,蜀山還羨鳳高騫②。傷心論

---

① 書慎以其書屬為點定。余以其詞翰甚美,比之南豐謝歐公為父表墓書。
② 書慎弟書肆肄業武大,明歲亦將畢業。

學人何往？寂寂泉臺已八年①。

奉和星廬作羅翁庶丹墓表成並示書慎 何特循　1940 年

　　一見論交渾似舊，兩心相印已經年。山丘零落增懷思，文字因緣悟妙玄②。郭泰遺碑爭口誦，伏生有女喜經傳。摩挲手澤今猶在，應對殘書涕泫然！

附：羅書慎和詩

（肖聃七丈宴何特老於辰谿，賦詩見示，侍坐有和。）

　　華筵我幸侍高賢，醉後朱顏似少年。坐對丹山絕塵俗，閒臨碧水悟虛玄。敢期伏女承家學？願附何休得聖傳。獨嘆趨庭遲問禮，十年回首涕潸然！

戲贈羅庶丹孝廉二首 劉腴深

　　日飲無裘典鷫鸘，如何入市就陽昌？酒家直筆傳南董，讓汝人間作癖王。

　　已自澆書酌客無，偶然瓶罍亦須沽。醉鄉贏得身安穩，天地原來在一壺。

輓羅翁庶丹

　　（編者注：1932 年，庶丹先生去世時，親友及學生所送輓聯輓詩甚多。歷六十年滄桑變故，早已無存。多方蒐尋，僅得王嘯

---

① 曩與庶翁講授麓山時，從問學。
② 讀翁譜序。

蘇、劉寅先兩先生詩聯各一首，錄此存念。）

柳眼舒青二月天，倏驚跨鶴解塵緣。浮生影事真疑夢，令我迴腸幾萬千！（**王嘯蘇**）

夙欽昭諫才名，雲麓談心，碧盞香濃消夜永；
淒斷左家嬌女，霜鋒割臂，緋衣召急返魂難。（**劉寅先**）

回憶羅庶丹先生　張舜徽

羅焌先生，字庶丹，長沙人。家世寒微，刻苦力學，光緒二十八年壬寅，舉於鄉。自少能為詞章，後乃折節讀書。始治羣經，欲撰述羣經字詁、爾雅郝疏補、孝經鄭注疏、詩三家輯說、周易鄭注疏而皆未成，後以糊口至粵，居廣州八年，博涉羣書。歸而攜書十餘篋返家，盜疑為金貨，夜往刦之，先生起拒盜，盜傷其脅。乃徙家會垣，以教書自靖。初出任教校，後乃以諸子之學講授於湖南大學。首造講疏數卷，擬分三編：上編總論，中編各論，下編結論。結論即周秦學說平議，未成稿而先生謝世，僅年五十有八。後數年，其友朋始取上編、中編之已成者，題為諸子學述，交商務印書館刊之以行世。其他未出版之書尚多，而以呂覽集釋十卷、孫子注集證三十卷為最著，今亦不知所在矣。舜徽早歲，因孫季虞先生之介，見先生於長沙。先生好飲，恆手一杯，對客論學不倦。言及周秦諸子流別及是非得失，洞達靡遺。舜徽嘆服其博覽強記，非常人所能逮，甚敬重之。趨談僅二三次，而先生已臥病不起。迨諸子學述刊成，舜徽得而讀之，益欽其元元本本，根底深厚，惜乎稟命不融，未能大其所學也。先生與李肖聃先生，居同里而友善，相知為最深。先生歿後，李翁為撰事述及諸子學述序以傳之。

（編者注：本文摘自 1988 年齊魯書社出版舊學輯存附憶往篇湘賢親炙錄。作者為華中師範大學教授。題目為編者所加。）

羅庶丹未刊遺作目録

石鼓文集釋　　　　　　　（以下存稿待梓）

金文隸古定

楊子雲年譜

楊子雲師友徵略

古訓纂

鄭志疏證九卷

曾氏轉注說補正

爾雅正字四卷

笞刑論叢稿

法學講義稿

呂氏春秋集釋　　　　　　（以下存稿不全或已散失）

楊子全書

太玄集解

孝經鄭注疏證

通俗文義證

萬國史記補注

剛日劄記

韓子補注

列子校注

孫子注集證

周易鄭注疏證

孝經敘録及明儒傳述考

論語集解纂疏

大戴禮記集解

爾雅本義疏證

夏小正傳攷

讀孟子札記

九經古義補

陸宣公年譜

圖書在版編目（CIP）數據

經子叢考（外一種）/ 羅焌著；羅書慎整理. —上海：
華東師範大學出版社, 2009
　（經典與解釋. 中國傳統）
　ISBN 978-7-5617-6683-5

Ⅰ. 經… Ⅱ. ①羅…②羅… Ⅲ. 經學—研究 Ⅳ. Z126.27

中國版本圖書館 CIP 數據核字(2009)第 116000 號

VI HORAE

上海六点文化传播有限公司
Shanghai VI Horae Publishers, Inc.

企划人　倪为国

特约编辑 / 欧雪勤

美术编辑 / 吴正亚

中國傳統　經典與解釋

經子叢考（外一種）

羅　焌　著
羅書慎　整理

统　　筹　储德天
责任编辑　审校部编辑工作组
责任制作　肖梅兰
出版发行　华东师范大学出版社
社　　址　上海市中山北路 3663 号　　邮编　200062
电话总机　021-62450163 转各部门　　行政传真　021-62572105
客服电话　021-62865537（兼传真）
门市(邮购)电话　021-62869887
门市地址　上海市中山北路 3663 号华东师范大学校内先锋路口
网　　址　www.ecnupress.com.cn
印 刷 者　浙江省临安市曙光印务有限公司
开　　本　890 x 1240　1/32
插　　页　2
印　　张　16
字　　数　250 千字
版　　次　2009 年 9 月第 1 版
印　　次　2009 年 9 月第 1 次
书　　号　ISBN 978-7-5617-6683-5/B · 492
定　　价　34.80 元
出 版 人　朱杰人